D1742071

1 MONTH OF
FREE
READING

at

www.ForgottenBooks.com

By purchasing this book you are eligible for one month membership to ForgottenBooks.com, giving you unlimited access to our entire collection of over 1,000,000 titles via our web site and mobile apps.

To claim your free month visit:
www.forgottenbooks.com/free452822

* Offer is valid for 45 days from date of purchase. Terms and conditions apply.

ISBN 978-0-656-64463-6
PIBN 10452822

This book is a reproduction of an important historical work. Forgotten Books uses
state-of-the-art technology to digitally reconstruct the work, preserving the original format
whilst repairing imperfections present in the aged copy. In rare cases, an imperfection in
the original, such as a blemish or missing page, may be replicated in our edition. We do,
however, repair the vast majority of imperfections successfully; any imperfections that
remain are intentionally left to preserve the state of such historical works.

Forgotten Books is a registered trademark of FB &c Ltd.
Copyright © 2018 FB &c Ltd.
FB &c Ltd, Dalton House, 60 Windsor Avenue, London, SW19 2RR.
Company number 08720141. Registered in England and Wales.

For support please visit www.forgottenbooks.com

LIBRARY
UNIVERSITY
CALIFORNIA
SANTA CRUZ

Das Wissen der Gegenwart
Deutsche Universal-Bibliothek für Gebildete.

Einzeldarstellungen aus dem Gesamtgebiete der Wissenschaft, in anziehender allgemeinverständlicher Form, von hervorragenden Fachgelehrten Deutschlands, Österreich-Ungarns und der Schweiz.

Jeder Band bildet ein für sich abgeschlossenes Ganze. — Die Bände erscheinen in kurzen Zwischenräumen. — Elegante Ausstattung. — Schönes Papier u. grosser Druck. — Reich illustriert. — Druck u. Format aller Bände gleichmässig. — Jeder Band füllt 15—20 Bogen. — Solider Leinwand-Einband.

Jeder Band ist einzeln käuflich und kostet gebunden nur 1 Mark
— 60 Kr. — 1 Fr. 35 Cts.

Das von uns eingeleitete Sammelwerk:

„Das Wissen der Gegenwart"

durch dessen planmäßige Durchführung die Aufgabe gelöst werden soll, dem Gebildeten auf jedem einzelnen Gebiete wie auf dem Gesamtgebiete der Wissenschaft vom Standpunkte der heutigen Forschung aus befriedigende Aufklärung, Belehrung und Anregung zu bieten, wird hiermit der allgemeinen Teilnahme empfohlen. Für unsere Sammlung ist vorläufig ein Umfang von zwei bis dreihundert Bänden in Aussicht genommen, von denen jeder einzelne ein Ganzes für sich, zugleich aber einen Baustein zu einem Gesamtgebäude bilden soll. Bei dem Plane des Unternehmens haben wir jene Zweiteilung, welche als herrschende unverkennbar durch die moderne Wissenschaft hindurchgeht, zum obersten Einteilungsgrunde gemacht. Die Naturwissenschaften und die historischen Wissenschaften, die gleichsam wie glücklich gelegene Inseln immer mehr fruchtbares Land ansetzen und selbst widerstrebende Disziplinen an sich heranziehen, werden, wie sie im Leben der modernen Wissenschaft selbst die Herrschaft angetreten haben, auch in unserem Werke, welches dieses Leben klar abspiegeln will, die beiden großen Hauptgruppen der systematischen Einteilung bilden. Die rein abstrakten Wissenschaften, welche eine dritte Gruppe bilden könnten, werden wir keineswegs aus unserem Werke ausscheiden, aber nicht sowohl vom dogmatischen als vom historischen Standpunkte aus beleuchten. Und dies aus dem Doppelgrunde, weil in einem Teil dieser Wissenschaften, wie z. B. in der Mathematik, ein anderes Wissen als ein durchaus vollständiges Fachwissen nicht denkbar ist, während in einem andern Teile, wie in der Metaphysik, positive Wahrheit nur insoweit, als es auf innere Geschichte ankommt, zu bieten ist.

Wir bemerken nur noch, daß wir die Länder- und Völkerkunde, die als selbständige Wissenschaft immer bedeutsamer hervortritt und die naturwissenschaftlichen und historischen Elemente in sich schließt, in unserem Plane deshalb der großen Gruppe der historischen Wissenschaften eingereiht haben, weil der Hauptgesichtspunkt, von dem die Länder- und Völkerkunde ausgeht, nämlich die territoriale Abgrenzung

Aus diesen Andeutungen, denen ein im Einvernehmen mit hervorragenden Fachgelehrten systematisch angelegter Plan zu Grunde liegt, dürfte sich zur Genüge ergeben, daß wir in der That eine wissenschaftliche Bibliothek anstreben, welche — die Teilnahme des gebildeten Publikums voraussetzt — die im Eingange dieser Ankündigung gekennzeichneten Aufgaben erfüllen, in allen Teilen frommen und nützen, in ihrer Gesamtheit aber einen geistigen Bau von dauerndem Werte bilden wird.

Die außerordentliche Wohlfeilheit dieser Einzelwerke bietet auch dem Minderbemittelten, der so oft vor den hohen Preisen wissenschaftlicher Werke zurückschreckt, die erwünschte Gelegenheit, sich auf einem bestimmten Gebiete gründliche und ausgiebige Belehrung zu sichern. So hoffen wir denn durch unsere Bibliothek ein Bildungsmittel zu schaffen, das in der großen, nie endenden Schule der Erwachsenen eine würdige Stellung einnimmt, das von den Wissenden gutgeheißen, von den Gebildeten und Bildungsbedürftigen gerne angenommen wird, und den weitesten Kreisen des deutschen Volkes zugänglich gemacht ist.

Inhalt der erschienenen Bände:

Folgende Bände sind in Vorbereitung und werden in rascher Reihenfolge erscheinen:

Meyer von Waldeck, Dr. Fr., Rußland: Leben, Sitten und Gebräuche. (Mit Abbildungen).

Löwenberg, Geschichte der geographischen Forschungen und Entdeckungen am Pol und Äquator. (Mit Abbildungen und Kärtchen.)

Guttmann, Dr., Geschichte der französischen Revolution. (Mit Abbildungen.)

Müller, Wilh., 1800—1815. (Mit vielen Abbildungen.)

Ochsenius, C., Chili. Schilderung von Land und Leute. (Mit Abbildungen.)
— Bolivia und Peru. Schilderung von Land u. Leute. (Mit Abbildungen.)

Peters. Dr. C. F. W., Die Fixsterne. (Mit vielen Abbildungen.)

Behaghel, Dr. Otto, Die deutsche Sprache.

Bernstein, Prof. Dr. Julius, Naturkräfte. (Mit Abbildungen.)

K. v. Fritsch, Prof. Dr., Geschichte der Tierwelt. (Mit Abbildungen.)

Kirchhoff, Prof. Dr. A., Bilder aus der Völkerkunde. (Mit Abbildungen.)

Lehmann, P., Erde und Mond. (Mit Abbildungen.)

Proskauer, Dr. B., Beleuchtungsstoffe. (Mit Abbildungen.)

Rein, Prof. Dr., Marocco. (Mit Abbildungen.)

Sell, Prof. Dr., Das Wasser. (Mit Abbildungen.)

Soyka, Dr., Gesundheitslehre. (Mit Abbildungen.)

Toula, Prof. Dr. F., Die Erde als Weltkörper (Relief, ihr Inneres, ihre Entstehung 2c.). (Mit Abbildungen).

Valentiner, Prof. Dr. W., Kometen= und Meteoren=Buch. (Mit Abbildungen.)

Hartmann, Prof., Afrika. (Mit Abbildungen).

Studer, Prof., Allgemeine Tiergeographie. (Mit Abbildungen.)

Willkomm, Prof., Spanien und Portugal. (Mit vielen Abbildungen.)

Kretzschmar, Dr. H., Geschichte der Oper. (Mit Abbildungen.)

Fritsch, Prof. G., Südafrika. (Mit Abbildungen).

Egli, Prof. Dr. J. J., Die Schweiz. (Mit Abbildungen.)

Krümmel, Dr. Otto, Der Ozean und die Binnenmeere. (Mit Abbildungen.)

Jung, Prof., Bilder aus dem Leben der Römer während der Kaiserzeit. (Mit Abbildungen.)

v. Wurzbach, Dr. A., Geschichte der holländischen Malerei.

Semper, Dr. H., Geschichte der Plastik. (Mit Abbildungen.)

Folnesics, Geschichte der Keramik. (Mit Abbildungen.)

Gindely, Prof. A., Albrecht von Waldstein. (Eine Biographie.)
— Gustav Adolf, König von Schweden. (Eine Biographie.)

Fournier, Prof. A., Napoleon I. (Eine Biographie.)

Hopp, Dr. E. O., Geschichte der Vereinigten Staaten in 3 Abteilungen.

Redtenbacher, R., Geschichte der Architektur. I. Abtlg.: Altertum. II. Abtlg.: Mittelalter. III. Abtlg.: Renaissance. IV. Abtlg.: Neuzeit.

Taschenberg, Dr. Otto, Bilder aus dem Tierleben.

Jung, Dr. K. E., Deutsche Kolonien.

Hartmann, Prof. Dr. R., Madagaskar.
— Die Nilländer.

Keller-Leuzinger, F., Brasilien.

Bernstein, Prof. Dr. J., Naturkräfte.

Nüßlin, Prof., Das Tierleben unserer Seen und Flüsse.

Pinner, Prof. Dr., Die Gesetze der Natur=Erscheinungen.

Schultz, Prof. Dr. A., Einführung in die Kunstgeschichte.

Schütz, Friedr., Geschichte Österreichs von 1848—1870.

Detlessen, Dr. E., Wie wächst die Pflanze?

Graber, Prof. Dr., Die mechanischen Werkzeuge u. Einrichtungen der Tiere.

Fortsetzung am Schluß des Buches.

Das Wissen der Gegenwart

Deutsche Universal-Bibliothek für Gebildete.

XIII Band:

Der Weltteil Australien

von

Dr. Karl Emil Jung.

IV Abteilung.

Leipzig:

G. Freytag.   1883.   Prag:

F. Tempsky.

Mar[e]anischer Häuptling im vollen Kriegsschmuck.

Der
Weltteil Australien

von

Dr. Karl Emil Jung,

ehemal. Inspektor der Schulen Südaustraliens.

IV Abteilung:

I. Polynesien. (II. Teil.)
II. Neuseeland. III. Mikronesien.

Mit 18 Vollbildern und 35 in den Text gedruckten Abbildungen.

Leipzig: Prag:
G. Freytag.   1883.   F. Tempsky.

Alle Rechte vorbehalten.

DU
22
S8
V. 4

Inhaltsverzeichnis.

Polynesien.

II. Teil.

Abbildungen.

Polynesien.

II. Teil.

——————

Jung, Australien. IV.

Tahiti und Dependenzen.

1. Das Land und seine Produkte.

Die Gruppe der Gesellschaftsinseln, zu welcher Tahiti und
das ihm politisch zugehörige Moorea gerechnet wird, wurde
vielleicht schon 1606 von Quiros gesehen — Tahiti ist wahrscheinlich das von ihm genannte Sagittaria — allein sie blieb Europa
trotzdem vollkommen unbekannt und man hat daher den englischen
Kapitän Wallis als den eigentlichen Entdecker anzusehen. Dieser
erblickte zuerst am 18. Juni 1767 den hohen Gipfel Tahitis
und entdeckte in der Folge noch die meisten der übrigen Teile
der Gruppe. Im nächstfolgenden Jahre kam Bougainville hierher und gab der Insel den Namen Nouvelle Cythère und wieder
ein Jahr später nahm Cook auf ihr längeren Aufenthalt, um
den Durchgang der Venus zu beobachten. Dadurch erhielten
wir eine ziemlich eingehende Kenntnis der Inselgruppe und ihrer
Bewohner, welche bedeutend vervollständigt wurde durch Cooks
zweiten Besuch im September 1773, wobei ihn die beiden
Forsters begleiteten. Bligh kam 1789 hierher und 1797 Wilson,
welcher die protestantischen Missionäre von London brachte, und
in diesem Jahrhundert ist bis in die neueste Zeit der Archipel
so häufig besucht und bereist worden, daß wir wohl keinen Teil
Polynesiens besser kennen als gerade ihn. Es ist daher schon
eine sehr reichhaltige Litteratur über die Inselgruppe vorhanden;
das beste Bild von dem Lande und seinen Bewohnern hat uns
der Missionär Ellis in einer wahrhaft klassischen Schilderung
geliefert.

1*

Die Gesellschaftsinseln erhielten diesen Namen von Cook nach der Königlichen Gesellschaft zu London, nicht etwa, wie man wohl behauptet hat, wegen ihres nahen Beieinanderliegens, und zwar benannte Cook so nur die westliche Abteilung; von dieser ist dann der Name auf die ganze Gruppe übergegangen. Diese Abteilung, Inseln unter dem Winde genannt, wird durch einen breiten Kanal von der Ostabteilung, den Inseln im Winde, getrennt. Die erste besteht aus zehn kleinen Inseln oder Gruppen von Inselchen, die zweite weit größere aus der Hauptinsel Tahiti, aus Moorea, der kleinen Lagunengruppe Tetuaroa und dem 435 Meter hohen Inselberge Matia oder Maitia.

Diese zweite Abteilung steht unter französischer Herrschaft und wird nebst den Markesas, der Mangarewagruppe, den Tua= motu und drei Tubuainseln von einem in Tahiti residierenden Gouverneur verwaltet.

Französische Besitzungen	Quadratkilometer	Quadratmeilen	Bewohner
Tahiti und Moorea	1179	21,40	11 172
Markesas	1274	23,14	5754
Tubuai, Bavitao, Rapa	209	3,80	793
Tuamotu=Archipel	1000	18,20	7300
Mangarewagruppe	17	0,30	
Clipperton=Insel	5,5	0,10	—
Französische Besitzungen:	3684,5	66,94	25 019

Da alle übrigen, Frankreich nicht zugehörigen Inseln, abgesehen von vier flachen Laguneninseln, in ihrem Bau einander ganz ähnlich sind, so paßt die Beschreibung der Hauptinsel auch auf alle anderen. Die Inseln, welche sich zwischen 148° und 155° westl. Länge und 16° bis 18° südl. Breite hinziehen, haben ein außerordentlich angenehmes und gesundes Klima. Trotz ihrer Nähe zum Äquator wird die Hitze durch die Einwirkungen der Seewinde, auch der Höhe der Berge niemals unerträglich. „Zu allen Zeiten", sagt Forster, „steigen Dünste aus dem Meer, hängen sich an die Berge und träufeln im Morgentau herab.

Zu allen Stunden des Tages kühlt der Seewind die Ebene und mildert die Gewalt der Sonnenstrahlen und des Nachts fährt die wohlthätige Landluft mit tautriefenden Schwingen von den Bergen hernieder." Die mittlere Temperatur ist 25º C, als Maximum hat man 31º, als Minimum 17º C beobachtet. Am regenreichsten ist die heißeste Zeit des Jahres: Dezember bis März, dann wechselt der Passat mit heftigen Nordwinden, welche sehr oft mit zerstörender Kraft auftreten, auch Gewitter stellen sich dann ein.

Erdbeben sind selten und eine Spur vulkanischer Thätigkeit ist nur in den wenigen, erloschenen Kratern zu finden. Doch ist das Gestein der Inseln überall vulkanisch: Trachyt, Dolerit, Basalt, Lava, welche die Piks bilden, deren schroffe Wände sich über 2000 Meter erheben. Von den hohen Gipfeln strahlen schluchtenartige Thäler, getrennt durch jäh aufstrebende, scharfkantige Gebirgswälle, nach allen Seiten zum schmalen Uferrande aus. Der Boden auf diesen Felsgraten besteht aus rotem Thon, entstanden aus der Auflösung der vulkanischen Gesteinsarten; die Thäler enthalten sehr häufig einen außerordentlich fruchtbaren, durch die Anhäufung vegetabilischer Stoffe entstandenen schwarzen Humusboden. In diesen Thälern aufwärts zu den Gipfeln der Berge zu gelangen, ist vollkommen unmöglich, denn sie endigen beständig bei hohen Felsenmauern, welche in hunderten von Metern zu den Spitzen des Centralgipfels aufsteigen. Rings um den schnell aufstrebenden Kern der Inseln liegt ein breites, dann und wann durch Vorsprünge der Berge unterbrochenes Flachland, welches außerordentlich fruchtbar ist und den allein bewohnten Teil der Insel bildet. Von den Bergen herab strömen aus den Schluchten zahlreiche, wasserreiche Bäche, welche zuerst als wilde Gebirgswässer das enge Thal füllen und tosend über Abhänge und Felsenblöcke stürzen, später als muntere Flüßchen sich zur stillen Lagune schlängeln, die das umsäumende Korallenriff von der schäumenden Brandung abschließt.

Thal und Gebirgshang bedeckt sich unter dem Einfluß der reichlichen atmosphärischen Niederschläge überall mit dichtem Wald oder, wo ein Baum nicht mehr Wurzel schlagen kann, doch mit Gesträuch und Farnen. Die Flora Tahitis und der übrigen Gesellschaftsinseln ist nicht so reich wie die der westlicheren Archipele Oceaniens, doch kennt man bereits über 800 Arten, auch giebt es hier verhältnismäßig wenig glänzende Blumen und offizinelle Pflanzen, was sich aus der die Blattentwickelung vorzugsweise fördernden, großen Fruchtbarkeit des Bodens erklärt. Von den vorkommenden Pflanzenfamilien sind am artenreichsten Farne, Leguminosen, Algen und Moose, von Palmen giebt es jedoch nur zwei Arten: die Kokospalme und eine Areka. Der Grundcharakter ist der indische, nur wenige Pflanzen zeigen Verwandtschaft mit der neuseeländischen Flora, während einige auf Südamerika hinweisen.

An Nahrungspflanzen waren die Gesellschaftsinseln schon reichlich genug bedacht, ehe noch die Europäer fremde Fruchtbäume und Samen einführten. Außer der Kokospalme gab es hier den Pisang, von welchem man neben einer in den oberen Thälern wild wachsenden Spezies nicht weniger als 13 kultivierte Spielarten kannte, ferner die süßen Knollen der Batate, die Yamswurzel (Dioscorea alata), den Taro, die Tacca, den stattlichen Vi (Spondias dulcis), welcher mit der Erythrina corallodendrum die Eigentümlichkeit teilt, die Blätter in der heißen Jahreszeit abzuwerfen. Die im Mai reifenden Früchte waren dann in so großem Überfluß vorhanden, daß an eine Vertilgung nicht gedacht werden konnte. Die rosenfarbenen, etwa orangegroßen Früchte der scharlachrot blühenden, mit dichtem dunkelgrünen Laub bedeckten, hochstrebenden Jambuse (Eugenia malacensis) haben ein süßes, weißes Mark von der Dichtigkeit eines Apfels. Das gleichfalls dunkelgrüne Laub der Südseekastanie (Inocarpus edulis) zieren duftende, gelbe Blüten und die reife, nierenförmige Frucht enthält einen Kern, welcher unserer Kastanie gleicht. Die lilienartige Tipflanze (Dracaena terminalis) liefert in ihrer

braunen, an Form und Größe einem Holzklotz gleichenden, zucker=
süßen Wurzel eine angenehme Zugabe für den Nachtisch. Zucker=
rohr kaut man seines Saftes wegen. Aber nur in abgelegenen
Schluchten an den Ufern der Bäche findet man noch die dunkel=
grünen, knotigen Stämme des Piper methysticum, denn die Mis=
sionäre haben die Bereitung des Awa= oder Kawatrankes verboten
und der Baum ist größtenteils ausgerottet worden.

Nicht zum Genuß, vielmehr um Gefäße zur Aufbewahrung
von Öl und anderen Flüssigkeiten zu gewinnen, baut man
den Flaschenkürbis (Cucurbita layenaria) und den Kugelkürbis
(Cucurbita pruriens). Aus dem Bast des Brotbaumes, des
großen und rauhen Feigenbaumes und des Papiermaulbeer=
baumes (Broussonetia papyrifera) bereitet man Tapatuch, aus
den palmartigen Blättern des Pandanus und Burao (Hibiscus
tiliaceus) werden Matten geflochten. Mit der besten Jute
rivalisieren die Fasern von Piripiri (Urena lobata) und Pu=
rumu (Malvacea sp.); für Hüte liefern treffliches Material
Bambusa arundinacea, Tacca pinnatifida, für andere Zwecke
eignen sich Musa paradisiaca, Ficus prolixa, Pipturus velu-
tinus, Asclepias gigantea, deren Fabrikate zum Teil von außer=
ordentlicher Dauerhaftigkeit und Widerstandsfähigkeit gegen
Feuchtigkeit sind. Von manchen dieser Stoffe sind ungeheure
Mengen vorhanden, so könnten die Tuamotu allein von Blättern
und Fasern des Pandanus jährlich 20 Millionen Tonnen
liefern, Kokosfaser ist in enormen Quantitäten zu haben, ebenso
wie der Purumu, der sich auf allen kultivierten Feldern als
Unkraut breitmacht. Aus dem Bambusrohr (Arundo Bambus)
fertigte man allerlei Schneidewerkzeuge, sowie Angelruten, das
eisenharte Holz des Aito (Casuarina equisetifolia) verarbeitete
man zu Waffen. Vortreffliches Arbeitsholz gewann man ferner
vom Inocarpus, vom Brotbaum, dessen Holz sich vorzüglich zum
Kahnbau eignet, vom Tamanu (Calophyllum inophyllum), dessen
rötliches Holz dem Mahagoni wenig nachsteht und dessen Frucht
einen gelblichen Farbstoff enthält. Wertvolles Material für den

Kunsttischler liefert der Miro (Thespisia populnea). Vortreffliches Holz für Kähne giebt Spondias dulcis, der Ewibaum, sowie Rhus tahitensis, reichlich vorhanden ist das harte Holz von Phyllantus tahitensis und Pomaderris zizyphoïdes, von den Eingeborenen Mahame resp. Tor genannt. Gutes Nutzholz enthält auch der stämmige, wohlbelaubte Hutubaum (Barringtonia speciosa) mit seinen großen, eirunden Blättern und weißen Blüten mit rosafarbenen Staubfäden, ein stattlicher Bewohner der Meeresküste. Sowohl am Meere als an den Bergabhängen ist der Kukui (Aleurites triloba) zu finden, leicht erkennbar unter der übrigen Pflanzenwelt an seinen breiten, gelappten, oben grauglänzenden, unten braunbehaarten Blättern. Den öligen Kern seiner steinharten Nüsse gebraucht man auch hier zu Beleuchtungszwecken. Das früher reichliche Sandelholz (Santalum insulare) trifft man nur noch im Innern, in einer Höhe von 700 bis 1000 Meter an; sein gelbes Holz dient zum Parfümieren des Kokosöls, ebenso wie die Rinde von Alyxia stellata, einer Pflanze, die namentlich auf den Tuamotu außerordentlich häufig vorkommt, und von 13 anderen Gattungen wildwachsender Pflanzen. Gute Farbstoffe gewinnt man, außer aus der Frucht des Tamanu, aus den Blumenstielen des Mati (Ficus tinctoria), welche eine schöne rote Farbe geben, aus den Wurzeln und dem Holz des Nono (Morinda citrifolia), die Gelb liefern, ferner aus der Rinde von Peperomia rhomboïdea, aus den Blättern von Cordia subcordata u. a. - Nicht wenige der Pflanzen sind in der Heilkunde verwertbar, wie Wickstroemeria Forsteri, Hernandia peltata, Napata und Paketa; die beiden letzten wendet man vornehmlich bei offnen Wunden an. Gute Harze geben die Kokospalme, der Tamanu, Acacia nicotica und der Kukui; die Rinde des letztgenannten, vielseitig nützlichen Baumes enthält guten Gerbstoff. Die einzigen, bisher in nennenswerten Mengen ausgeführten Hölzer sind Tamanu und Miro, welche in Deutschland und England wachsende Abnahme finden.

Von Ölpflanzen ist in erster Linie die Kokospalme zu

nennen, welche namentlich auf den Tuamotu in außerordentlich großer Zahl vorhanden ist. Man zählt dort gegen 40 Millionen Bäume und kann jährlich drei Millionen Tonnen Kopra ausführen; der Preis an Ort und Stelle ist 25 Franks pro Kilogramm. Von der Kopra gewinnt man in Europa 75 Prozent, aus den Nüssen des Tamanu gegen 44, aus denen des Kukui 62 Proz. reines Öl, doch wird dieser Prozeß, der bei den Kukuinüssen leider noch vielen Schwierigkeiten begegnet, erst in Europa vollzogen.

Von Pilzen, welche für den Handel Wert haben, ist Excidia auricula judae von Wichtigkeit, in Mengen auf den Stämmen alter Tamanubäume zu finden und ein gesuchter Artikel in China, wohin er über San Francisko unter dem Namen Fungus geht. In Tahiti steht sein Preis per Tonne auf 1000, in San Francisko auf 3000 Franks.

Die betäubenden Eigenschaften mancher Pflanzen waren den Eingeborenen sehr wohl bekannt; sie benutzten dieselben, um Fische damit zu betäuben und dann leicht zu fangen. Sie warfen die gequetschten Früchte der Barringtonia speciosa ins Wasser, sie gebrauchten so den übelriechenden Zeiland (Daphne foetida), die giftige Kresse (Lepidium piscidium) und das Fleckenkraut (Tephrosia piscatoria).

Durch die Europäer ist eine ganze Anzahl von Pflanzen eingeführt worden, welche recht gut gedeihen, zum Teil zu gut, wie die zu Anfang dieses Jahrhunderts aus Amerika eingeführte Guave (Psidium pyriferum), ein Strauch mit himbeerähnlichen Früchten, die Geißel der Landbauer, welche die Vegetation der Ebene auf Tahiti großenteils unterdrückt hat. Dankbarer darf man sein für die Einführung der Ananas, der Citrone und Apfelsine, der peruanischen Chirimoya, des Kaffees, der Baumwolle, des Kakaos und der Vanille.

Die französischen Inseln Polynesiens liefern eine sehr weiße, feine, starke und reine Baumwolle, welche an Güte den Klassen 1 und 2 amerikanischer Baumwolle entspricht. Diese Kultur hat eine große Zukunft. Man hat ausgedehnte Pflanzungen auf Tahiti, Moorea, Mangarewa, Rurutu angelegt; auch die Baumwolle von Rarotonga wird über Tahiti ausgeführt. Der Preis der verschiedenen Baumwollen in ungereinigtem Zustande stellt sich in Papeïti auf 50 bis 60 Centimes per Kilogramm. Der Kaffeebau ist von der Regierung eifrigst unterstützt worden und wird sowohl auf Tahiti als namentlich auf Moorea ge- pflegt. Auch die Kultur von Vanille beginnt für die französischen Besitzungen von Wichtigkeit zu werden, seitdem man gelernt hat, der Pflanze die äußerst sorgfältige Behandlung angedeihen zu laffen, welche sie verlangt, denn man muß sie nicht nur vor den Sonnenstrahlen schützen und sehr feucht halten, man muß auch die vor dem Eintritt völliger Reife gepflückten Schoten in feuch- ter Wärme zwischen Decken und Federbetten mit größter Vor- ficht trocknen, um das Aufbrechen derselben und das Verflüch- tigen des Duftes zu verhüten. Von wachsender Bedeutung ist der Anbau des Zuckerrohrs, für deffen Verarbeitung fich auf Tahiti vier Fabriken befinden. Australien würde einen vortreff- lichen Markt abgeben. Außerdem destilliert man etwas Rum. Alkoholische Getränke stellt man aber in größerer Menge aus Orangen her; die Jahresproduktion von Rum und Tafia wird auf 100 000 Liter geschätzt. Auch aus dem Ewi (Spondias cytherea) und aus Piper methysticum wird ein Branntwein gewonnen.

Die Tierwelt ist auf dem Lande sehr arm an Arten, in der See dagegen reich genug. Von Säugetieren fanden die ersten europäischen Seefahrer eine Ratte, ein Schwein mit zugespitzten Ohren, von dem jetzt nach vielfacher Mischung mit importierten Raffen keine Spur mehr zu erkennen ist, und ein in derselben Weise verschwundener Hund, welcher, allein von vegetabilischer Nahrung lebend, eine hochgeschätzte Speise war. Jetzt sind alle europäischen Haustiere eingeführt, die Pferde aus Südamerika, die Rinder aus Neusüdwales, einige der letzteren sind schon ver- wildert. Mit den Schafen hat man weniger Glück gehabt, die

Ziegen kommen aber besser fort. Gegen das Fleisch der letzteren zeigen die Eingebornen immer noch einen unüberwindlichen Widerwillen, während sie das anfängliche Vorurteil gegen Rindfleisch und Kuhmilch längst abgelegt haben. Weitaus am stärksten ist aber die Zucht von Schweinen, nach welchen übrigens die Insulaner fast alle größeren Haustiere benannt haben. Buaa toro, das Schwein mit dem langen Halse, nennen sie das Rind, buaa horofenua, das Schwein, welches schnell über die Erde läuft, heißt das Pferd, buaa niho, das Schwein mit den Zähnen auf dem Kopfe, wird die Ziege genannt.

Die Landvögel sind zum Teil sehr eigentümlich, doch giebt es nur 20 Arten derselben. Das nützlichste Geschöpf ist jedenfalls das Haushuhn, welches schon von Wallis gesehen wurde und das noch jetzt ohne besondere Pflege sehr gut gedeiht und zahlreich auf allen Inselgruppen vorhanden ist. Es bildet im Handelsverkehr mit den anlaufenden Schiffen einen eben so wichtigen Artikel wie das Schwein. Auch Truthühner und Enten sind hier und dort eingeführt worden. Raubvögel gab und giebt es gar nicht. Einige Vögel, die früher nicht selten waren, scheinen jetzt nicht mehr vorzukommen, wie der rote Honigfresser (Melithreptes coccineus), ein grüner langschwänziger Papagei und eine blaue Taube. Die große, in Neukaledonien häufige Kronentaube (Serresius galeatus) ist hier weniger schön gefärbt, namentlich ist die purpurne Haube sehr blaß. Von Papageien finden sich Coryphilus taitianus und dryas, letzterer auf den Markesas zu Hause. Zahlreich bewohnen die Evini, kleinere Papageien von Sperlingsgröße, blau mit weißer Brust und rotem Schnabel und Füßen, die hohen Kokospalmen und saugen den süßen Saft aus ihren Blüten.

Wasservögel sind weniger selten. An den Küsten leben Möven, schiefergraue Tölpel, rußige Sturmvögel (Procellaria fuliginosa), gefleckte Eisvögel (Alcedo rudis) und taubengroße, leichtgezähmte Seeschwalben (Sterna stolida). Auf den Außenriffen stellt der blaue Reiher (Ardea caerulea) seiner Beute nach, auf den Felsen der Küste nistet der Fregattenvogel, dessen lange, schwarze Schwanzfedern früher die Gewänder der Häuptlinge schmückten. Noch wertvoller sind die weißen Schwanzfedern des Tropikvogels (Phaëton aethereus) und die scharlachroten des noch zierlicheren Phaëton phoenicurus, welche nur von Häuptlingen getragen werden durften. Man pflegte den Vogel beim Brüten zu über= raschen, ihm die Federn auszuziehen und ihn dann wieder fliegen zu lassen, um ihn später abermals berauben zu können. Die kleinen Inseln Tetuaroa, Tubuai und andere wurden als Privat= domänen der königlichen Häuptlinge von Tahiti angesehen.

Von Amphibien kennt man nur einige Arten Eidechsen; ein großer, gelbgefleckter Gecko läuft an den Wänden der Hütten herum und reinigt die Dächer von Insekten, Schlangen kommen gar nicht vor ein Skorpion, ist durchaus harmloser Natur. Dafür sind aber Fliegen, Moskitos und die durch europäische Schiffe eingeführten Schaben in ungeheuren Mengen vorhanden. Diese Quälgeister sind Tag und Nacht thätig. Mit Moskitos sind nicht allein die feuchten Dickichte erfüllt, sie kommen nachts auch in die Häuser und bringen durch die kleinsten Öffnungen der gegen sie gezogenen Vorhänge ein, während hunderte drei Zoll langer Schaben über den Boden die Wände hinauf und an den Bettpfosten hinaufkrabbeln, von dort sich auf das Bett niederfallen lassen und so in wirksamer Weise dem Gepeinigten den ersehnten Schlaf rauben.

An Seetieren sind die Gewässer der Inselgruppen außer= ordentlich reich. Schon Banks kannte 150 verschiedene Arten. Es giebt mehrere Haie, welche meistens der braunen oder weißen Art (Squalus carcharias) angehören und von den Insulanern gern gegessen werden, namentlich die Leber gilt als ein Lecker= bissen. Merkwürdige Fische sind der Teufelsrochen, dessen rauhe Haut als Feile dient, eine blutrote, schwarzgestreifte Skorpäne (Scorpaena antennata), die mehr einem Seeigel gleicht, drei Arten von Chätodon, Chalcedon Imperator, Zeus ciliaris u. a. Schildkröten kommen namentlich an die Ufer der niedrigen In=

feln und in die Lagunen. Man trifft sowohl die Karettschild=
kröte (Testudo imbricata) als Chelonia Midas. Es ließen fich
etwa 10 000 Kilogramm Schildkrötenschale im Jahr gewinnen.
Unter den zahlreichen Crustaceen ist eine Hyas merkwürdig, welche,
um von ihrer Beute nicht gesehen zu werden, fich unter Korallen=
fand und Schlamm verbirgt, während die auf langen Stielen
fitzenden Augen darüber emporragen. Eine Krabbenart (Calappa
tuberculata) weiß ihre Füße so gut unter dem breiten Schilde
zu verbergen, daß der Sammler sie leicht für einen merkwürdigen
Stein ansieht. Große Einsiedlerkrebse ziehen fich in die Gehäuse
einer Kreiselmuschel (Turbo setosus) zurück, eine kleine, schwarze
Landkrabbe (Gelasimus Duperreyi) bohrt überall am Küsten=
faum kreisrunde Löcher tief in den Boden, andere Individuen
derselben Gattung werden weiter im Innern gefährliche Plagen
der Zuckerpflanzungen. Auf den Riffen findet man bei Niedrigwasser
Muscheln von ganz besonderer Pracht, meistens aus den Ge=
schlechtern Cypraea, Purpura, Mitra, Cerithium u. a., aber auch
bei uns einheimischen, wie Cardium, Mya, Chama und Turbo an=
gehörig. Von Turbo, sehr häufig bei Tahiti, gehen auf deutsche
Rechnung große Mengen nach Hamburg, Berlin und Wien, wo sie
zu einem feinen Staube gemahlen werden, welcher bei der Kompo=
fition von Stucco sowie zur Herstellung von allerhand Gegen=
ständen in imitiertem Perlmutter verwendet wird. Manche von
diesen Muscheln werden von den Eingebornen gegessen. Von
besonderer Wichtigkeit sind aber nur die Perlmuscheln (Meleagrina
margaritifera).

Wichtige Fischereien existieren jetzt auf Tuamotu und den
Gambierinseln. Leider sind infolge mangelnder Verordnungen
und der Habgier der Perlfischer viele Bänke völlig erschöpft
worden, namentlich solche von geringer Tiefe in wohlgeschützten
Lagunen, glücklicherweise sind die in größeren Tiefen befindlichen
von diesem Raubsystem noch verschont geblieben und ermöglichen
bei nun erlassenen Bestimmungen abermalige Ansiedelungen von
Perlmuscheln auf den zerstörten Fischereigründen. Einige bei

den Tuamotu gemachte Versuche künstlicher Züchtung sind mit
guten Erfolgen belohnt worden und werden vermutlich bei den
Eingebornen Nachahmung finden. Das Perlmutter der Tuamotu
ist schwarz mit Ausnahme des bei Marutea gefundenen, einer den
Gambierinseln zunächst gelegenen Insel der Gruppe. Diese
schwarze Sorte, welche 1873 an Ort und Stelle für 30 bis
60 Centimes das Kilogramm verkauft wurde, gilt jetzt wenig=
stens 1 Frank 25 Centimes. Die in den hiesigen Muscheln gefun=
denen Perlen sind weit schöner als die von Ceylon, die schönsten
findet man in der Regel in den 4—5 Jahre oder darüber alten
Muscheln. Die an Perlen reichsten Inseln der Tuamotu sind:
Arutea, Kaukura, Fakarava, Aratika und Toau. Eine 1876 bei
der letztgenannten Insel gefischte Muschel enthielt nicht weniger
als 115 Perlen. An den Gambierinseln sind die vorzüglichsten
Fischereigründe die von Tokaai, von Te Aria, von Tokaercro
und von Te Arai. Man schätzt den Ertrag der Perlenfischerei
beider Archipele auf 2 Millionen Kilogramm Perlmutter und
5—600 000 Franks Wert von schwarzen und weißen Perlen.
Fast alle Perlen werden nach Petersburg, Amsterdam, Hamburg
und London versandt, von wo sie nach Paris gehen.

2. Tahiti und Moorea.

Die Insel Tahiti, von Cook Otaheite genannt, das Centrum
der französischen Besitzungen im östlichen Oceanien, besteht aus
zwei nahezu kreisrunden Teilen: dem nordwestlichen Porinui
oder Tahiti=nui (Groß=Tahiti) und dem südöstlichen Taïarapu
oder Tahiti=iti (Klein=Tahiti), beide mit einander verbunden
durch den 2200 Meter breiten Isthmus von Taravao, der sich
bei dem gleichnamigen Fort zu seiner größten Höhe von 14 Meter
über den Meeresspiegel erhebt.

Ein nur schmaler Saum ebenen Landes hebt sich aus den
steilen, von mächtigen Riffen eingefaßten Lagunen zu einem
plötzlich aufsteigenden, wild zerrissenen Gebirgsland. Das erfüllt
den weitaus größten Teil der beiden Inselhälften. Eine längst

erstorbene vulkanische Thätigkeit hat hier die Erdschichten zu an=
sehnlichen Höhen aufgeschichtet; auf Tahiti=nui erreicht der Aorai
2064, der Orohena 2236, auf Tahiti=iti der Niu 1324 Meter.

Aorai und Orohena bilden mit einer Anzahl niedrigerer Piks
das Diadem, eine wunderbar schöne, der Umwallung eines alten
Kraters nicht unähnliche Bergformation. Strahlenförmig gehen
von diesem Bergkranze nach allen Richtungen Grate aus, die
aus der Form kleiner Hochebenen sich allmählich verengernd und
zuspitzend, endlich zur Küstenebene abstürzen. Dazwischen kleine
Schmalthäler, von munteren Gebirgsbächen durchrauscht, welche,
der steilen Felswand enger Schluchten entsprungen, in schäumenden
Wasserfällen durch die üppige Vegetation zur Lagune eilen.

Den schönsten dieser Katarakte finden wir nicht weit von der
Hauptstadt Papeïti. Der Weg führt zuerst durch Zuckerrohrplan=
tagen, später sich zu schmalem Pfade verengend zwischen Palmen,
Orangen und Guaven, welche purpurfarbige Passionsblumen
und andere Schlingpflanzen zu einer undurchdringlichen Wand
verstricken, an einen herrlichen Aussichtspunkt. „Man stelle
sich den Staubbach der Schweiz in vergrößertem Maßstabe vor,
denke sich dazu einen Hintergrund von Bergen in reichstem
Pflanzenschmuck, sowie eine Fülle von Palmen und breitblättrigen
Bananen und ein dichtes Netzwerk von Schlingpflanzen und
Farrenkräutern, so wird man sich ungefähr einen Begriff von der
wunderbaren Schönheit des Wasserfalles von Faataua machen
können." Hoch oben auf dem Kamm des Hügels schmiegen sich
süßduftende Rosen um die verfallenden Wälle des letzten Boll=
werkes der Tahitier, welches nach tapferem Kampf seiner Ver=
teidiger durch Verrat in die Hände der Franzosen fiel. Dieser
430 Meter über dem Meere liegende Punkt, der die ganze Insel
beherrscht, ist jetzt von französischen Truppen besetzt.

Die nördlichste Spitze der Insel ist Point Venus, so be=
nannt von Cook, der 1769 hier den Durchgang des Planeten
durch die Sonnenscheibe beobachtete. Der Weg von Papeïti
dahin führt durch entzückend schöne Gruppen von Kokospalmen

und Brotfruchtbäumen, zwischen denen hier und dort Citronen-, Apfelsinen-, Bananen- und Guajavabäume stehen; baumartige Oleander und prachtvolle, rotblühende Eibisch erhöhen die Reize der Landschaft. Point Venus besitzt einen Leuchtturm, dessen Blinkfeuer 14 Seemeilen weit sichtbar ist, in der Nähe steht, von einem rohen Zaun geschützt, der Tamarindenbaum, welchen Cook an der Stelle pflanzte, wo er seine berühmten Arbeiten vollendete.

Längs des Strandes von Tahiti-nui zieht sich über eine niedere Kette bis zur Landenge Taravao die einzige gute Straße der Insel. Zu ihrem Baue wurden Sträflinge verwendet und auch jetzt noch besteht die allgemeine Strafe für Trunkenheit darin, daß der Schuldige einen Teil des seiner Wohnung zunächst gelegenen Weges kehren oder nötigenfalls ausbessern muß.

Für die Verpflegung der Reisenden auf dieser Landstraße ist vortrefflich gesorgt. Das Hôtel de l'Isthme bietet zwar nur eine sehr beschränkte Zahl von Zimmern, welche einfache Lattenwände trennen und deren Fenster keine Scheiben schließen, aber die Speisekarte des von zwei ehemaligen französischen Matrosen geleiteten Etablissements dürfte einen Epikuräer befriedigen.

Der Boden von Tahiti, steinig und hart auf dem Gipfel der Berge, ist auf den zwischenliegenden Plateaus oft aus mageren Thonmassen gebildet; in den Thälern aber und am Meeresstrande besteht er aus einer starken Humusdecke, welche jede Bedingung für tropische Kulturen bietet. Dieser, das Meer besäumende Landstreifen ist flach, zuweilen sehr schmal, zuweilen aber auch drei Kilometer breit. In diesem Strandgürtel wohnen fast alle Insulaner, jetzt meist zu kleinen Dörfern vereint, die freilich, da sie aus niedrigen, luftigen Hütten bestehen, inmitten der üppigen Vegetation fast völlig verschwinden.

Rings um die Insel zieht sich ein Riff, das nur an wenigen Stellen Schiffen den Zugang erlaubt, das aber dadurch, daß es sich öfters mit dem Küstenriff verbindet, den eigentlichen Charakter eines Barrierriffs verliert. So wird die Fahrt zwischen den einzelnen Plätzen an der Küste unterbrochen. Der allein bedeutende Hafen ist Papeïti an der Nordwestseite der Insel, sonst kommen noch, namentlich als Verschiffungshäfen für Orangen, Pueu, Papeuriri, Vairao, Taravao (Port Phaeton) und Papeari in Betracht.

Papeïti, d. i. Wassersack, die Hauptstadt des ehemaligen tahitischen Staates und Residenz des Königs Pomare wie des Gouverneurs der französischen ostoceanischen Besitzungen, eines deutschen, englischen, nordamerikanischen und chilenischen Konsuls, ist das große Entrepot des Archipels der Gesellschaftsinseln, der Tuamotu, Tubuai und der Cook=Inseln. Hier laufen alle Handelsverbindungen zusammen. Dennoch ist Papeïti nach europäischen Begriffen nur ein großes Dorf, aber ein solches, das eine üppige Tropennatur mit allen ihr zu Gebote stehenden Reizen ausgestattet hat. Für den von der See Kommenden ist der Anblick ein wahrhaft überwältigender. Man meint, ein Feenland zu betreten. „Herrliche Magnolien, gelber und scharlachroter Hibiscus spiegeln sich in dem klaren Wasser; sammetartiger Rasen erstreckt sich bis zur Bucht; an beiden Seiten der hellen Landstraße liegen, fast versteckt in der Blumenfülle der niedlichen Gärten, Reihen kleiner hölzerner Häuschen. Männer und Frauen sind mit den buntfarbigsten Gewändern bekleidet und mit Blumen geschmückt, auf dem Grase lagern wahre Berge von Früchten, bestimmt als Ladung für die am Hafen ankernden Schiffe, und im Hintergrund der entzückend schönen Landschaft erheben sich anmutige, mit reichem Pflanzenwuchs bedeckte Hügelreihen.“

Die Stadt ist vollkommen regelmäßig ausgelegt. Die parallel laufenden und einander rechtwinklig schneidenden Straßen führen ungemein hochtönende Benennungen, wie Rue de Rivoli, Rue de Paris u. a. Große Alleen von Brotfrucht= und Apfelsinenbäumen und Palmen verdecken etwaige Mängel, wölben sich zu einem dichten Laubdach und mit erfrischendem Hauch wehen die Seewinde durch diese luftigen Tunnels. Am Strande entlang parallel mit dem Napoleonskai, seinen Werften und

Warenlagern ziehen sich die Wohnungen der Kaufleute, das Hospital, der Justizpalast. Ein weitläuftiges Gebäude mitten im Hafen enthält die Bäckerei und Magazine für die französische Besatzung. An einer großen Esplanade, die zum Exerzierplatz dient, liegt die einfache, aber doch schöne, von prächtigen Gartenanlagen umgebene Wohnung des französischen Gouverneurs, vor dessen weitem Balkon ein Springbrunnen sein kühlendes Wasser in die Luft sendet. Gerade gegenüber, nur durch eine Hecke getrennt, das Haus des Königs, in demselben einfachen Stil erbaut und von breiter Veranda umgeben, auf welche die hohen Glasthüren der Zimmer öffnen. Im Ort befinden sich zwei gute Wirtshäuser, mehrere Cafés und Grogshanties, Läden aller Art, die meisten aus Holz gebaut und mit Palmblättern gedeckt. In der Rue de Pologne, dem chinesischen Viertel, mit chinesischen Theehäusern und Buden, ist Bambus das alleinige Konstruktionsmaterial; die Hütten der Eingeborenen gleichen mit ihren luftigen Wänden aus Eibisch- und Bambusstäben, welche ein paar Zoll von einander in die Erde gesteckt sind, riesigen Vogelkäfigen. Für den Bau einer katholischen Kathedrale, deren Vollendung der ungünstige Baugrund lange Zeit hinderte, hat die französische Regierung viele Tausende ausgegeben. Das protestantische Gotteshaus ist bescheidener. Beide werden stets gut besucht, namentlich das letztere. Oft sitzen die von nah und fern gekommenen Zuhörer andächtig vor den geöffneten Thüren und Fenstern, auf den Straßen wie auf dem Rasenplatz draußen, den ein prachtvoller Hibiscus beschattet, und lauschen aufmerksam der Predigt, welche manche der älteren Männer und Frauen, die sich Aufzeichnungen machen, nachher mit einem gewissen Selbstgefühl wiederholen. Bei der Verteilung des Abendmahles vertritt Brotfrucht die Stelle des Brotes und Kokosnußmilch jetzt die Stelle des Weines, da man die Erfahrung machte, daß schon die ersten zwei oder drei Kommunikanten den Becher bis zur Neige leerten.

Der Sonntag bringt alle Bewohner der benachbarten

Fig. 1.

Das Haus des Königs Pomare.

2*

Dörfer zu Pferde oder in Booten nach der Stadt, denn morgens in aller Frühe ist Markttag. Viele kommen auch schon am Abend vorher und schlagen mit Matten und Decken ihr Lager in den beiden großen Markthallen auf, welche in der Stadt errichtet sind. An quer gespannten Stricken hängen Massen von Apfelsinen, Bananen und vielfarbigen Gemüsen. Einige tragen ihre Waren an Bambusstäben über den Schultern, zuweilen recht kleine Vorräte. Hier bringen Frauen in grünen Blätterkörbchen eine Forelle, ein paar Garnelen, einen Krebs oder Hummer, ein bis zwei Eier, dort gehen Männer umher und bieten ein paar Mangofrüchte oder kleine Fische aus, welche von den Enden der dicken Tragrohre herabbaumeln. Um die Hallen herum ziehen sich schattige Pisangbäume mit zarten, hellgrünen Blättern, Hecken von Jasmin und scharlachrotem Hibiscus, Apfelsinen= und Mangobäume, deren orangefarbene und purpurne Früchte zum Pflücken aufzufordern scheinen, und auch hier haben Verkäufer ihren Stand genommen und handeln mit Fischen, Früchten und Blumen, denn die letzteren sind immer begehrt. Alles trägt im Hut, im Haar, um Hals und Brust duftige Blumengewinde, so daß die ganze Gesellschaft in ihrer phantastischen Tracht mehr den Eindruck einer lustigen Maskerade macht, als den einer Gesellschaft von Landleuten, die sich zum Markt begeben. Gewänder aus gedrucktem Baumwollzeug: kirschrot mit weißen, dunkelblau mit weißen oder gelben Streifen, rot mit gelben Punkten und blau mit gelben Kreuzen, die in zwanglosen Falten von der Schulter bis zu den Füßen hinabwallen, das üppige schwarze Haar mit prächtigen Blumen und gazeartiger, silberglänzender Reva=reva oder einem kleinen, bekränzten Matrosenhut bedeckt, das ist die kleidsame Tracht der Frauen. Auch die Männer lieben es, um Hut oder Haar Kränze zu legen oder rote und gelbe seidene Tücher um den Kopf zu schlingen, und ihre vielfarbigen Hemden und die kurzen, bunten Beinkleider stimmen sehr wohl zu den vielfachen Tönen des lebhaften, ansprechenden Bildes.

Fig. 2.

Tahitische Männer aus dem Volke.

Auf dem Königinplatz versammelt sich gelegentlich an stillen, kühlen Abenden, wenn die Kapelle eines im Hafen ankernden Kriegsschiffes dort musiziert, eine bunte Menge: französische Land- und Marineoffiziere, Civilbeamte, Kaufleute und Eingeborene, Frauen und Mädchen von der dunkelbraunen Tahitierin bis zur Engländerin oder Französin. Kleine Gesellschaften sitzen heiter scherzend auf mitgebrachten Matten umher, den Klängen der Musik lauschend, lachend, plaudernd, bis das Konzert ein Ende nimmt und Matten, Bündel und Kinder aufgenommen werden und die Menge sich nach ihren Wohnungen zerstreut.

Östlich von der eigentlichen Stadt bei der Spitze Farauti ist eine Werfte errichtet worden, auf welcher Schiffe von 500 Tonnen ausgebessert werden können. Dort hat auch die französische Regierung ein Arsenal angelegt, wenn man einige Schuppen, eine Schmiede 2c. so nennen darf.

Der Hafen von Papeïti ist Freihafen; hier ankommende Schiffe haben nur für das Anlegen an den Werften und für Lotsengebühren bestimmte, mäßige Summen zu zahlen. Eine Anordnung, nach welcher innerhalb der Protektoratsgrenzen nur solche Schiffe Handel treiben sollten, welche ganz oder teilweise französisches Eigentum wären und von französischen Kapitänen geführt würden, hat den gewünschten Erfolg gehabt, die früher hier fast ausschließlich verkehrenden fremden Fahrzeuge mehr und mehr zu verdrängen. Es liefen 1881 in die genannten Häfen der Insel und in Papetoai auf Moorea ein: 206 Handelsschiffe von 21 608 Tonnen, davon waren 108 französisch. Aber der Handel ist völlig in den Händen englischer, deutscher und amerikanischer Großkaufleute; die Franzosen befassen sich nur mit Kleinhandel. Die Ausfuhr besteht vornehmlich in Perlmutter, Kopra, Orangen und Guano. Ein Ausfuhrzoll besteht nicht; das auf den Tuamotu und den benachbarten Gruppen gewonnene Perlmutter, welches zur Verschiffung nach Papeïti gebracht wird, hat aber hier einen Zoll von 40 Franks per Tonne zu zahlen. Auch sind bestimmte Gebühren für Lagerung und Verladung zu

entrichten. Mit Einfuhrzöllen von 12 Prozent vom deklarierten
Werte sind alle Waren belegt mit Ausnahme von lebendem Vieh,
Maschinen, Schulbüchern und Bedürfnissen der Regierung, welche
frei sind, und von Spirituosen, welche einen Zuschlagszoll von
75 Centimes pro Liter zahlen. Aus Papeïti wurden 1881 exportiert: Perlmutterschalen für 691 200 Mark, Baumwolle für
950 000 Mark, Kopra für 441 600 Mark, ferner Citronensaft,
Apfelsinen, Fungus, Vanille, Baumwollensaat u. a., im Ganzen für
2 192 340 M. Die Orangen gehen nach San Francisko, 1881
wurden 1 360 000 Stück im Werte von 27 200 Mark dorthin
verschifft, wo sie zum 8—12fachen Werte des Einkaufspreises
abgesetzt werden können. Die Tahitier wickeln die noch nicht
ganz reifen Früchte in Pandanusblätter und packen dieselben
zu 500 bis 1000 Stück in Kistchen, welche aus den abgeschälten
Zweigen des Purau (Hibiscus tiliaceus) angefertigt sind. Früher
wurde auch viel Walrat von hier ausgeführt, denn Papeïti
war eine gern besuchte Station der Walfänger des Südlichen
Oceans; allerlei Zollplackereien haben diesen Verkehr aber fast
gänzlich von hier vertrieben. Bei der Einfuhr spielen Baumwollzeuge (Indiennes) die Hauptrolle, sodann Mehl und Zwie-
back, Konserven aller Art, besonders Fleischkonserven. Von
Australien und Neuseeland werden gepökeltes und in Büchsen
eingemachtes Hammel- und Rindfleisch, von den Südseeinseln
Schweinefleisch eingeführt, von Amerika eingemachte Früchte und
Gemüse. Aus Valparaiso kommt auch Heu für die Pferde, da
das auf der Insel gewonnene durchaus nicht nahrhaft ist.

Mit Deutschland ist der Handel sehr lebhaft, denn das
Haus Godeffroy etablierte hier schon früh ein Geschäft und ein
Godeffroy ist auch heut deutscher Konsul. Da aber die franzö-
sische Gesetzgebung fremde Reeder bedeutend beeinträchtigte, so er-
richtete die Société Commerciale de l'Océanie — unter diesem
Titel wurden die Geschäfte des Hauses hier geführt — eine
Zweiganstalt in Raiatea. Von dort und Papeïti wurden 1881
durch die Gesellschaft ausgeführt nach Hamburg, anderen euro-

päischen Häfen und nach San Francisko für 1 611 000 Mark Waren. Dagegen betrug die Einfuhr 900 000 Mark.

Papeïti und somit der ganze zugehörige französische Besitz steht in vierfacher Verbindung mit der übrigen Welt. Einmal durch die Schiffe der französischen Marine, welche um die Erde segeln und Tahiti zweimal im Jahre berühren, dann durch die Segel= schiffe des Hauses Tandonnet in Bordeaux, welche nach einem mit der Regierung vereinbarten Kontrakt sechs Reisen im Jahre machen und Tahiti berühren müssen, durch die Société commerciale de l'Océanie und endlich durch eine monatliche Schiffsverbindung mit San Francisko, die durch drei Segler vermittelt wird. Die letzte Linie ist durch einen Franzosen in San Francisco mit französischem Kapital errichtet worden, führt aber die amerikanische Flagge. Sie erhält für Beförderung der Post eine Subvention von 70 000 Francs. Auf der Reise von San Francisco wird der Hafen von Taiohaë in den Markesas angelaufen; die Rück= reise geschieht direkt. Die Fracht von Frankreich nach Tahiti direkt beträgt zwischen 80 bis 100 Franks per Tonne.

Die Bevölkerung Papeïtis mag 3000 Einwohner zählen, worunter sich etwa 4—500 Franzosen befinden, außerdem einige Engländer, Deutsche, Nordamerikaner, eine größere Anzahl Chi= nesen. Die letzteren sind übrigens hier keineswegs gern gesehen. Für die Baumwoll= und Zuckerpflanzungen und die drei auf Tahiti errichteten Zuckerfabriken sind Kingsmill=Insulaner einge= führt worden, deren nach Landessitte gebaute, eigentümliche Hütten sofort ihre Anwesenheit auf den Pflanzungen verraten. Nach der Zählung von 1879 lebten auf Tahiti 9745 Personen, davon 6820 Tahitier, 982 Oceanier, 830 Franzosen, 600 Chi= nesen, 263 Engländer, 144 Amerikaner und 40 Deutsche.

Das Geld der Insel bestand früher in Kupfermünzen, welche die Missionäre im Nennwert von 3000 Pf. Sterling in England hatten prägen lassen. Ihr Gepräge zeigte auf der einen Seite ein Schiff, auf der anderen die Worte: Copper preferable to paper d. i. Kupfer besser als Papier. Sie hatten den Wert von einem halben Penny. Als die Franzosen ins Land kamen, konfiszierten sie diese Münzen sämtlich und ließen sie ins Meer werfen, die etwaigen Verbreiter derselben wurden zugleich mit hohen Strafen bedroht. Und da die Eingeborenen wenig Gefallen an den Frankstücken zeigten, so wurde ein Zwangskurs eingeführt. Man rechnete früher nach Piastern oder Dollars und es liefen spanische, mexikanische, mittel= und südamerikanische, auch nordamerikanische und ostindische Silbermünzen um, und einige von diesen werden auch jetzt noch von den Eingeborenen genommen, die Rechnung wird bei den französischen Behörden

Fig. 3.

Maitea.

aber immer nach Franks geführt und ist daher auch sonst allgemeiner geworden. Die Tahitier nennen das Frankstück Toata, das halbe Frankstück Rena.

Die Maße und Gewichte sind die französischen, doch sind die englischen, welche früher allein maßgebend waren, teilweise noch immer im Gebrauch, so rechnet man die Tonne zu 2000 Pfd. engl. Avoirdupoids.

Eine Bank existiert nicht; die französische Regierungsbehörde verkauft ihre Wechsel auf Paris, 20 oder 30 Tage nach Sicht zahlbar, mit durchschnittlich 3 Prozent Prämie. Sonst zieht man Wechsel gegen Versendung von Produkten auf London 3 Monate nach Sicht und auf San Franzisko 15 und 30 Tage nach Sicht.

Östlich von Taïarapu liegt die kleine, nur 3 Quadratkilometer große Insel Matia oder Maitea, ein einziger Berg von 435 Meter Höhe mit abgestumpftem Gipfel, mit einem Riff am Ostende, aber ohne irgendwelchen Ankerplatz. Die Hütten der Einwohner ziehen sich am schmalen Strande entlang, den Kokospalmen, Bananen und andere tropische Gewächse bedecken. Die üppige Vegetation reicht weit an den zerfallenden Felsenmauern hinauf und selbst auf der hohen Platte der Insel haben große Bäume ihre Wurzeln geschlagen. Die Einwohner, echte Tahitier, sind freundlich, gastfrei und gute Handelsleute. Als der „Sunbeam" hier anlegte, um einige Provisionen und Kuriositäten zu kaufen, zeigten sie ein gutes Verständnis für den Wert verschiedener Geldsorten. Brasilianische Münzen wurden unbedingt zurückgewiesen, dagegen nahmen sie sehr bereitwillig chilenische Dollars oder solche von den Vereinigten Staaten; der Häuptling aber, welcher die Reisenden freundlich, doch mit großem Ernst und viel Würde empfing, weigerte sich, irgend eine Gegengabe für die von ihm gemachten Geschenke anzunehmen.

Etwa 18 Kilometer westwärts von Tahiti liegt Moorea, früher Eimeo genannt, eine nahezu dreieckige, mit der Spitze nach Süden weisende Insel, an anmutiger und romantischer Schönheit Tahiti vielleicht noch überragend. Zackige, groteske Bergmassen, verwitterten Burgruinen und Obelisken vergleichbar, erfüllen das Innere und erreichen ihren Gipfelpunkt in dem 1212 Meter hohen Tohinea, durch dessen obersten Teil, einige hundert Fuß von der Spitze, ein Tunnel getrieben erscheint. Der Sage nach soll der Gott Oro im Zorne gegen den kleinen Gott von Moorea seinen Speer von Tahiti aus geschleudert und durch den Berg getrieben haben. Fruchtbare, reichbewässerte Thäler durchschneiden überall das Gebirge; in ihnen ziehen sich

Fig. 4.

Die Insel Moorea.

muntere Bäche entlang zur See, welche hier mehr als bei Tahiti, besonders an der Nordküste, tief hineintritt. Dort liegt an dem schönen Hafen Opunohu, wegen der häufigen Moskitos auch Baie des moustiques genannt, das große Dorf Papetoai, in welchem sich der Verkehr der Insel konzentriert. Der fjordartige Hafen ist etwa 5 Kilometer lang, an beiden Seiten von senkrechten, bisweilen 600 Meter hohen Felswänden eingeschlossen, im Hintergrunde dehnt sich eine weite Fläche des reichsten Alluvialbodens aus, welche allmählich zu einem rings von nackten, seltsam gestalteten Felsen eingefaßten Amphitheater aufsteigt. Dem Hafen gerade gegenüber erhebt sich ein riesiger Felsenturm, dessen scharfe Spitze hoch in die Wolken ragt. Moorea mißt 132 Quadratkilometer oder 13 237 Hektaren und zählte 1879 1427 Bewohner, davon 1203 Tahitier, 113 andere Polynesier, 77 Chinesen und 34 Europäer.

3. Die Tahitier.

Man hat die Bewohner Tahitis immer als die schönsten Menschen in der Südsee geschildert, und in der That verdienen sie dieses Lob wohl auch noch heute, wenngleich man sich durch die überschwänglichen Berichte mancher, namentlich französischer Reisender, nicht verleiten lassen darf, hier ein Geschlecht zu erwarten, das alle anderen Völker der Erde überträfe. Namentlich wurden die Frauen als außerordentlich lieblich geschildert; wir wissen aber wohl, daß, wie bei allen Naturvölkern, das weibliche Geschlecht auch hier hinter dem männlichen zurücksteht. Aber selbst wenn wir alle berechtigten Abzüge machen, haben wir dennoch auf diesen glücklichen Inseln eine Menschenrasse vor uns, deren hoher und starker, dabei ebenmäßiger und schön geformter Gliederbau unsere volle Bewunderung herausfordern muß. Dies gilt von allen Insulanern, wenngleich die Vornehmen sich ganz besonders auszeichnen. Männer von Adel waren meist zwei Meter groß, die Frauen dabei nicht viel kleiner. Die höheren Stände unterschieden sich von den niederen immer durch eine

Fig. 5.

Junge Frauen von Tahiti.

hellere Hautfarbe, eine natürliche Folge reichlicherer Bekleidung und bequemeren Lebens. So schwankte die Farbe der Bevölkerung zwischen einem hellen Gelbbraun und Dunkelbraun, der Farbe der ärmeren Klassen, der eigentlichen Arbeiter, und dennoch liebte man diese dunkle Farbe und sah in ihr einen Vorzug, ein Zeichen von Kraft. „Wie dunkel der Mann ist," hörte der Missionär Ellis die Tahitier oftmals bewundernd ausrufen, „der hat starke Knochen!"

Von der eigentlichen Farbe der Haut war aber in früherer Zeit oft wenig genug zu sehen. Mit dem achten oder zehnten Jahre begann man nämlich den ganzen Körper mit Ausnahme des Gesichts zu tattuieren und namentlich den Rücken mit den ausgesuchtesten Figuren zu schmücken. Mit dem dreißigsten Jahre war die Operation vollendet, welche um so reicher ausfiel, je höheren Rang der Betreffende einnahm. Die Zeichnungen überzogen den ganzen Körper wie mit einem enganschließenden Gewande; sie konnten diesen Eindruck um so mehr machen, als bei der großen Masse des Volkes die Bekleidung eine sehr dürftige war. Die Männer trugen fast immer nur den Maro, die vornehmeren eine Art Poncho, ein Stück Zeug mit einem Schlitz in der Mitte, durch welchen sie den Kopf steckten. Diese „Tiputa" gehörte auch zur Tracht der Frauen, welche noch öfter den bunten und glänzend geschmückten Ahubuu anlegten, welcher den rechten Arm freiließ. Ihr eigentliches und unentbehrliches Kleidungsstück war aber das Pareu, ein langes, mehrfach um die Mitte des Körpers geschlungenes Stück Zeug, dessen Ende man über die Schulter warf oder über dem Arme trug. Jetzt kleiden sich die Frauen allgemein in die von den Missionären eingeführten langen, wallenden Gewänder, den Kopf bedecken sie mit selbstgefertigten Strohhüten oder noch lieber mit Kränzen von wohlriechenden Blättern und Blumen. „Einen recht malerischen Anblick," sagt der Reisende Roughi, welcher Tahiti 1869 besuchte, „gewähren ihre schwarzseidenen und leichten, bunten Kleider, wenn sie am Namenstage des Kaisers in Scharen hinausziehen, die

ihnen von der Regierung bereiteten Luſtbarkeiten zu genießen."
Die höheren Klaſſen zwängen ihre Glieder nur ungern in die
ihnen läſtige europäiſche Kleidung. Die frühere Königin Pomare

Fig. 6.

Die Königin Pomare.

trug bei feſtlichen Gelegenheiten ein prunkendes Sammetkleid und
ein juwelenbeſetztes Diadem. Als Ida Pfeiffer auf ihrer großen
Reiſe 1846—48 auch Tahiti beſuchte, wurde ſie zu einem großen

Balle geladen. Unter den zahlreichen Gästen: Franzosen und Eingeborenen war auch die Königin erschienen, eine große, beleibte Dame in einer Blouse von himmelblauem Atlas, um welche kostbare schwarze Blonden in doppelten Reihen genäht waren. In den Ohren trug sie große Blüten des einheimischen Jasmins, in den schwarzen Haaren einen Blumenkranz, in der Hand hielt sie höchst zierlich ein feines, schön gesticktes und mit breiten Spitzen besetztes Taschentuch. Ihre Füße hatte sie zu ihrem augenscheinlichen Unbehagen in Strümpfe und Schuhe gezwängt. Dies war von einem „kanariengelben König", der seinen Komfort mehr studierte als europäische Moden, wohlweislich unterlassen worden; er spazierte in bloßen Füßen umher. Ein paar weiße Beinkleider und ein Rock von schwefelgelbem Kattun zierten seine erhabene Person. Es wurde getanzt, aber die Königin beteiligte sich an diesem Vergnügen nicht, sie zog es vielmehr vor, in einem Nebenzimmer einige Cigarren zu rauchen. Bei Tische sagte ihr das Dessert so zu, daß sie einen zweiten Teller forderte, um denselben zu füllen und mit nach Hause zu nehmen. Einige Herren und Damen, welche vermutlich mit den üblen Wirkungen eines allzu starken Genusses von Champagner nicht bekannt waren, mußte man durch gelinden Zwang davon abhalten, der Flasche gar zu übermäßig zuzusprechen. Im allgemeinen verlief aber das Fest recht anständig und jener kanariengelbe König bemühte sich als Tischnachbar der Frau Pfeiffer im Verein mit dem König-Gemahl, der geehrten Reisenden soviel Aufmerksamkeiten wie möglich zu erweisen.

Allmählich haben sich europäische Sitten mehr und mehr eingebürgert und jene kleinen Verstöße gegen die Etikette werden seltener. Als der „Challenger" auf seiner Weltfahrt hier anlegte, wurden die Offiziere bei einem im Palaste gehaltenen Lever der Königin in gehöriger Form vorgestellt, worauf ein an Bord des Schiffes gegebener Ball von Ihrer Majestät besucht wurde. An einer kleinen Fahrt außerhalb der Riffe nahmen Moa, die Königin von Raiatea, Maru, die Kronprinzessin von Tahiti, die

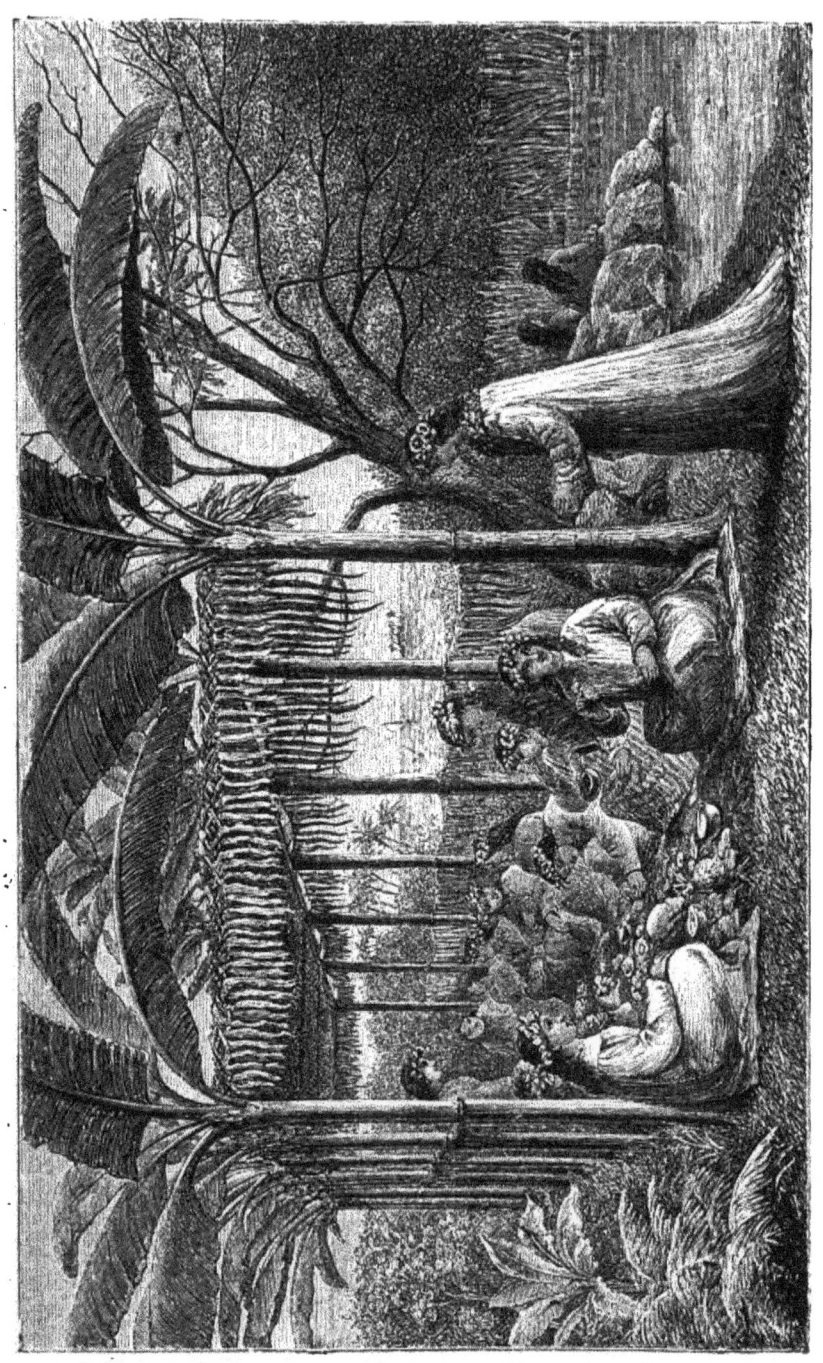

Fig. 7.

Das Fest in Fataua.

Fürstin von Moorea, jetzt Frau Brander, teil, unter den Herren war der König von Raiatea die vornehmste Persönlichkeit.

Bei der genannten Frau Brander fand Mrs. Brassey die liebenswürdigste Aufnahme. Zu dem Abschiedsfeste, das sie auf ihrem Landgute Fataua unweit Papeïti gab, waren sämtliche zur Zeit in Tahiti anwesenden Glieder der königlichen Familie, darunter der Thronerbe nebst Bruder und Schwester, eingeladen worden. Alle erschienen in Landestracht und mit Blumengewinden um Kopf und Nacken geschmückt. Am Ufer eines über Felsen dahinrauschenden Baches hatte man in einem Bananenwäldchen eine Speisehalle errichtet. Zwei Reihen schlanker Stämme waren durch Bambusstäbe mit einander verbunden und über diese grüne Matten aus Kokosblättern gebreitet worden. Rings um dieses grüne Dach, über welches von beiden Seiten die Bananenblätter sich neigten, und auch zwischen den grünen Pfeilern waren Gewinde aus den braunen und gelben Blättern des Theve angebracht und der Boden der Halle war mit den schönsten, schwarz und weiß geränderten Matten belegt. Breite grüne Blätter vertraten die Stelle des Tischtuches und die aus zusammengenähten Blättern gebildeten Schüsseln und Körbe enthielten alle möglichen Arten hier heimischer Leckerbissen: Austern, Hummern, darunter die köstlichen Wurrali, Bachkrebse, geschmorte junge Hühner, gekochte Spanferkel, Pisang, Brotfrucht, Melonen, Bananen, Apfelsinen und Stachelbeeren. Vor jedem Gast stand eine halbe Kokosnußschale mit frischem Wasser, eine andere mit Kokosnußschnittchen, eine dritte Schale mit frischem Wasser und eine vierte mit Milch, zwei Bambusstäbchen, ein Körbchen mit Poi, eine halbe Brotfrucht und ein Päckchen grüner Blätter, welche man nach jedem Gericht wechselte. Das Salzwasser goß man über die Kokosschnittchen und tauchte dann die Speisen hinein, die leere Salzwasserschale wurde mit frischem Wasser gefüllt zur Reinigung von Lippen und Fingern, denn Messer und Gabel braucht man in Tahiti auch jetzt noch nicht. Nach der Mahlzeit rauchten auch die meisten Damen einige Cigarretten.

Denn den Tabak liebt man hier eben so sehr wie alle anderen Genußmittel. Allerdings hat das Trinken der Kawa, hier Awa genannt, durch den Einfluß der Missionäre aufgehört. Dafür fing man aber sofort an, Branntwein aus den Wurzeln der Cordyline australis und aus Zuckerrohr zu bereiten, später auch aus Brotfrucht, Ananas und besonders aus dem Saft der Apfelsinen. Zwar erließ die französische Regierung ein scharfes Verbot gegen die Destillation auf den Inseln, doch geschah dies mehr aus Rücksicht gegen die importierenden Kaufleute als aus Fürsorge für das Wohl des Volkes. So schützt das Verbot die Tahitier keineswegs vor dem Laster der Trunkenheit, das leider im Volke allzu verbreitet ist.

Die Wohnungen der Tahitier waren stets sehr einfach, meist von ovaler oder elliptischer Form und einzelne, in welchen zuweilen mehrere Familien zusammen wohnten, von bedeutendem Umfang. Das große Dach aus Pandanusblättern reichte tief hinunter und der Raum zwischen den Pfosten war entweder mit Bambusstäben oder Matten verschlossen, blieb auch sehr häufig ganz offen. Das Innere war öfters durch Bambuswände in mehrere Zimmer geteilt, jedenfalls war so ein Raum abgegrenzt, in welchem sich die Schweine aufhielten. Das Mobiliar war ein sehr einfaches. Obschon man meist mit gekreuzten Beinen auf Matten saß, hatte man doch fast in jeder Hütte ein oder mehrere Jri oder Nohoroa, Stühle, die der Form nach den bekannten Kopfkissen glichen, aus dem harten Holz des Tamanu gefertigt, oben in der Mitte halbmondförmig ausgehöhlt, und sorgfältig poliert. Je nach dem Range des Besuchers bot man ihm einen größeren oder kleineren Jri an. Aus dem Tamanu fertigte man auch die niedrigen Schüsseln mit vier Füßen, welche zur Bereitung des Popoi dienten. Manche derselben waren bis 2 1/2 Meter lang und 1/3 Meter tief und konnten ebensowohl Tröge genannt werden. Die Stelle des Mörsers vertrat der Papahia, ein runder, vierfüßiger Block von hartem Holz, auf dessen polierter Oberfläche Früchte und Wurzeln mit dem Penu, einer Art Keule

aus schwarzem Basalt, zerstoßen wurden. In der Mitte des Hauses
stand das Fata, ein Stamm mit gabelartig abgeschnittenen Zweigen
zum Aufhängen verschiedener, recht hübsch geflochtener Körbe für die
Speisen, Flaschen und Schalen aus Bambusrohr und Kokos=
nüssen, Lampen von Kokosschalen mit baumwollenen Dochten
u. dgl. Unten, in einiger Entfernung vom Boden war um den
Stamm ein runder Teller gelegt, dessen untere, konkave Seite
Ratten und Mäuse am Emporklimmen hinderten. Zum Schlafen
waren Matten auf den Boden gebreitet, andere, die Ahu
Taoöto, dienten zur Bedeckung, der Kopf ruhte auf dem höl=
zernen Tuaurua, einem niedrigen, oben ausgeschweiften Schemel
mit vier Füßen, der oft kunstvoll geschnitzt war. Jetzt bedient
man sich aber vielfach europäischer Gegenstände. Das Haus des
Häuptlings von Papeïti und Schwagers der Königin Pomare IV.
enthielt bei Mrs. Brasseys Besuch zwei Bettstellen, vier
auf dem Boden ausgebreitete Matratzen, zwei oder drei Koffer
und einen Tisch mit Schreibzeug sowie einige Bücher darauf. Das
fette Schwein und die elf Ferkel, welche er der Dame zur Ver=
fügung stellte, wohnten mit dem hohen Würdenträger nicht un=
ter demselben Dache, sie hatten ein besonderes Quartier für sich.

Alle Reisenden rühmen die große Sauberkeit, welche das
Innere der Wohnungen wie die darin enthaltenen Geräte aus=
zeichnete. Wuschen sich doch auch die Tahitier regelmäßig vor
und nach jeder Mahlzeit Hände und Gesicht und badeten täglich
dreimal in den Flüssen oder Lagunen. Leider hat die sie be=
rührende Civilisation diese Gewohnheit zum großen Teil beseitigt
und Reinlichkeit ist nicht mehr wie früher eine ihrer hervor=
stechenden Tugenden. Mit diesem Anflug von Civilisation sind
auch viele ihrer früheren Fertigkeiten verschwunden.

Eine derselben war die Anfertigung von Matten, Körben
und Tapatuch. Ihre stets mit der Hand und zwar aus den
Blättern des Pandanus, der Rinde des Paritium, der Urena
lobata, Urtica argentea, Kokosblättern, Gras und Rohr ge=
flochtenen Matten übertrafen alles, was Europa darin leisten

konnte. Die Verfertigung von Tapa lag hier, wie überall, den
Weibern ob. Man gebrauchte dazu den Bast verschiedener
Pflanzen. Der Papiermaulbeerbaum lieferte die feinsten Stoffe,
der Brotfruchtbaum das gröbere, von den unteren Klassen ge=
tragene Tuch, Ficus indica einen zwar ebenfalls groben, aber
wertvollen Stoff, denn er saugte das Wasser nicht auf wie die
andere Tapa und zerriß daher nicht so leicht. Um die sehr
weichen Stoffe gegen Nässe weniger empfindlich zu machen, be=
strich man dieselben mit einem gummiähnlichen Safte aus der
Pfeilwurzel oder Aleurites triloba. Auch aus dem Kokosbast
verfertigte man sehr haltbare braune Stoffe, weniger dauerhaftes
Material gewann man von Paritium tiliaceum. Das Zeug
wurde gelb mit der Wurzel von Morinda citrifolia, den Blättern
und der Frucht des Calophyllum, den Stielen der Thespesia
populnea, den Blättern des Amomum obuhi und mit Kurkuma,
braun mit der Rinde des Aleurites und der Kasuarina gefärbt.
Zur Herstellung eines glänzenden Rot goß man den milchweißen
Saft der Frucht von Ficus prolixa über die Blätter von Cordia
sebestina. Die Muster stellte man mit Blättern von Farnen,
Hibiscusblumen und Bambusstücken her.

Auch die alten Boote bauen sie heut nicht mehr. Früher
besaßen sie solche, welche eine Länge von 36 Meter hatten;
gewöhnlich gingen sie aber nicht über zwanzig Meter hinaus.
Das waren die großen Kriegskanus, deren Vorder= und Hinter=
teil weit emporragten, das letztere namentlich zuweilen zu einer
Höhe von drei Meter. Zwei dieser Boote wurden durch Hölzer
verbunden, über die man eine Platform legte, auf welcher häufig
eine Hütte stand. Vorder= und Hinterteil waren reich geschnitzt
und mit Figuren verziert und von den Masten wehten lange
Wimpel, so daß eine solche in See stechende Flotte mit ihren
Kriegern in farbigen Mänteln einen höchst malerischen Anblick
darbot. Man hatte aber auch einfache Boote mit Auslegern;
Segel sowohl wie Ruder dienten zur Fortbewegung. Die ein=
heimischen Fahrzeuge sind indes schon längst durch europäische

erseßt; die Tahitier haben es sogar schon gelernt, kleine Seeschiffe zu bauen und besißen schon eine ganze Anzahl derselben, die zwar keinen bedeutenden Tonnengehalt haben, sich aber vortrefflich zu Fahrten nach den Nachbargruppen eignen. Ihre Schiffahrts= kunde war schon zu Cooks Zeit sehr achtenswert. Wechsel des Windes konnten sie weit besser vorhersagen als Europäer und ohne Kompaß verstanden sie es vortrefflich, nach der Sonne, bei Nacht nach den Sternen zu steuern. Und die Zeit des Auf= und Untergangs der einzelnen Gestirne zu den verschiedenen Jahres= zeiten kannten sie sehr genau.

Vortreffliche und fast leidenschaftliche Fischer sind sie noch heute. Allabendlich kann man die Bucht bei Papeïti durch die Fackeln der in ihren Booten fischenden Eingeborenen erleuchtet sehen. In jedem der kleinen Fahrzeuge befinden sich min= destens drei Männer; einer lenkt das Boot, der zweite schwingt eine mit harziger Masse getränkte Fackel, so daß der Schein weit über die Lagune fällt, und der dritte hält den am Ende des Schaftes in eine Anzahl von Spißen auslaufenden Speer zum Wurf bereit. Sie handhaben diese Waffe mit großer Gewandt= heit und die Fische werden entweder aufgespießt oder zwischen den Zinken eingeklemmt. Man braucht aber auch Neße und Haken aus Holz, Muscheln oder Knochen. Ferner verstanden sie es, die Fische zu betäuben, indem sie die Frucht von Barring-tonia speciosa, die Blätter von Tephrosia piscatoria, von Daphne foetidum und Lepidium piscidium ins Wasser warfen. Im seichten Wasser bauten sie Wehre, in welche die Flut die Fische hineinführte, und in solchen Wehren bewahrten sie auch Fische und Schildkröten für längere Zeit auf.

Sonst zeigten sie sich wenig thätig. Auf den Landbau ver= wandten sie wenig Sorgfalt, da ihnen ja so viele Früchte wild zuwuchsen. Früher bauten sie besonders Brotfrucht, außerdem die gewöhnlichen Nahrungspflanzen Polynesiens. Die eingeführ= ten Pflanzen wie Tabak, Baumwolle, Kaffee, Vanille, Ananas,

Orangen werden meist von Fremden gezogen, die Tahitier haben sich weniger an der Kultur derselben beteiligt.

Das jetzige Leben der Tahitier giebt uns kaum einen Begriff von dem, was es war, als die ersten Europäer das Land betraten und, sich hier niederlassend, durch ihr Beispiel und die Lehren der christlichen Religion eine völlige Umgestaltung aller bestehenden Verhältnisse herbeiführten. So hat sich die Stellung der Frau, welche eine höchst niedrige und ihrem Manne gegenüber eine uns ganz unverständliche war, vollkommen geändert. Die Sitten der Tahitier waren dem Familienleben völlig zuwider; nie sah man bei ihnen den Vater und die Mutter, umgeben von den Kindern, gemeinschaftlich das Mahl einnehmen. Ein Gesetz verlangte nicht nur, daß die Frau nicht von denselben Speisen mit dem Manne esse, sondern sogar, daß sie ihre Nahrung nicht auf demselben Herde bereite; und das Verbot galt für das ganze Geschlecht von der Geburt bis zum Tode. Die Männer betrachtete man als ra oder geheiligt, während die Frauen als roa, für eine geringere Klasse galten. Den ersteren war es erlaubt, das Fleisch der Schweine und Hühner zu essen, sowie die Fische, Kokosnüsse und verschiedenen Früchte, welche man den Göttern darzubringen pflegte; aber den Weibern war dies bei Todesstrafe verboten. Dieselbe Strafe würde die Weiber getroffen haben, welche es gewagt hätten, sich der Körbe zu bedienen, in denen man die Vorräte für die Männer aufbewahrte, oder welche im Innern der Häuser, wo die Männer zu speisen pflegten, ihre Mahlzeit verzehrt hätten. Zu einer entwürdigenden Niedrigkeit verdammt, mußten sie in abgelegenen, eigens zu diesem Zweck erbauten Hütten die armselige Nahrung, welche man ihnen bewilligte, einnehmen. Niemals durften sie ein Marä betreten und jede Teilnahme an einer gottesdienstlichen Handlung war ihnen aufs strengste untersagt.

Vielweiberei war, namentlich bei den Vornehmen, die Regel, so zwar, daß nur die vornehmste Frau den Rang der Ehefrau hatte, welcher die übrigen gegenüberstanden wie Dienerinnen einer

Herrin. Besondere Ceremonien waren bei den Ehen zwischen Personen geringeren Standes nicht Sitte, ein Geschenk für den Vater, um dessen Einwilligung zu erlangen, war allein nötig. Die Vornehmen aber wurden durch den Priester im Marä der Familie zusammengegeben, wobei derselbe an die Brautleute die Frage stellte: wollt ihr einander treu bleiben? und Gebete für das Wohl des Paares aussprach. Dann stellte sich dieses auf ein Stück Zeug, ein anderes Tuch wurde über beide geworfen und zuweilen ein drittes zu ihren Füßen gelegt, auf welchem man das Blut der weiblichen Verwandten auffing, die sich zu Ehren dieser Gelegenheit mit Haifischzähnen verwundeten. Damit war die Ehe in aller Form geschlossen; das gebrauchte Zeug war aber heilig und wurde Eigentum des Königs oder der Arreoy.

Die Gesellschaft der Arreoy war nicht auf Tahiti beschränkt, vielmehr finden wir die Institution auch zu Rarotonga, zu Nuku-hiva und auf Hawaii. Auf Tahiti war sie aber am meisten ausgebildet. Nach der Sage gab es Arreoy so lange wie Men-schen. Ihre Entstehung wird so erzählt. Oro der Sohn Taa-roas, des höchsten Gottes, wünschte sich mit einer Tochter von Taata, dem ersten Menschen, zu vermählen und schickte daher seine beiden Brüder, Orotetefa und Urutetefa, aus, ihm eine Gattin zu suchen. Im Grunde eines Thales von Borabora begegneten sie nach langem Suchen der schönen Vairumati und gleich bei ihrem Anblick riefen sie: „Diese soll unsers Bruders Gattin sein." Darauf stieg Oro in jenes Thal nieder auf dem Regenbogen, den er von seiner erhabenen Wohnung auf die Berge Boraboras schlug, und vermählte sich mit jenem schönen Weibe. Da er nun häufig vom Himmel abwesend war, suchten ihn seine Brüder und kamen, den Regenbogen hinabsteigend, zu der irdischen Wohnung, in welcher er mit seiner Gattin weilte. Da sie sich nicht ohne Geschenke zeigen wollten, verwandelte sich der eine in ein Schwein und in einen Kranz von roten Federn, der andere aber brachte diese Gaben dem Oro. Dieser erklärte seine Brüder (der Ver-wandelte nahm seine frühere Gestalt, unbeschadet der Geschenke,

wieder an), um sie zu belohnen, zu Göttern und Arreoy. Zur
Erinnerung daran legte man bei Festlichkeiten ein Schwein und
einen Kranz auf den Altar des Tempels. Die beiden Brüder,
welche nun Gründer der Gesellschaft waren, heirateten nicht;
Ehelosigkeit machten sie aber ihren Anhängern nicht zur Pflicht,
wohl aber geboten sie ihnen, alle Kinder, welche etwa aus ihren
Ehen entsprießen würden, bei der Geburt zu töten. Von diesem
Gesetze war nur eine Anzahl von Männern und Frauen ausgenommen, welche keine regelrechten Mitglieder der Gesellschaft,
sondern nur mit der Bedienung derselben beauftragt waren. Die
eigentlichen Arreoy teilten sich in sieben Klassen, welche sich durch
die Tattuierung ihres Körpers und die Zeichnungen auf demselben unterschieden. Die höchste Klasse nannte sich Awa-Parai
oder das bemalte Bein, weil alle ihre Mitglieder das Bein ge-
schwärzt hatten; diese betrachtete man als höhere, über dem
Menschen stehende Wesen, obschon die meisten Ungeheuer an
Bosheit waren. Denn es war ihnen, da die Häuptlinge die Einrichtung, zu der sie selbst gehörten, sehr hoch hielten, so ziemlich
alles erlaubt. Mit der Zeit wurden die Arreoy zu umherziehen-
den Schauspielerbanden, welche von Insel zu Insel, von Bezirk
zu Bezirk zogen, um Pantomimen und Tänze aufzuführen, die
größten Ausschweifungen zu begehen und sich auf Kosten des
armen Volkes von den Häuptlingen bewirten zu lassen. Diese
Vorstellungen dauerten oft Nächte lang und wurden, da sie sehr
anstrengend waren, namentlich von der untersten Klasse besorgt.
Wohin sie kamen, flößten sie den größten Schrecken ein, denn niemand
war seines Eigentums mehr sicher; einem Arreoy das Verlangte zu
verweigern, wagte keiner aus dem niederen Volke, denn er wußte,
daß ihm Verbannung oder der Tod durch diesen mächtigen Ge-
heimbund drohte. Es ist erklärlich, daß unter solchen Umständen
sich bei mehr als einem der Wunsch regte, der Vorteile und Ge-
nüsse dieses Bundes als Mitglied teilhaftig zu werden. Wollte
sich jemand als Kandidat zur Aufnahme melden, so erschien er
bei einer der öffentlichen Vorstellungen in einem Gürtel von gel-

ben Tiblättern, mit scharlachrot gefärbtem Gesicht, das Haar gesalbt und mit Blumen geschmückt, und stürzte sich, Wahnsinn heuchelnd, unter die Tänzer und Spieler. Aber nicht immer wurde ein solcher auch aufgenommen, und fand eine Aufnahme statt, so geschah sie oft erst nach langen, den vornehmen Mitgliedern geleisteten Diensten. Aus dem untersten Grade in einen höheren zu gelangen, war aber außerordentlich schwer.

Die Zahl der Arreoy muß eine sehr große gewesen sein, sah doch Cook von Huahine 70 große Boote abfahren, welche dieses liederliche Gesindel trugen. Nur ein so verschwenderisch von der Natur bedachtes Land wie Tahiti und seine Nachbarinseln konnte die Erpressungen einer so zahlreichen Schmarotzerbande ertragen. Starb ein Arreoy, so erwartete ihn im Jenseits eine Art mohammedanisches Paradies; mit Mitteln reich versehen, vermochte er die Dienste des Priesters des Romatane zu erkaufen, welcher die Schlüssel des Rohutu-Noanoa, des tahitischen Wohnplatzes der Seligen, bewahrte. Dies Paradies lag auf der Insel Raiatea bei dem Gebirge von Temehani-Unauna, aber in höheren Regionen, weshalb es für die Augen der Sterblichen unsichtbar war.

Die Sitte des Kindermordes, welcher für die Arreoy Gesetz war, finden wir aber auch bei der ganzen Bevölkerung, und zwar scheint sie bis auf den heutigen Tag noch nicht ausgerottet zu sein. Bei Ankunft der Missionäre war sie allgemein Regel. Der Missionär Nott versichert, nicht eine einzige Mutter kennen gelernt zu haben, welche nicht mehrere Kinder umgebracht hätte. Ellis erzählt, daß er Eltern gesehen habe, welche nach ihrem eigenen Geständnis oder dem einstimmigen Zeugnis ihrer Nachbarn und Freunde zehn und mehr Kinder erwürgt hätten. Und zwar geschah dies in verschiedener, oft sehr grausamer Weise; die unschuldigen Opfer wurden sogar je nach der Todesart, welche sie erlitten, mit besonderen Namen belegt. Daß man hier ein Verbrechen, ja nur ein Unrecht begehe, dachte niemand, man sprach davon ganz ohne Scheu und behauptete, daß der Kinder=

mord eine Notwendigkeit sei, da sonst die Insel ihre Bevölkerung nicht ernähren könne, bei der außerordentlichen und gar nicht entwickelten Fruchtbarkeit Tahitis eine durchaus falsche Behauptung. Vor allem wurden die Mädchen geopfert, so daß zur Zeit der Ankunft der ersten Missionäre kaum eine Frau auf fünf Männer kam. Jetzt ist das richtige Verhältnis der Geschlechter doch annähernd wieder hergestellt.

Die ermordeten Kinder scharrte man in einer Grube unter dem Buschwerk nahe der Wohnung ohne weiteres ein. Die Begräbnisse aber von Leuten, welche im späteren Alter starben, waren besonders feierlich. Natürlich bedachte man die Vornehmen mit den reichsten Ehren. Ihre Leichen wurden in roher Weise einbalsamiert und in weißes Zeug gewickelt auf ein Gerüst gelegt, das in einem für dieselbe bestimmten Marä errichtet war. So blieb die Leiche liegen, bis der Schädel sich von ihr trennte, dann begrub man das Skelett im Marä in sitzender Stellung, den Schädel aber nahm die Familie und bewahrte ihn in ihrer Wohnung. Die Trauer um den Gestorbenen offenbarte man in wüstem Geschrei, Zerraufen der Haare und blutigen Selbstverletzungen.

Die vornehmen Toten wurden nun zu Göttern, wie man ihnen ja schon zu Lebzeiten nahezu göttliche Ehre erwiesen hatte. Dies waren die Oramatua, welche man sonderbarerweise als böse Geister fürchtete und durch Opfer zu beschwichtigen suchte. Sie gehörten zu den Tii, der zweiten Götterklasse.

Der oberste Gott war Taaroa (auf anderen polynesischen Inseln Tangaloa, Kanaloa), der Schöpfer aller Dinge. So heißt es in einem der heiligen Lieder:

Es weilet Er, Taaroa ist sein Name,
In des Raumes unendlicher Leere,
Keine Erde noch, kein Himmel noch,
Keine See war da, keine Menschen.
Von oben herab Taaroa ruft,
In Neugestaltungen wandelnd,
Taaroa, Er, als Wurzelgrund,

Als Unterbau der Felsen,
Taaroa als der Meeressand,
Taaroa in weitester Breitung.
Taaroa bricht hervor als Licht,
Taaroa waltet im Innern,
Taaroa im Umkreis;
Taaroa hienieden.
Taaroa die Weisheit.

Nach dem Erwachen der Gemütsbewegungen, nach Aus=
schüttung der Leidenschaften, dem Aufspringen von Hoffnung,
Freude, Überfluß, Zufriedenheit wird die Vermählung Taaroas
mit Ohinatua tai gefeiert, der Außengöttin, die Wolken, den Regen
u. a. zeugend, dann mit Ohinatua outai, der Innengöttin, die
Keime der Bewegung, dann mit Tuania, der Luft, den Regen=
bogen und Meteore, endlich mit Tuararo, dem Erdinnern, das
Centralfeuer hervorbringend.

Nach diesem obersten aller Götter, oftmals aber sogar weit
mehr als dieser geehrt und gefürchtet, kam Oro, der Kriegsgott
der Tahitier und der besondere Schutzgeist von Tahiti und
Moorea. Dann Hiro, der Gott der Diebe, aber auch der Gott der
Seeleute. Einst wurde er in der Tiefe des Oceans von den
dort weilenden Ungeheuern eingeschläfert, während der Gott der
Winde einen furchtbaren Sturm verursachte, um ein Schiff zu
zertrümmern, in welchem sich einige Freunde Hiros befanden.
Doch auf ihr Flehen eilte ein freundlicher Geist zu dem Schla=
fenden, erweckte ihn und sogleich stieg Hiro empor, um den
schwächeren Sturmgott zu verscheuchen. Auch der Gott Maui,
so bekannt in anderen Teilen Polynesiens, empfing auf Tahiti
Verehrung.

Für die oberen Götter hatte man Bilder, rohe Blöcke oder
grobgeschnitzte Figuren, mit Zeug oder Kokosbast umwickelt und
mit roten Federn geschmückt, auch Stücke von eckigen Basaltsäulen.
Allein diese Gegenstände sollten keineswegs Darstellungen der
Götter sein, auch wurden sie nur als zeitweilige Aufenthaltsorte
derselben angesehen und nur in diesem Falle verehrt. Doch

suchten sich die Götter auch eine Anzahl von Tieren und Bäumen als Wohnung aus.

Die Tempel oder Marä, deren Ruinen noch überall zu finden sind, waren wunderbar großartige Bauten. Sie müssen uns umsomehr in Erstaunen versetzen, da wir wissen, daß die Werkzeuge der Tahitier die einfachsten und unvollkommensten waren. Man hatte Familien-, Distrikts- und nationale Marä, die letzteren weitaus die bedeutendsten. Der Plan war bei allen derselbe. Auf einem viereckigen Platze, den vorn ein niedriger Zaun und rechts und links Steinmauern einfaßten, stand, die vierte Seite abschließend, ein hoher, pyramidenartiger Bau und auf dessen abgeflachtem, oberen Teile die Altäre und Götzen= bilder. Die Pyramide des Tempels in Atahuru war an der Basis 90 Meter lang und 31 Meter breit. Sie stieg in zehn Stufen über 16 Meter hoch; jede Stufe bestand aus großen, viereckig behauenen Korallenblöcken. Die innere Füllung des durchaus massiven Gebäudes bedeckten Steine der verschiedensten Art, alle ohne Mörtel zusammengefügt. Auf der oberen 66 Meter langen und 4 Meter breiten Fläche waren die Opferaltäre errichtet, große Tafeln auf künstlich geschnitzten Pfeilern, hier fanden Cook und Banks einen aus Holz geschnitzten Vogel und einen steinernen Fisch. Den mit flachen Steinen gepflasterten Vorplatz beschatteten hohe, alte Bäume, deren dichte Laubkronen dem Orte einen feierlichen Ernst verliehen. In dem Rauschen der Kastanien vermochten die Priester auch die Stimme des Gottes zu vernehmen.

Innerhalb der Umfassungsmauern, aber auch außerhalb der= selben befanden sich die Häuser der Priester. Diese sprachen die vorgeschriebenen Gebete, sie vollzogen auch die Opfer. Die am höchsten geschätzten Opfer, welche nur die obersten Götter in den nationalen Marä empfangen durften, waren die von Menschen. Man brachte sie bei allen wichtigen Ereignissen, bei der Krank= heit oder dem Tode des Königs, wie bei großen Volksfesten, zu Kriegszeiten und bei Erbauung der Tempel, wo jeder Pfosten durch eine Leiche geschlagen wurde. Zu dergleichen Opfern wählte man Kriegsgefangene oder Menschen aus den niederen Ständen, solche vielleicht, die sich dem König oder den Priestern mißliebig gemacht hatten. Sie wurden getötet, in einen großen Korb von Kokosblättern gelegt und in den Tempel vor das Götzen=bild gebracht. Der Oberpriester nahm das Auge, das Köstlichste am menschlichen Körper, und überreichte es dem Könige, welcher es zum Munde führte, als wolle er es verschlingen, es aber sogleich einem wartenden Priester übergab. Eine Erinnerung an die früher auch in Tahiti bestehende Anthropophagie.

Diese war zur Zeit der Entdeckung schon ganz erloschen. Daß sie aber früher allgemeiner war, können wir aus einem, uns durch Cook überlieferten Märchen schließen. Einst lebten, so heißt es, in den Bergen von Tahiti zwei Menschenfresser, von denen man nicht wußte, woher sie kamen. Da sie großen Scha=den thaten, verbanden sich zwei Brüder, um sie zu töten. Sie luden daher die beiden ein und setzten ihnen Klöße von Brot=fruchtteig vor, in welchem glühende Steine verborgen waren. Der erste Menschenfresser starb sogleich; der zweite, welchen das Zischen in dem Halse seines Gefährten argwöhnisch machte, wei=gerte sich zuerst, zu essen, ließ sich aber doch überreden und starb gleichfalls. Nun zerschnitten die Brüder die Leichname und be=gruben dieselben. Einer der Menschenfresser hatte eine Frau mit zwei ungeheuren Zähnen; diese aß aber kein Menschenfleisch und wurde nach dem Tode ihres Mannes unter die Götter versetzt.

Die staatlichen Einrichtungen der Tahitier erschienen schon Cook im Zustande des Verfalls. Das größere Reich, welches seinen Mittelpunkt in Raiatea hatte, und sich nach Westen zu über die Herveinseln, nach Osten über die Tuamotu erstreckte, hatte sich aufgelöst und der Herrscher von Tahiti gebot nur noch über die östliche Gruppe der Gesellschaftsinseln und einige der zunächst gelegenen Inseln des Tuamotuarchipels.

Das Volk zerfiel in drei Klassen: in die Arii, zu welchen die königliche Familie und der hohe Adel gehörte, in die Raatira, die Landbesitzer, und in die Manahua, das gemeine Volk. Diese letzteren waren die Vasallen der übrigen, von denen sie Land zu Lehen empfingen, für die sie auch Dienste leisteten. Die Raatira gehörten zu einer ganz anderen Klasse von Menschen als die vorigen, denn sie standen schon mit den Göttern in Zusammenhang und sie konnten, wie die höchste Klasse, das Tabu ausüben. Sie waren freie Eigentümer ihres Bodens, den sie nicht etwa, wie die Tonganer ähnlichen Standes, als Lehen vom König erhielten. Daher besaßen sie große Macht im Staate. Sie waren sich dessen auch wohl bewußt, und wenn in öffentlichen Versammlungen ihre Redner den Staat mit einem Schiffe und den König mit dem Mast desselben verglichen, so sprachen sie von ihrem Stande als den Tauen, welche den Mast hielten. Zu diesen Raatira gehörten auch die meisten der Priester. Die oberste Klasse, die Arii, zerfiel wieder in einige Unterabteilungen, zu deren vornehmster die Häuptlinge der einzelnen Distrikte und endlich der König selber, der Arii rahi, der große Fürst, gehörten. Die Würde des Königs, wie der vornehmsten Großen, war erblich und sie ging sofort auf den Thronfolger über, sobald ein solcher geboren war. Herolde wurden ins Land geschickt, um den Namen des neuen Königs auszurufen, erfolgte kein Widerspruch, so war derselbe damit anerkannt. Der Vater aber führte die Regierungsgewalt fort, bis der Sohn das achtzehnte oder zwanzigste Jahr erreicht hatte, doch konnte in Ermangelung eines männlichen Herrschers eine Frau Regentin sein. Das Abzeichen königlicher Hoheit war der Maro Ura, der heilige Gürtel, dessen feiner, weißer Stoff mit roten, den Götterbildern entlehnten Federn durchwebt war. Ein Menschenopfer mußte gebracht werden, wenn der Gürtel begonnen wurde, ein zweites, wenn er vollendet war, und ein drittes wurde den Göttern am Morgen des Huldigungstages geweiht. Durch diesen Gürtel, dem man bei jeder Thronbesteigung ein Stück hinzufügte, wurde der König den Göttern selber gleich gestellt.

Darum haftete ihm auch die Kraft des Tabu mehr an

als irgend einem anderen Menschen. Nie durfte er seinen Fuß in ein Haus, auf ein Grundstück eines anderen setzen, es wäre sonst für seinen Besitzer verloren gewesen. Daher wurde er auf den Schultern seiner Diener von Platz zu Platz getragen und in jedem Distrikte besaß er besondere Häuser und Besitzungen. Überall wurde ihm göttliche Ehre erwiesen, in seiner Gegenwart, selbst vor seinem Hause mußte ein jeder den Oberkörper entblößen.

Die Macht des Königs war eine unbeschränkte, wenn er seitens der Häuptlinge keinen Widerspruch fand; Gesetze, welche ihn, wie jene, banden, existierten gar nicht. Allerdings hatte sich hinsichtlich der in Lebensmitteln, Zeugen u. a. zu entrichtenden Abgaben ein gewisses Herkommen gebildet; dies schloß aber die größten Willkürlichkeiten und Erpressungen keineswegs aus. Erst auf Veranlassung der Missionäre sind auf den verschiedenen Inseln des Archipels Gesetzbücher eingeführt worden: so auf Tahiti 1819 eins, das 1824 und 1826 erweitert wurde; Huahine erhielt das seinige 1824, Raiatea und Borabora ähnliche in den Jahren 1820 und 1826.

Dank dieser Gesetzgebung und den dadurch sicherer befestigten Rechtsverhältnissen wurden die früher allzu häufigen Kriege — der Missionär Nott erlebte in 15 Jahren nicht weniger als zehn — seltener. Denn fast nie wurden sie zwischen den einzelnen Staaten geführt; sie waren meist innerer Natur und daher um so grausamer und blutiger. Und wieder, schon ehe man zum Kampfe hinauszog, mußten Menschenopfer fallen: eins bei der Vorberathung, eins bei der Kriegserklärung und eins, wenn alles bereit war. Die Krieger erschienen in Helmen von Flechtwerk, welche mit Federn bedeckt waren, einem Brustschild von Federn und Muscheln und oft noch mit der Tiputa. Die gewöhnlichen Krieger hüllten sich der Sicherheit wegen in Turbane, Matten und Tiputas oft in einer Weise, die sie im Kampfe ganz unbehilflich machte. Die meisten Schlachten focht man früher zur See aus. Die Flotte rückte in drei Reihen heran, von denen

eine jede zu einer langen Kette zusammengebunden war; solche
Schlachten waren in der Regel sehr blutig. Aber auch die
Kämpfe zu Lande wurden mit völliger Nichtachtung von Men=
schenleben geführt. Standen sich zwei Heere gegenüber, so traten
die Führer hervor und forderten die Feinde mit ruhmredigen und
geringschätzigen Worten zum Kampfe heraus. Fiel einer, so ent=
spann sich ein Kampf um die Leiche, der sich bald zur allge=
meinen Schlacht entwickelte. Durch die Reihen der Kämpfenden
eilten unablässig die Rauti, die Schlachtredner, in ihrem Gürtel
aus Drakänenblätter, einen ebensolchen Büschel in der Hand
haltend. „Rollet über sie hin wie die Wogen!" riefen sie, „brecht
auf sie ein brüllend und schäumend wie die Brandung auf das
Riff! Zeigt eure Kraft, eure Wut, die Wut des gefräßigen,
wilden Hundes, bis ihre Reihen gebrochen sind und sie fliehen
wie das Meer zur Zeit der Ebbe!" Um den ersten Gefallenen
entspann sich wilder Kampf; gelang es, sich seiner lebend zu be=
mächtigen, so wurde er auf spitzigen Speeren zum Tempel des
Oro getragen, aus seinen Zuckungen weissagte der nebenhergehende
Priester den Erfolg des Kampfes. Den grauenvollsten Schmuck
legte sich ein tahitischer Krieger an, indem er die Leiche eines
besiegten Feindes platt schlug, in der Mitte durchbohrte und sie
gleich einer Tiputa über den Kopf streifte. Mit dieser „Menschen=
tiputa" eilte der Sieger dann wieder, ein Schrecken seiner Feinde,
in die Schlacht. Aber die Wut der Sieger erschöpfte sich nicht
an den Kämpfenden. Greise, Weiber und Kinder wurden in den
Dörfern niedergemacht, die Hütten in Brand gesteckt, die Frucht=
bäume umgehauen. Die Erschlagenen überließ man am Gestade
der See den wilden Hunden und Raubvögeln zur Beute, nur
die unteren Kinnladen und einige Knochen nahm man als Sieges=
trophäen hinweg oder um Werkzeuge aus ihnen zu bereiten.

Diese absichtlich abgeschwächten Schilderungen ihrer wilden
und grausamen Kriegführung, der scheußlichen Orgien der Arreoy,
ihrer allgemeinen Sittenlosigkeit und Trägheit werden beweisen,
wie sehr der jüngere Forster und mit ihm andere irrten, wenn

sie die häuslichen Tugenden und großartigen, edlen Eigenschaften der Tahitier in so glänzender Weise schilderten. Viele ihrer schlimmen Eigenschaften sind freilich jetzt verschwunden, aber doch ist gar manche geblieben und trotz der langen Berührung mit den Europäern haben die Tahitier weit weniger Fortschritte gemacht, als man erwarten dürfte. Und doch zeigten sie von Anbeginn eine große Neigung, sich anzuschließen. Schon 1768, als Bougainville nach Tahiti kam, wünschte einer der Bewohner, Aotouru, die Reise mitzumachen, ein Wunsch, der ihm gern gewährt wurde. Er blieb 11 Monate in Paris und wurde dann über Isle de France zurückgeschickt. Tupia, ein hoher Priester, segelte mit Cook über Neuseeland und Neuholland nach Batavia, wo er starb. Auf seiner zweiten Reise nahm Cook den Omai, einen Eingeborenen Raiateas, nach London, wo dieser vom Hofe und der Aristokratie Englands mit Freundlichkeiten überschüttet wurde, sich die Manieren der englischen Gesellschaft aneignete und sogar ein tüchtiger Schachspieler wurde. Omai kehrte vier Jahre später in seine Heimat zurück, wo ihm Cook ein Haus erbauen ließ, in welchem er seine zahlreichen mitgebrachten Geschenke: einen Harnisch, Gewehre und Pistolen, Pulver und Kugeln, Feuerwerk, eine Elektrisiermaschine, eine Drehorgel u. a. aufstellte. Sehr bald streifte er aber den in Europa angenommenen Firnis ab und nahm die alten Gewohnheiten seiner Landsleute wieder an.

Wie damals, so ist es noch heute die dem ganzen Volke, wie es scheint, unausrottbar und hoffnungslos anhaftende Trägheit, welche alle geistigen Fortschritte in Frage stellt. Und doch sind die Tahitier unzweifelhaft hoch begabt. Davon zeugen ihre religiösen, historischen und lyrischen Gesänge. Wir haben einige Proben durch den Missionär Ellis und den Kaufmann Mörenhout überkommen. Eine solche von der Erschaffung der Welt haben wir oben gegeben, eine andere von der Mondgöttin Hina teilt uns Mörenhout mit.

Sprach Hina zu Fatu (Erde):
Laß wieder auferstehen die Menschen.
Sprach die Erde:
Ich werde sie nicht wieder erwecken.
Wird sterben die Erde,
Sterben die Pflanzen, sterben die Menschen.
Sterben die Sonne,
Sterben die Erde, eine andere werden,
Enden, um nie zu erstehen.
Spricht Hina: Das genügt,
Mach' wie du willst; ich, ich werde
Erstehen lassen den Mond.
Blieb Hina; es stirbt,
Was Erde war; der Mensch muß sterben.

Ferner jene schon erwähnten Schlachtgesänge, durch welche die Rauti die Kämpfenden zu begeistern verstanden, oft die Inspiration des Augenblicks, wie gehört, so vergessen, und auch wieder sorgfältig bewahrt und von Generation zu Generation vererbt. Einige von diesen waren von großer Kraft und Schönheit. So lautete nach Ellis das Ende eines Schlachtgesanges:

O Gott des Landes, o Gott des Meeres,
Laß die Kriegerschar fest sein und treu!
Nur der Schlechte flieht.
Stehen müssen wir wie der Korallenfels,
Anrücken furchtbar wie der Seeigel!
Der fette und kurzatmige Kerl, unser Gegner!
Wir werden erobern die Schluchten.
Seid wie der große wilde Hund, weicht nicht vor Streichen!
Unser Stand im Kampf sei wie der Haufe der Vögel,
Der auf dem Meere schläft mitten im Sturm!
Stimmt an den Schlachtgesang!
Seid mutig, seid wachsam und fest!
Laßt den Toten unter den Toten!
Dringt vor gegen die geschlossenen Speere des verwegenen Feindes!

Gesänge dieser Art wurden bei vorkommenden Gelegenheiten improvisiert, größere Lieder, besonders solche epischen Inhalts, pflanzten sich im Munde des Volkes fort und wurden geschicht-

4*

liche Urkunden über wichtigere Begebenheiten der Vergangenheit.
Dann werden uns von demselben Ellis Lieder lyrischen Inhalts
mitgeteilt. So erzählt er von dem Klaggesang über den Verlust
eines einzigen Sohnes, welcher endete:

> Dicht fallen Regentropfen aufs Antlitz der See;
> Nicht Regen, Thränen sind's des Oro.

Schnell dichteten sie auch kleine zweizeilige Lieder auf irgend
ein Ereignis und oftmals wurden auch diese Jahre lang gesungen.
So hörte Forster die jungen Mädchen singen:

> Vielleicht befreundete dieser Mond
> Den Banks, der her zu seinen Freunden kam.

Eine Erinnerung an den berühmten englischen Botaniker,
welcher Cook vier Jahre früher hierher begleitet hatte. Ihre
erfinderische und reiche Phantasie schuf eine Reihe von Sagen
und Mythen, welche Ellis zu dem Ausspruch veranlaßten, daß,
wenn die Tahitier Schrift gehabt hätten, ihre Mythen ihnen
reiches Material zu Legenden geliefert haben würden, welche
an Glanz der angewandten Mittel und an Großartigkeit der
Ausführung der glänzenden Mythologie der Orientalen sich
hätten an die Seite stellen lassen. So roh ihre Sagen auch
sind, in den gigantischen Thaten, die sie erzählen, und in den
kühnen und reichen Schilderungen, die sie enthalten, weht doch
ein Zug von Poesie, welcher zeigt, daß das Volk keine gering
begabte Phantasie besitzt.

Von der Entstehung des Brotbaumes erzählte man folgendes.
Zur Zeit eines gewissen Königs, als das Volk noch rote Erde
aß, lebte ein Mann mit seinem Weibe, welche einen einzigen sehr
schwächlichen Sohn hatten, den sie zärtlich liebten. Eines Tages
sagte der Mann zu seiner Frau: „Unser Sohn thut mir leid,
er verträgt es nicht, die rote Erde zu essen. Ich will sterben
und Speise werden für unsern Sohn." Die Frau antwortete:
„Wie willst du Speise werden?" Darauf sagte er: „Ich will
zu meinem Gott beten, er ist mächtig und wird mir Kraft geben,
es zu thun." Also ging er hin zu seinem Hausgott und trug

diesem seine Bitte vor. Die Antwort, welche er erhielt, war
günstig und so rief er am Abend seine Frau zu sich und sprach:
„Ich werde jetzt sterben; wenn ich tot bin, nimm meinen Leib,
zerteile ihn, pflanze mein Haupt an eine Stelle, mein Herz und
meinen Magen an eine andere. Wenn du dann einen Ton
hören wirst, zuerst wie von einem Blatte, dann wie von einer
Blume, darauf von einer unreifen Frucht und endlich wie von
einer reifen, vollen Frucht, welche zu Boden fällt, so wisse, daß
ich es bin, der ich Speise geworden bin für unsern Sohn.“ Bald
darauf starb er. Sein Weib gehorchte seinen Weisungen, indem
sie den Magen, wie er ihr geboten, beim Hause pflanzte. Nach
einer kleinen Weile hörte sie ein Blatt fallen, dann die langen
Blütenhüllen, dann eine kleine unreife Frucht, darauf eine aus=
gewachsene reife. Unterdessen war es Tag geworden, sie weckte
ihren Sohn, nahm ihn mit hinaus und sah einen großen, schönen
Baum mit breiten, glänzenden Blättern bedeckt und beladen
mit Brotfrucht. Sie ließ den Knaben mehrere Früchte sammeln,
die ersten dem Hausgott und dem König bringen und von nun
an keine rote Erde mehr essen, sondern die Frucht des Baumes,
der vor ihnen wuchs, rösten und genießen.

An solchen und ähnlichen Erzählungen fanden die Tahitier
großen Gefallen und sie lauschten gern denen, welche dieselben
gut vorzutragen imstande waren. Auch unterstützte sie ihre reiche
Phantasie in der Erfindung von allerlei Geschichten, von denen
sie einige den Europäern, absichtlich um diese zu mystifizieren,
erzählten, sobald sie gewahr wurden, daß man ihre Übertrei=
bungen für bare Münze hielt. Dahin gehört die Geschichte von
dem großen Affen, den Cook zurückgelassen haben sollte, und den
man zum Häuptling des Distrikts einer Insel erhob. Ihre
Freude am Grotesken und Komischen bekunden auch ihre dra=
matischen Kompositionen, wie jene von Forster erzählte Posse,
nach welcher ein Mädchen, dessen Vater den erkorenen Liebhaber
nicht zum Schwiegersohn annehmen will, entläuft und dann durch
den gleich darauf und zwar als großer Kerl erscheinenden Sohn

mit den Eltern versöhnt wird. Mit diesen dramatischen Vorstellungen waren oft mimische Tänze verbunden, die allerdings
noch mehr als jene in das Gebiet des Groben und Indecenten
hinüberstreiften. Komisch waren sie aber immer, so wollte es
das leichtlebige, vergnügungssüchtige Volk, das sich zwischen
Extremen bewegend, ebenso schnell in eine trübe melancholische
Stimmung übersprang. Von diesem Hang zur Schwermut zeugt
der Glaube an den Untergang der Rasse. „Der Hibiscus wächst,
die Koralle breitet sich aus, der Mensch stirbt dahin" ist das trübe
Prognostikon, welches die Tahitier sich stellen.

Und nicht mit Unrecht. Wilson fand in Tahiti 1797 noch
16 000 Einwohner, nach der Zählung von 1879 lebten dort nur
noch 9745 Menschen und davon waren nicht mehr als 6820
Tahitier, die übrigen Fremde. Allein diese gelegentlich sich aufdrän-
genden düsteren Betrachtungen waren und sind auch heute noch
schnell vorübergehende Wolken, welche den lachenden Himmel ihres
sorglosen Lebens nur für Augenblicke trüben können. Heiterkeit
und Frohsinn waren immer ihre charakteristischen Eigenschaften,
durch welche sie sich schnell die Zuneigung der Europäer erwarben,
die oft davon geradezu hingerissen wurden.

Leidenschaftlich geben sie sich ihren Spielen hin. Wie die
Hellenen, kamen auch die Tahitier zu Zeiten von nah und fern
zu Tausenden zusammen, um dem Schauspiel der Wettkämpfe
beizuwohnen. Besonders beliebt waren Ringkämpfe, wobei sich
gegenüberstehende Parteien bildeten, deren eine den Sieg ihres
Kämpen mit dem ausgelassensten Freudengeschrei und dem Ge-
töse von Trommeln und Hörnern begrüßte, während die andere
diesen Triumph durch größeren Lärm zu überbieten suchte.
Faustkämpfe, Wettrennen und Wettfahrten auf den Lagunen
waren andere beliebte Vergnügungen. An allen diesen nahm das
ganze Volk teil; nur den Fürsten gestattet war aber das Schießen
mit Pfeilen, wobei man dieselben so weit wie möglich zu senden
suchte; junge Leute bezeichneten mit weißen Fahnen die Stelle,
welche erreicht worden war. Bei diesem Spiel trug man

besondere, im Tempel aufbewahrte Gewänder und hatte sich nach demselben von dem dadurch anhaftenden Tabu durch Wasser zu befreien. Ein beliebtes Vergnügen war und ist auch heute noch das berühmte Brandungsschwimmen; freilich sind die Tahitier darin noch von den Hawaiiern übertroffen worden, aber hier wie dort wird die Zahl derer, welche diese Kunst üben, mit jedem Jahre kleiner. Man vergleiche unsere Schilderung dieses Sports Band III, Seite 161.

Zu den ältesten und allgemeinsten Spielen, die auch von einer besonderen Gottheit beschützt wurden, gehörten die Hahnenkämpfe. In jedem Hause in Tahiti konnte man einen Kampfhahn sehen, den man mit weichem Seile an eine Säule gebunden hielt. Man behandelte und pflegte diese Tiere auf das sorgsamste. Zu den Kämpfen versah man sie häufig mit Sporen und bei gewissen Gelegenheiten standen sich ganze Distrikte mit ihren Hähnen gegenüber.

Bei allen Vergnügungen der Tahitier spielte die Musik eine große Rolle; sie war aber keineswegs angenehm. Ihre Instrumente bestanden in einer mit der Nase gespielten Flöte und aus den in Polynesien gewöhnlichen Trommeln, beide aus Bambusrohr. Die Muscheltrompeten wurden in der Regel nur bei Heereszügen gebraucht.

Die Sprache der Tahitier hat eine Weichheit, wie wir sie bei anderen polynesischen Dialekten nicht finden. Die harten Laute k, g und ng werden nämlich durch eine schwache Aspiration ersetzt; sonst ist das Tahitische dem Rarotonganischen und Markesanischen nahe verwandt. Dabei bestand wie in früheren Zeiten auf anderen Archipelen eine besondere ceremonielle Sprache. Schriftzeichen besaßen sie nicht, auch keine Zeichen für ihr merkwürdig ausgebildetes Zahlensystem. Es war dies ein Decimalsystem, welches bis zur Million reichte, eine Zahl, wofür sie natürlich gar keine Verwendung haben konnten. Beim Rechnen, worin sie sich übrigens immer recht geschickt bewiesen, bedienten sie sich kleiner Zweige der Kokospalme. Das

Jahr teilten sie in drei Teile, auch in 13 Mondmonate, und den Tag in 12 Stunden. Geld besaßen sie nicht, sie trieben früher unter sich und anfangs auch mit den Europäern Tauschhandel, wobei Eisen und eiserne Werkzeuge, sowie Glaskorallen besonders begehrt waren. Jetzt aber verschmähen sie es, ihre Perlen, Muscheln und Kokosnüsse anders als gegen gute amerikanische Währung herzugeben. Aber wenn sie nach empfangener Zahlung auf dem Schiffe verweilen, fällt ihr Blick durch die geöffneten Oberlichte hinunter in die Kajüten, in denen vorsorglich bunte Baumwollstoffe, sonstiger Flitterkram, Rum und Tabak zur Schau ausgelegt sind. Sie vermögen nicht, der Versuchung zu widerstehen, die verlockenden Waren werden erstanden und der Dollar findet seinen Weg zurück in die Tasche des Kapitäns.

Die Tahitier sind längst zu Christen bekehrt und sind nicht mehr selbständig. Sie stehen unter der doppelten Leitung der Geistlichen und der französischen Regierung. Es ist behauptet worden, daß seit der Okkupation durch Frankreich die Bewohner keine Fortschritte gemacht, vielmehr noch neue Laster von ihren jetzigen Beherrschern angenommen haben. Freilich übt die Feier der französischen Nationalfeste, welche mit der größten Ausgelassenheit begangen werden, noch immer ihren demoralisierenden Einfluß und zum Ergötzen französischer Soldaten und Offiziere entfaltet der Upaugatanz dann seine ganze Gemeinheit. Aber selbst die Londoner Missionsgesellschaft muß jetzt bekennen, daß die französische Herrschaft nicht ohne beträchtliche Vorteile für die Bevölkerung gewesen ist. Sie hat Sicherheit gewährt nach innen und nach außen und das materielle Leben der Bevölkerung hat gute Gelegenheit gehabt, sich zu entwickeln. Die Quellen des Wohlstandes haben sich gemehrt, die Industrie ist angeregt worden, eine große Anzahl von inländischen Familien hat Vermögen und Komfort erworben und die Pläne ausländischer Abenteurer sind vereitelt worden.

4. Die Geschichte Tahitis.

Unsere Kenntnis der Verhältnisse dieses Inselreiches geht nicht über seine erste Entdeckung, d. h. über das Jahr 1767 hinaus. Wallis fand damals auf Tahiti drei Staaten, deren mächtigster unter der Königin Oberea stand. Aber als Cook die Insel besuchte, war Oberea verdrängt worden. Der Usurpator nahm bald darauf einen Namen an, den nach ihm alle Träger der königlichen Würde geführt haben. Die Veranlassung dazu war eine eigentümliche. Auf einem Ausfluge ins Gebirge schlug der König sein Zelt an einem dem Winde sehr ausgesetzten Platze auf und holte sich eine tüchtige Erkältung. Seine Begleiter nannten die Nacht daher Po-Mare, d. i. Nacht des Hustens, und der König fand den Namen so wohlklingend, daß er ihn für sich annahm. So wurde derselbe in der Folge zum Titel aller tahitischen Herrscher und Herrscherinnen.

Unter diesem Pomare I. kamen die Meuterer der „Bounty" nach Tahiti, um Proviant einzunehmen. Das Leben unter den hiesigen Eingeborenen sagte einigen der Mannschaft so zu, daß sie zurückblieben, als das Schiff nach Pitcairn weiter segelte. Diese Weißen leisteten mit ihren überlegenen Waffen dem Könige in seinen Kämpfen mit feindlichen Häuptlingen wichtige Dienste. Eine solche Hilfe hatte er auch von den Missionären erwartet, welche der „Duff" später zuführte, und die nicht ausbleibende Enttäuschung war es vermutlich, welche seine anfängliche Freundlichkeit in Feindseligkeit verwandelte und den Missionären den Aufenthalt auf der Insel so verleidete, daß sie dieselbe fast sämtlich verließen.

Pomare aber geriet sehr bald in bedenkliche Zwistigkeiten mit den Häuptlingen von Tahiti. Grund dafür war seine Entführung des heiligen Orobildes, das er mit sich von Ort zu Ort führte, während dessen eigentlicher Standort, das Marä von Pare, leer stand. Das Ende war, daß der Götze herausgegeben werden mußte, und daß nach dem Tode Pomares I. sein Sohn und

Nachfolger Otu, nun Pomare II., gezwungen wurde, nach Moorea zu fliehen.

Dorthin hatten sich auch mehrere Missionäre von Tahiti zurückgezogen und mit zunehmendem Erfolge gewirkt; auch Pomare trat hier zum Christentum über. Und nun währte es nicht lange, bis er von seinen, sich mächtiger fühlenden Anhängern auf Tahiti eingeladen wurde, zurückzukehren. Mit ihm eine große Anzahl von Christen. Aber Pomare war auf seiner Hut und, wie die Folge ergab, nicht ohne Grund. Es war an einem Sonntage, als der König mit fast hundert christlichen Häuptlingen beim Gottesdienst versammelt war, daß plötzlich der Ruf erscholl: Es giebt Krieg. Und wirklich sah der König, aus dem Gotteshaus hinaustretend, den Feind in dichten Scharen heranziehen. Ruhig begab er sich zum Gottesdienst zurück, hieß denselben zu Ende führen und ordnete dann seine Krieger. Die Entscheidung schwankte lange Zeit; als aber eine Schar auserwählter Streiter, welche Pomare in den Rücken des Feindes geschickt hatte, aus dem deckenden Walde hervorbrach, löste sich das Heer der Empörer in wilde Flucht auf. Mit weisem Vorbedacht ließ der König die größte Milde gegen die Besiegten walten. Ganz dem alten Kriegsgebrauch entgegen, hemmte er die Verfolgung und schützte die Weiber und Kinder der Besiegten vor der Wut seiner eigenen Leute. Und diese Milde gewann ihm die Neigung der Überlebenden, wie er seine Anhänger durch die Verleihung der erledigten Güter an sich zu fesseln wußte.

Im Vollbesitz der Macht beschäftigte er sich sogleich mit Verbesserung der inneren Zustände. Zunächst wurde die Gesellschaft der Arreoy aufgehoben. Bisher hatte kein geschriebenes Gesetz, überhaupt kein festes Gesetz in Tahiti bestanden. Die Willkür, die Laune der Häuptlinge war deren alleinige Richtschnur; 1819 legt Pomare der Versammlung der Häuptlinge ein Gesetzbuch vor, es wurde angenommen und fand auch bald auf den Nachbarinseln Eingang. In demselben Jahre wurde

die kolossale Kirche eingeweiht, welche der König mit außerordentlichen Kosten und unter großen Mühen hatte bauen lassen.
Sie war 237 Meter lang und 21 Meter breit. Die Mitte des
Daches wurde von 36 Säulen aus Stämmen des Brotfrucht-
baums getragen, 280 dünnere ein paar Schritt von der Mauer
abstehende Säulen trugen die Dachenden. Das Gebäude hatte
133 Fenster und 29 Thüren, und drei Kanzeln waren so weit von
einander entfernt, daß man zu derselben Zeit auf allen dreien
predigen konnte, ohne daß sich die Prediger gegenseitig störten.
Später hat man diese ungeheuere Kirche wieder aufgegeben. In
diesem Gebäude wurde Pomare getauft; zwei Jahre darauf
starb er.

Auf der Landspitze von Papao am Saume der stillen Lagune erhebt sich, von Kasuarinen überschattet, das einfache Denkmal des ersten christlichen Königs von Tahiti. Ein Gebäude
aus Korallenfels, mit Palmenblättern bedeckt, schließt ein pyra-
midales Mausoleum aus Holz ein, das den einfachen Sarg birgt.

Pomares II. hinterlassener, nur wenige Monate alter Sohn
starb schon in demselben Jahre, so wurde denn seine sechzehn-
jährige Tochter, Aimatea, die Gemahlin eines Häuptlings, als
Pomare IV. zur Herrscherin ausgerufen. Unter ihrer Regierung
sollte Tahiti die tiefste Demütigung erfahren und endlich seine
Selbständigkeit einbüßen.

Die Tahitier waren durch protestantische Missionäre zum
Christentum bekehrt worden. Die katholische Kirche aber wünschte
diese irrgläubige Herde für sich zu gewinnen. Deshalb kamen
1835 von den Gambierinseln aus zwei französische Jesuiten,
Caret und Laval, nach Papeïti. Nun bestand aber in Tahiti
ein Gesetz, wonach Fremde ohne Erlaubnis der Regierung das
Land nicht betreten durften. Die Priester wurden daher bedeutet, sich zu entfernen, und als sie sich weigerten, mit Gewalt auf
ihr im Hafen liegendes Schiff getragen. Sie machten noch
mehrere fruchtlose Versuche, ans Land zu gelangen, und kehrten
endlich nach Mangarewa zurück.

Dieser völlig rechtmäßige Schritt der tahitischen Königin sollte für sie und ihr Land verhängnisvoll werden. Louis Philipp ergriff mit Freuden eine sich ihm darbietende Gelegenheit, der Nationaleitelkeit der Franzosen zu schmeicheln und sich dadurch auf seinem nicht mehr allzu sicheren Throne zu befestigen. Und so erschien denn 1838 sein Kapitän Dupetit Thouars in der Fregatte „Venus“ auf der Reede von Papeïti, um im Namen Frankreichs, das in seinen Angehörigen, den Missionären, angeblich schwer gekränkt worden war, zu fordern: daß die Königin Pomare einen Entschuldigungsbrief an den König der Franzosen schreibe, daß sie als Entschädigung für die von Caret und Laval erlittenen Verluste binnen 24 Stunden 2000 Piaster zahle und daß die französische Flagge am 1. September mittags auf der Insel Mutuata aufgezogen und mit 21 Kanonenschüssen begrüßt werde. Im Weigerungsfalle stellte er eine Kriegserklärung in Aussicht. Angesichts der 60 Kanonen der „Venus“ blieb der schwachen Königin nichts weiter übrig, als diese Forderungen zu erfüllen. Weiter wurde eine Übereinkunft abgeschlossen, wonach alle Franzosen ohne Unterschied gleich den begünstigtsten Ausländern aufgenommen und beschützt werden sollten. Damit wollte man die Rückkehr der katholischen Missionäre vorbereiten. Und um die Demütigung der Königin zu vollenden, wurde sie gezwungen, den Kaufmann Moerenhout, einen Belgier, welcher bei diesen Vorgängen eine Hauptrolle gespielt hatte, als Konsul anzuerkennen.

Diese Abmachungen waren kaum beendet, als Dumont d'Urville mit der „Astrolabe“ und „Zelie“ von Nukahiva eintraf, wo er seine Schiffsmannschaft, wie es sein Schiffslieutenant Roquemaurel selber ausspricht, wahrhafte Saturnalien hatte feiern lassen. Er bestätigte als Vorgesetzter von Thouars alle von diesem genommenen Maßregeln. Schon acht Monate später erschien Laplace in der „Artemise“ und that einen Schritt weiter dem vorgesteckten Ziele, der Besetzung des Landes, zu. Beim Umsegeln des Kap Venus hatte das Schiff an einer auf den Karten nicht verzeichneten Klippe ein bedeutendes Leck erhalten, so daß man volle zwei Monate zu arbeiten hatte, um den Schaden wieder gut zu machen. Die Tahitier halfen dabei aufs bereit= willigste. Und während Offiziere und Mannschaften fich in den Hütten der Eingeborenen und in einem rasch aufgeschlagenen Lager einrichteten, entspann fich zwischen ihnen und den Insu= lanern ein Verkehr, bei dem der ganze Leichtfinn der alten Sitten aufs neue erwachte. Oder wie einer der französischen Offiziere es faßt: „Die Eingeborenen schienen aus einer Art Instinkt bei den Matrosen und Offizieren der Fregatte gegen die Unterdrückung ihrer finsteren Missionäre Schutz zu suchen."

Von dem wesentlichen Gegenstand der Sendung der „Arte= mise" durfte man nicht reden, fährt derselbe Offizier fort, bis dieselbe ausgebessert war. Dann aber ließ der Befehls= haber die Königin nebst den Häuptlingen zu einer Versammlung einladen, in welcher er die Forderungen stellte, daß der katho= lische Gottesdienst in dem ganzen Gebiete der Königin von Tahiti für frei erklärt werden und die Bekenner dieser Religion alle Vorteile der Protestanten genießen sollten, ferner, daß die Re= gierung einen Platz zur Erbauung einer katholischen Kirche her= gebe. Der Königin und den Häuptlingen blieb keine Wahl; fie bewilligten diese Forderungen ohne weiteres.

Das war aber noch nicht das Ende, denn man hatte es auf nichts geringeres als den Besitz der Insel abgesehen. Am 1. September 1842 erschien Dupetit Thouars abermals in Pa= peïti; das Versprechen jenes Stück Landes zum Bau einer Kirche gab den Vorwand zu neuen Beschwerden. Dupetit Thouars forderte nun unter Drohungen 10 000 Piaster als Entschädigung, wohl wissend, daß es ganz unmöglich war, eine solche Summe aufzubringen. Auf den Rat jenes Moerenhout, den wir schon kennen gelernt haben, wurden vier der vornehmsten Häuptlinge auf das Schiff zum Mittagessen eingeladen und aufs reichlichste bewirtet. Sie blieben bis zum nächsten Morgen, nachdem fie eine Urkunde unterzeichnet hatten, worin „die Königin und die

obersten Häuptlinge von Tahiti" an den Admiral die Bitte rich=
teten, daß „der Schatten des Königs der Franzosen" sich über
sie erstrecke. Pomare, davon unterrichtet, weigerte sich bis zum
letzten Augenblicke, dieser Abmachung zuzustimmen, aber die
Drohung Dupetit Thouars, die Artillerie spielen und die fran=
zösische Flagge aufpflanzen zu lassen, zwang auch sie, nachzu=
geben. Das Protektorat Frankreichs war somit hergestellt und
die Macht der Königin, obwohl ihr Rang und Titel belassen
wurden, damit faktisch vernichtet.

Aber auch das genügte noch nicht. Schon im nächsten Jahre
erschien Dupetit Thouars zum dritten Male in Papeïti und nahm
förmlichen Besitz von Tahiti. Den Vorwand dazu gaben folgende
Vorgänge. Als die englische Fregatte „Talbot" am 15. Januar
1843 die Insel anlief, wurde die Königin Pomare mit dem
königlichen Gruß von 21 Schüssen empfangen und ihr jede Ehre
erwiesen. In einer darauf gehaltenen großen Volksversammlung
erklärte man einstimmig, nur Pomare als Herrscherin und allein
die von England erhaltene Flagge behalten zu wollen. Am
Abend der Versammlung wurde die französische Flagge herunter=
geholt, worauf der Befehlshaber der vor Papeïti liegenden Kor-
vette „Boussole" die Stadt zu beschießen drohte, wenn man diese
Flagge nicht wieder aufziehe. Allein der englische Kapitän des
„Talbot" erklärte augenblicklich, daß er bei dem ersten Schuß auf
die Insel auf die „Boussole" feuern lassen werde.

Als am 1. Nov. 1843 die drei Schiffe von Dupetit Thouars
ihre Anker im Hafen von Papeïti warfen, wehte auf der be=
scheidenen königlichen Wohnung noch immer die Flagge mit der
tahitischen Krone. Der französische Admiral forderte ihre so=
fortige Einziehung. Pomare weigerte sich entschieden, dies zu
thun, und nun wurden französische Soldaten beordert, die Flagge
herunterzureißen; die Königin selber wurde für abgesetzt erklärt
und ihre Wohnung zu einem französischen Wachthause gemacht.
Pomare floh mit ihren Kindern in das Haus des englischen Kon=
suls Pritchard und dann an Bord eines kleinen englischen Kriegs=

schiffes. Pritchard aber wurde ins Gefängnis geworfen und nach
sechstägiger Haft des Landes verwiesen.

Diese Vorgänge erregten in England einen solchen Unwillen,
daß Louis Philipp, um Schlimmeres zu verhüten, den Admiral

Fig. 8.

Pomare V.

zurückberief, seine Maßregeln nicht anerkannte, die Zahlung eines
bedeutenden Schmerzensgeldes an Pritchard befahl und die
Souveränetät der Königin Pomare anerkannte, das Protektorat

über die Inſel aber beibehielt. Die Königin aber, welche ſich vergeblich um Beiſtand nach England wandte, blieb auf Raiatea, da ſie ſich der franzöſiſchen Vormundſchaft nicht unterwerfen wollte.

Auf Tahiti war ſofort nach Pritchards Abreiſe der Krieg zwiſchen den Eingeborenen und den Franzoſen ausgebrochen. Am 18. März 1844 kam es bei Mahaina zu einer förmlichen Schlacht, in welcher die nur zur Hälfte mit Schießgewehren bewaffneten Tahitier zwar unterlagen, die Franzoſen aber einen Verluſt von 48 Toten und 70 Verwundeten erlitten. Darauf zogen ſich die Tahitier nach der ſtarken Stellung bei Papenoo zurück, wo ſie ſich, 1500 Mann ſtark, verſchanzten, gewillt, ihr Vaterland bis zum letzten Blutstropfen zu verteidigen.

In der nächſten Zeit wurde es ruhiger. Als die Franzoſen aber im Januar 1846 bei einer Landung auf Huahine, deſſen Hauptort ſie zerſtörten, von den Eingeborenen mit großem Verluſte zurückgeſchlagen worden waren, entbrannte der Kampf auf Tahiti aufs neue. Und mit ſolchem Erfolg gingen die Eingeborenen vor, daß ſie im April desſelben Jahres die Franzoſen allein auf Papeïti beſchränkten. Begünſtigt durch das dichte Guavagebüſch ſchlichen ſie ſich bis an die Vorpoſten heran und ſchoſſen die Schildwachen nieder, während ihnen ſelbſt in ihren beiden Bergfeſtungen ſchwer beizukommen war.

Endlich fiel eine derſelben. Ein Verräter führte 17. Dezember 1846 eine Schar von 30 Franzoſen auf einem bisher ungekannten Bergpfade in den Rücken des Forts Fataua, das in der dadurch entſtandenen Verwirrung von der übrigen Mannſchaft erſtürmt wurde. Die Tahitier ergaben ſich, als ſie alles verloren ſahen, ſämtlich auf Gnade und Ungnade; nur zwei Krieger zogen den Tod der Unterwerfung vor und ſtürzten ſich in den Abgrund. Nun wurde auch das gleich darauf überraſchte feſte Lager bei Punavia genommen; damit war die Unterwerfung der Inſel vollendet. Die Tahitier ſchworen den Eid der Treue und Königin Pomare kehrte nach Tahiti zurück.

Als ſie 1877 ſtarb, folgte ihr Sohn Ariiaue unter dem

Titel Pomare V. Er hat seine Scheinwürde nur kurze Zeit be=
halten. Nach langer Krankheit, welche seine Gedanken auf das
Jenseits richtete, wie es in dem französischen Berichte heißt,
benachrichtigte er den französischen Gouverneur von seinem Vor=
haben, alle seine Rechte an Frankreich abtreten zu wollen. Der
Gouverneur sah keine Gründe, ihm abzuraten, und am 29. Juni
1880 wurde der endgiltige Schritt gethan. Der Messager de
Tahiti schilderte das wichtige Ereignis folgendermaßen:

Um drei Uhr nachmittags begaben sich Madame Chessé (die
Gemahlin des Kommandanten) am Arm des Königs, der Kom=
mandant und die Prinzen Ariipeu und Teriitapunui zum Quai,
wo die französischen Beamten und tahitischen Vornehmen sie er=
warteten. Bei ihrer Ankunft ertönt die Marseillaise. Eine Flaggen=
stange ist errichtet, an ihrem Fuße stehen Tahitier und Franzosen,
bereit, die Trikolore aufzuhissen. Daneben eine Feldbatterie, welche
mit ihren ehernen Schlünden das Emblem der Vereinigung Ta=
hitis und Frankreichs begrüßen soll. Man bildet einen Kreis und
der Kommandant verliest inmitten tiefster Stille mit fester Stimme
eine Proklamation an die Tahitier, denen dieselbe sofort durch
den Dolmetsch verständlich gemacht wird. Vivats und enthusiastische
Hurrahs! Dann verliest der Sprecher des Königs dessen Pro=
klamation. Abermalige Hurrahs! Nun kommen einige tahitische
Redner; sie scheinen großen Eindruck auf die lauschende Menge
zu machen, die in die begeisterten Vive la France! Vive Tahiti!
Vive Pomaré! der Redner brausend einfällt. Eine Überraschung!
Im Namen des Königs und des Kommandanten werden alle Ge=
fängnisse geöffnet, eine allgemeine Amnestie ist ausgesprochen.
Die Begeisterung wächst. Und nun kommt der große Augenblick.
Auf ein gegebenes Signal schwebt die Trikolore langsam und
majestätisch am Mast in die Höhe, die Musik spielt die Mar=
seillaise, die Kanonen von der Batterie, vom Berg Faiere, vom
„Beaumanoir" mischen ihre tiefen Stimmen darein, die Be=
geisterung ist unbeschreiblich!

So der offizielle Messager. Ob die Tahitier wirklich die

Wohlthat französischer Herrschaft erkennen? Jedenfalls werden sie nur noch eine beschränkte Zeit sich derselben erfreuen; wie wir gesehen haben, schwinden auch sie dahin. Ihre Stelle nehmen andere ein: Europäer, Mikronesier, Chinesen. Denn der Tahitier ist ebensowenig geneigt wie alle seine anderen leichtlebigen polynesischen Brüder, sich in das Joch fortgesetzter Arbeit zu spannen. Und die Pflanzungen von Zuckerrohr, Mais, Kaffee, Baumwolle, von Orangen und Kokosbaumen verlangen Arbeiter.

Die Franzosen liefern auch hier den Beweis, daß sie das Kolonisieren nicht verstehen, daß ihre Kolonien mehr kosten, als sie einbringen und daß die Hilfsquellen derselben nicht im gehörigen Maße entfaltet werden. Es wäre gewiß besser für Regierende und Regierte, wenn Frankreich das Beispiel Hollands in Java oder das Englands in Viti nachahmte. Der Handel (1881: Ausfuhr 2 192 340 Francs) stand schon 1867 ziemlich auf derselben Höhe, dabei nehmen den bedeutendsten Teil Producte ein, die, wie Perlmutter und Perlen, Kopra u. a., erst von den Tuamotu eingeführt werden. Und es ist nicht wahrscheinlich, daß derselbe sich bald irgendwie heben werde.

Die unabhängigen Inseln unter dem Winde.

Die westliche, durch einen breiten Kanal von den vorigen getrennte Gruppe der Gesellschaftsinseln ist bisher unabhängig geblieben. Daß sie es noch ist, verdankt sie nicht der Enthaltsamkeit der Franzosen, vielmehr dem Einspruche Englands und Deutschlands, welche die schon vollendete Okkupation des Jahres 1880 wieder rückgängig machten. Auf ihren, durch ein englisches und ein deutsches Kriegsschiff ausgesprochenen Protest wurde die auf Raiatea schon aufgehißte französische Trikolore wieder heruntergeholt und den Inseln ihre Unabhängigkeit wiedergegeben. Es sind im ganzen zehn, meist ganz kleine Inseln, nur Raiatea, das 194 Quadratkilometer mißt und (1878) 1400 Einwohner zählt, ist einigermaßen bedeutend, das viel kleinere Huahine (73 qkm) ist aber noch bevölkerter und hat 1665 Bewohner, von

Fig. 9.

Die Rhede von Borabora.

5*

ben übrigen haben Borabora (24 qkm) 800, Tohaa (82 qkm) 700, Maupiti (12 pkm) 400 und Tubai manu (34 qkm) 200 Bewohner; die übrigen Inseln: Mopiha oder Lord Howe, Scilly, Bellingshausen und Tubaï sind unbewohnt. Die ganze westliche unabhängige Abteilung des Archipels der Gesellschafts= inseln hat ein Areal von 471 qkm oder 8,5 Quadratmeilen und 5165 Bewohner.

Bellingshausen, Scilly, Lord Howe und Tubai sind sämt= lich niedrige Laguneninseln, welche mit Kokospalmen hier und dort bestanden sind, aber nur von Seevögeln bewohnt werden. Tubai wird namentlich der Schildkröten und der geschätzten, roten Federn des Tropikvogels halber besucht. Die übrigen sind sämt= lich hoch und ganz in derselben phantastischen Weise zerklüftet wie Tahiti und Moorea, mit denen sie durchaus verwandt sind. Borabora, eine wunderbar pittoreske Insel, deren Berge im Inneren eine imposante, pyramidenartige Gebirgsmasse bilden, ist ausgezeichnet durch ein großes Barrenriff, auf welchem zwölf kleine, mit Palmen bewachsene Inseln liegen, von denen vier sogar vulkanische Berge haben. Sie sind größer und zahlreicher als jene auf dem Riffe, welches das viel umfangreichere Raiatea einschließt. Diese Insel hat eine Anzahl guter Häfen, unter welchen der am Nordostende belegene von Uroa der beste ist. An ihm liegt Utuma oro, der Hauptort der Insel wie der ganzen Gruppe.

Die Tubuai- oder Australinseln

im Süden der Gesellschaftsinseln gehören Frankreich nur zum Teil. Von der aus sieben Inseln bestehenden Gruppe stehen drei: Tubuai, Wavitao und Oparo unter französischem Protekto= rat. Die Inseln Hull oder Narurota, Rimitara, Rurutu und Morotiri oder Baß sind noch unabhängig. Hull ist eine kleine Lagunengruppe und unbewohnt, ebenso wie die nackte Felseninsel Morotiri; Rimitara hat 250 und Rurutu 300 Bewohner. Beide sind hoch und bergig, wohlbewässert und fruchtbar, aber klein.

Von den drei französischen Inseln ist Tubuai mit 103 qkm und
343 Einwohnern die bedeutendste, Wawitao, auch Raiwawai ge=
nannt, ist 66 qkm groß und hat 350 Einwohner, Oparo, richtiger
Rapa, mißt 42 qkm und hat 100 Einwohner. Alle drei sind hoch
und zum Teil sehr malerisch aus vulkanischem Gestein aufgebaut,
namentlich füllen die Insel Rapa Bergmassen, welche in ihren
zerrissenen Formen steilen Türmen und alten Schlössern gleichen.
Die Berge sind vulkanischer Natur, für ihre Entstehung spricht
der gehobene Korallenkalk, auch findet sich hier Lignit, den die
Eingeborenen zum Kochen verwenden. Schon Vancouver ent=
deckte auf Rapa viereckige Bauten aus gut gearbeiteten und po=
lierten, oft sehr großen Steinen, welche er für Festungsbauten
hielt, von denen man aber, da man zwischen den Steinen Knochen
gefunden hat, auch annehmen könnte, daß es Marä gewesen sind.
Das Klima der Tubuaigruppe ist wesentlich verschieden von dem
im übrigen Polynesien. In der Zeit vom Juni bis September
bringen die Westwinde der höheren südlichen Breiten oft bis zu
den östlichen Inseln vor, daher wächst dort der Brotfruchtbaum
nicht mehr, die Kokospalme gedeiht selten und hört in Rapa auf,
Früchte zu bringen. Es wären also europäische Pflanzen dort
leicht zu akklimatisieren, während Zuckerrohr, Baumwolle, Kaffee
und Tabak sehr wohl gedeihen könnten. Die freundlichen Be=
wohner, welche in jeder Hinsicht den Tahitiern gleichen, würden
solchen Kulturversuchen keinerlei Hindernisse entgegenstellen.

Die Tuamotu oder Paumotu,

auch niedrige Inseln genannt, östlich von Tahiti, stehen ebenfalls
im Protektoratsverhältnis zu Frankreich, das mit der Übernahme
der Herrschaft über Tahiti gleichzeitig in engere Beziehungen zu
dieser, dem tahitischen Reiche zugehörigen Gruppe trat. Die
Könige von Tahiti übten über diese Inseln eine Autorität, welche
bald stärker, bald schwächer war und zeitweilig ganz aufhörte.
Nur Makotea in der centralen Abteilung scheint jederzeit in Ab=
hängigkeit von Tahiti gestanden zu haben; es diente den dortigen

Königen als Verbannungsort für Verbrecher. In neuerer Zeit
verstanden es aber die energischen Könige Otu und Pomare I.,
das Band fester zu ziehen und die Bewohner zu bestimmten Tri-
buten zu verpflichten.

Der Name, welchen der Archipel jetzt trägt, wurde ihm auf
Antrag der Abgeordneten von Anaa im tahitischen Parlamente
gegeben. Derselbe bedeutet „entfernte Inseln", während der
frühere Name Paumotu, der auch jetzt keineswegs abgeschafft ist,
nach der französischen Übersetzung „besiegte Inseln" bedeutet haben
soll, eine Übersetzung, die aber ebensowenig richtig ist, als Hales
„Inselwolke", oder Moerenhouts „Inseln der Nacht". Man kennt
die Bedeutung dieses Wortes mit Sicherheit gar nicht. Die Eingeborenen haben einen allgemeinen Namen für den ganzen Archipel
niemals besessen. Einzelne Teile desselben sind durch europäische
Seefahrer verschiedenartig benannt worden. Solche begrenzte Be-
zeichnungen sind Bougainvilles „gefährlicher Archipel", Fleurieus
wie le Maires und Schoutens „böses Meer" und Krusensterns
„niedrige Inseln". Der letztere Name wird jetzt auch nicht selten
für die ganze Inselgruppe gebraucht. Bei den Händlern führt
die Gruppe wegen ihres wertvollsten Produktes übrigens ganz
allgemein den Namen Perleninseln.

Die Tuamotu, wie der Name jetzt offiziell lautet, erstrecken
sich in mehreren nach Ostsüdost gerichteten Reihen durch 9
Breiten- und 13 Längengraden zwischen 14° 5' bis 23° 12' südl.
Breite und 135° 33' bis 148° 45' westl. Länge und bestehen
aus 78 flachen Korallen- und fast ausnahmslos Laguneninseln.
Sie sind sämtlich klein, die größte Rangiroa oder Rairoa mißt
nur 60 qkm, eine größere Anzahl aber nur 1—2 qkm, und
ordnen sich in drei Gruppen: eine centrale Hauptgruppe und
eine nördliche und eine südliche Seitengruppe. Das Gesamtareal wird auf 1000 Quadratkilometer oder 18 Quadratmeilen
berechnet. Eine große Anzahl dieser Inseln ist unbewohnt. Am
30. Juni 1878 wurde zum ersten Male eine Zählung vorge-
nommen, welche folgende Resultate ergab:

Centrale Hauptgruppe	Tahitier	Europäer u. a.	Zusammen
Rangiroa	472	3	475
Fakarawa	317	8	325
Anaa	923	35	958
Makemo = Marutea	292	1	293
Hao	342	2	344
Manuhangi = Papakena	393	—	393

Dazu kommen noch 1181 Einwohner auf den nördlichen und südlichen Seitengruppen, so daß sich damals die Gesamtbevölkerung des Archipels auf 3969 Seelen belief. Bis 1878 war Anaa, die volkreichste der Inseln, Sitz der französischen Behörden; da aber der schmale Kanal bei dem Dorfe Tuuhora auch nach seiner Austiefung für den Verkehr nicht ausreichte, so hat man jetzt Fakarawa gewählt, welches wohl den besten Hafen des ganzen Archipels besitzt, da die Lagune, in deren Nordteil er liegt, weniger als andere durch Korallenbänke gefährdet ist. Gute Häfen besitzen außerdem noch Kawehi, Makemo und Hao; die übrigen eignen sich nur für kleinere Fahrzeuge.

Die einzigen Produkte dieser Gruppe bestehen in Kokos=nüssen, Perlmutter und Perlen. Welche Wichtigkeit die Perl=fischerei dieses Gebietes hat, ist an anderer Stelle (S. 12) ge=zeigt worden. Von den 78 Inseln der Gruppe haben 35 in ihren Lagunen Perlenbänke. Sehr große und wertvolle Perlen sind seltener geworden; die schönste, hier jemals erbeutete ist wohl die jetzt im Besitze der Königin von England befindliche, welche mit 120 000 Mark bezahlt wurde. Und noch immer werden recht prächtige Exemplare gewonnen. Kokospalmen, welche mit den auf den westlichen Inseln eingeführten Pflanzen: Brotfruchtbaum, Bananen, Arum, Ananas fast die einzige Vegetation der Inseln bilden, werden in ausgedehnterem Maße angepflanzt, seitdem die Nachfrage nach Kopra sich gesteigert hat.

Fortwährend kreuzen kleine Handelsschiffe in diesen Gewässern umher, um Kopra und andere Produkte der Gruppe für die Centraldepots europäischer, namentlich deutscher Firmen gegen

allerlei Waren einzutauschen. Der Preis für Kopra ist hier 2—3
Cents für das Pfund. Die bedruckten Zeuge aber, für welche
der Händler vielleicht 9 oder 8 Pence per Faden (= 1,8 Meter)
gezahlt hat, verkauft er hier nicht unter 2 Schilling; Hemden, die
in Sydney 15 Schilling per Dutzend kosteten, gehen zu 6 Schilling
das Stück ab, Nähnadeln kosten einen Penny das Stück und
eine kleine Rolle Nähzwirn einen Schilling. Kämme, Spiegel
und vergoldete Schmucksachen werden mit hohen Preisen bezahlt,
Angelhaken, Feilen und Werkzeuge aller Art sind lebhaft gefragt.
Seidene Bänder und farbige Federn finden einen guten Markt.
Der allbeliebte Tabak hat hier einen Wert von einem Dollar das
Pfund, während man in Sydney dafür 7 Pence bis 1 Schilling
zahlt. Die Art und Weise, wie ein Händler seine Waren anzeigt
und anpreist, ist folgende. Er bekleidet sich mit einem Paar
Beinkleidern von der Sorte, die er besonders gern los sein will,
und einem in den lebhaftesten Farben prangenden Hemd. Um seinen
Leib windet er eine Schürze aus Musselin oder ein Taschentuch von
imitierter Seide, sein Haupt ziert ein Filzhut mit mächtiger Schnalle
und ein Federbusch in den auffallendsten Farben. Seine Ohren
müssen so viele und so schwere goldene Ringe als möglich tragen,
um seinen Hals sind einige Yards bunter Bänder, Schnüre von
Korallen und Ketten geschlungen und sein ganzer Anzug duftet
von Parfümerieen, solchen, wie sie die Polynesier leidenschaftlich
lieben. So ausstaffiert wandelt er als lebende Reklame durch
die Straßen des Dorfes der Insulaner, die bewundernd und ver=
langend folgen, hin zu der Hütte des Häuptlings, welchen er
schlau mit solchen Waren beschenkt, in denen er vornehmlich Ge=
schäfte zu machen hofft. Haben einmal der Häuptling und seine
Frau das Beispiel gesetzt, so ist der Weg für die neue Mode ge=
bahnt, denn die Unterthanen beeilen sich dem hohen Vorgesetzten
schleunigst nachzufolgen. Auf diese Weise machen die Händler
einen ganz außerordentlichen Vorteil, der niemals unter 100,
nicht selten sogar 200 Procent vom Werte beträgt. Dieser Mo=
dus des Tauschgeschäfts ist indes nicht auf die Tuamotu be=

schränkt, er wird mit Erfolg auch auf den vielen anderen Gruppen angewandt, mit denen die Europäer Handel treiben.

Die Bewohner der Tuamotu sind den Tahitiern an Stärke und Gewandheit überlegen; sie sind auch viel dunkler als diese, zugleich auch viel weniger reinlich, was ihrer sonst ansprechenden äußeren Erscheinung viel Eintrag thut. Aber wenn sie auch den Tahitiern ähnlich sind, so hatten sie doch ursprünglich eine andere Sprache, die noch jetzt in den östlichen Inseln gebräuchlich ist und dem Rarotonganischen ähnlich ist. Die westlichen Insulaner sprechen tahitisch; sie stehen ja schon seit langer Zeit mit dem tahitischen Staate in engen Beziehungen. Immer zeichneten sie sich durch Kraft, Energie und Mut aus, aber auch durch größere Wildheit. So ist die Anthropophagie, die früher auf allen Inseln des Archipels im Schwange war, immer noch auf der öst=lichen Reihe zu Hause und ist nur auf den westlichen Inseln durch die Einführung des Christentums unterdrückt wor=den. Menschenfleisch wurde

Fig. 10.

Mädchen von den Tuamotu.

hier ohne die entschuldigenden Motive der Rachsucht oder des Aberglaubens verzehrt. Vielleicht trugen die dürftigen Hilfs=quellen des Archipels daran Schuld, wodurch die Insulaner gezwungen wurden, von Insel zu Insel zu ziehen, um genü=gende Vorräte zu sammeln. So kam es denn, daß Reisende bisweilen eine Insel völlig verlassen fanden, welche ihre Vor=gänger als bevölkert geschildert hatten, und umgekehrt. Daher befanden sich diese Insulaner stets im Zustande tiefster Armut, und übereinstimmend mit ihrer Nahrung, welche hauptsächlich das Meer liefern mußte, waren sowohl ihre Kleider, als ihre Wohnungen und Geräte ausnehmend einfach und roh. Nur ihre Boote zeigten Geschick, sogar mehr als die der Tahitier, was sich eben aus dem Gesagten erklären läßt. Leute, die so wie sie, auf die See angewiesen waren, mußten wohl ihren ganzen Scharfsinn anstrengen, um die Fahrzeuge, welche sie tragen sollten, so vollkommen wie möglich zu machen. Im übrigen, namentlich in Bezug auf die religiösen Anschauungen und den Kultus zeigt sich vieles, das an Tahiti erinnert. Freilich waren die politischen Verhältnisse keineswegs so ausgebildet wie dort.

Die Mangarewa- oder Gambierinseln

gehören ebenfalls zu Frankreich und werden administrativ mit zu den Tuamotu gerechnet. Sie unterscheiden sich von diesen Inseln aber nicht allein durch ihre vulkanische Formation, auch ihre Bevölkerung ist eine andere, denn es wohnen hier Rarotonganer. Die ganze Gruppe mißt 31 qkm oder 0,56 D.-M., wovon auf die besonders so benannte Mangarewa-Gruppe, welche aus vier größeren Inseln und 9—10 Inselchen und Felsen, alle von einem Lagunenriff umgeben, besteht, 24 qkm kommen. Außerdem gehören noch die zum Teil mit Gebüsch bewachsenen Korallenriffe Timoe und Ebrill dazu. Die Anzahl der Bewohner wird auf 1500 geschätzt. Diese, die früher arge Kannibalen waren — sie fraßen nicht nur im Kampf Erschlagene, sondern auch Mitglieder des eigenen Stammes, welche sie zu diesem Zweck auch gegen Angehörige eines anderen Stammes austauschten — sind jetzt zum katholischen Christentum bekehrt. Die frühere in Gürteln und Matten bestehende Kleidung hat zum Teil der europäischen Platz gemacht. Sie nahmen dieselbe übrigens sehr schnell an. D'Urville fand den König stolz in einem blauen Rock ohne Knöpfe, aber mit Löchern am Ellbogen, und mit einer Hose bekleidet, die aber nur bis zu den Waden reichte. Der ehemalige Hohepriester, ein ungeheuerer, sechs Fuß hoher Fleischkoloß, be-

Fig. 11.

Das Dorf Rittiea auf Mangarewa.

gnügte sich mit einem alten Strohhut, bunter Weste und Schwimmhosen.

Ackerbau wurde früher sehr wenig betrieben, doch hat sich derselbe neuerdings etwas gehoben. Die Missionäre haben Taro und Baumwolle eingeführt. Die Boote baut man jetzt aus hohlen Baumstämmen; früher bestanden aber die Fahrzeuge nur in roh zusammengefügten Flößen. Die Religion war die von Rarotonga und die Verfassung der tahitischen ähnlich. Doch bestand hier die ganz besondere Sitte, den Thronfolger, auf welchen sofort bei seiner Geburt die königliche Würde überging, sobald er der mütterlichen Pflege entbehren konnte, auf den 300 Meter hohen Berg Duff zu bringen, wo er, umgeben von wenigen Dienern, in einem für ihn errichteten Hause bis zu seinem zwölften Jahre lebte. Während dieser Zeit durften nur Priester und hohe Häuptlinge zu seltenen Zeiten zu ihm pilgern, für das übrige Volk war nicht nur seine Person und seine Wohnung, auch der Berg selbst mit dem strengsten Tabu belegt. Stieg er endlich vom Berge herab, so übernahm er die Regierung, die sein Vater bisher als Regent geführt hatte, immer noch aber blieb er bis zum 18. Jahre dem menschlichen Umgang entzogen.

Mit der Annahme des Christentums, welches 1834 katholische Missionäre hierher brachten und das sehr schnell Eingang fand, haben sich die ursprünglichen Sitten sehr geändert. Vieles Alte ist verschwunden oder doch ganz abgeblaßt. Der Verfasser der Rovings in the Pacific fand 1842 schon auf jeder Insel Kirchen. Das große, dreischiffige steinerne Gebäude auf Mangarewa war von einem domförmigen Dache bedeckt, das von zwei Reihen massiver Säulen getragen wurde, der Fußboden war mit weißen und schwarzen Steinplatten bedeckt und auf dem Hochaltar prangte ein lebensgroßes Kruzifix, ein Geschenk der Königin Amalie, Louis Philipps Gemahlin. Auf einem kahlen Vorsprung des Duffberges stand ein Nonnenkloster, in welches die Priester schon 90 Neophytinnen hatten aufnehmen können, eine sehr gut gewählte Lage, denn niemand vermochte sich diesem Asyl zu nahen, ohne von

Fig. 12.

Eingeborene der Gambierinseln.

ben Prieftern bemerkt zu werden. Daß die letzteren sich in ihrer
Thätigkeit glücklich fühlten, bezeugte ihr behäbiges Aussehen,
das sich mit dem von Bürgers Abt von St. Gallen getroft
meffen konnte.

Südöstlich von dieser Gruppe steigt plötzlich aus tiefem Meere

die Pitcairn=Infel,

hier schroff, dort allmählich zu einer über 100 Meter hohen
Ebene auf. Kleine hier und da aufgesetzte Piks erreichen eine

Fig. 13.

Inneres der Infel Pitcairn.

Höhe von 338 Meter. In der zerfetzten dunklen bafaltifchen
Lava, dem Hauptbeftandteil der Infel, gedeihen allerlei Kulturen,
Kokospalmen aber und Brotfruchtbäume, welche man einführte,
haben keinen zufagenden Boden gefunden. Korallenriffe finden
wir in der Nähe der Infel gar nicht; dadurch unterscheidet sich
diefelbe auffallend von den ihr zunächft liegenden Oeno, Hender=
fon und Ducie, die fämtlich Korallenriffe sind und mit der Pit=

cairninjel geographiſch zu einer Pitcairngruppe zuſammengeordnet werden. Mit ihren kühn aufſteigenden Küſten, deren felſige Ab=hänge mit üppiger Vegetation bedeckt ſind, iſt die Inſel ein liebliches Bild inmitten des ſich an ihr ſchäumend brechenden Oceans. Leider hat ſie keinen Hafen, in welchem ein Schiffer ſicher weilen könnte; es giebt überhaupt nur drei Landungsplätze, und ſelbſt der beſte von ihnen in der Bountybai an der Nordküſte iſt jederzeit gefährlich.

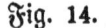

Fig. 14.

Landungsplatz in der Bountybai.

Dieſe Bai erinnert an die Geſchichte der jetzigen Bewohner. Wie uns zahlreiche Reliquien: Steinbeile, Überreſte von Marä mit ſteinernen Bildſäulen, Gräbern mit Skeletten u. a. beweiſen, hatte die Inſel in früherer Zeit eine Bevölkerung, welche nach=her ausſtarb oder auswanderte. Als Pitcairn 1767 von Carteret entdeckt wurde, war es unbewohnt; ſeine jetzigen Bewohner ver=dankt es einem Verbrechen.

Die engliſche Regierung hatte Bligh, einen der Begleiter

Cooks, beauftragt, Brotfruchtbäume von Tahiti zu holen und
dieselben nach Westindien zu bringen, damit dieselben dort ange=
pflanzt würden. Sein Schiff „Bounty" verließ 26. Okt. 1788
Tahiti mit seiner Ladung, war aber kaum einige Tage in See,
als sich der größte Teil der Schiffsmannschaft unter Führung
des Untersteuermanns Christian gegen Bligh erhob, denselben
mit 18 anderen in ein offenes, mit Vorräten dürftig versehenes
Boot setzte und seinem Geschick überließ. Glücklicher als sie es
hoffen durften, langten Bligh und seine Gefährten in Batavia
an, von wo sie durch die niederländische Regierung nach England
befördert wurden. Die Meuterer aber steuerten zunächst nach
Tahiti, wo eine Anzahl blieb, Christian aber ging mit 8
seiner Schiffsgenossen, 6 Tahitiern und 12 tahitischen Frauen
1790 nach dem unbewohnten Pitcairn und ließ sich dort nieder.
Um ein Verlassen der Insel zu verhindern, verbrannte er die
„Bounty", deren hohe Maste auch leicht für vorübersegelnde
Schiffe zu Verrätern hätten werden können. Es fehlte nicht an
Zwistigkeiten unter den Ansiedlern, die Männer fielen in gegen=
seitigem Kampfe und 1800 war der damals 36jährige John
Adams der einzige Mann auf der Insel, das unbestrittene Ober=
haupt des kleinen, aus einigen Frauen und zwanzig Kindern
seiner verstorbenen Kameraden bestehenden Staates. In aner=
kennenswerter Weise richtete Adams seine Thätigkeit auf die
Ausbildung der heranwachsenden Jugend und ihre Erziehung zu
Ordnung, Arbeitsamkeit und Eintracht. So sah denn 1814 eine
englische Expedition, veranlaßt durch das Auffinden eines See=
kompasses und eines Chronometers durch ein amerikanisches
Schiff in den aus Furcht verlassenen Hütten, hier ein Völkchen,
welches durch seine Liebenswürdigkeit und Sittenreinheit allen
etwa noch vorhandenen Zorn gegen den einzigen überlebenden
Schuldigen entwaffnete, das vielmehr mit seinem Leiter die
höchste Bewunderung erregte. Die Besorgnis, daß der beschränkte
Wasservorrat der Insel für eine wachsende Bevölkerung nicht
ausreichen würde, veranlaßte die englische Regierung 1831, die

damaligen 87 Bewohner nach Tahiti überzusiedeln. Die Pit=
cairner blieben dort nur kurze Zeit und kehrten gern wieder in
ihre alte Heimat zurück. Als aber später ihre Zahl auf 200
angewachsen war, für welche die Insel keinen Unterhalt bot,
nahmen sie 1856 das Anerbieten der englischen Regierung an,
welche ihnen die früher als Pönalstation verwendete, nun ver=
lassene Norfolkinsel mit allem, was sie enthielt, als Eigentum
übergab. Sie wanderten sämtlich aus und 1871 war ihre Zahl
auf 340 gestiegen. Indessen kehrten doch einige wieder von dort
in die alte Heimat zurück, so daß das Schiff „Opal" Ende 1879
auf Pitcairn 79 Einwohner treffen konnte.

Die Markesas.

Nordöstlich von Tahiti und von diesem durch das gefähr=
liche Labyrinth der Tuamotu getrennt, und südöstlich von
Hawaii, von welchem eine ununterbrochene Meeresfläche den
Archipel scheidet, ziehen sich die Markesas in einer Richtung
von Nordwesten nach Südosten durch nahezu drei Längen= und
durch drei Breitengrade. Ein breiter Kanal trennt die Inseln
in zwei Gruppen: eine nördliche mit 7 Inseln, von welchen Nu=
kahiva (482 qkm), Uapou (83 qkm) und Uauka (65 qkm) die
bedeutendsten sind, und eine südliche mit den Hauptinseln Hiva=
Oa (400 qkm), Taou=ata (70 qkm) und Fatuhiva (77 qkm) und
den kleineren Motane und Fetohougo, welche wie die nördlichen
Motuiti, Hiahu, Fetu=huhu und Clark meist felsig, dürr und kahl,
daher unbewohnt sind. Das Gesamtareal der ganzen Insel=
gruppe beträgt 1274 Quadratkilometer oder 23,14 Quadratmeilen.

Nur die südliche der beiden Gruppen wurde von dem ersten
Entdecker gesehen. Mendana, der, von Callao aus kommend,
am 21. Juli 1795 an der Küste von Fatuhiva Anker warf,
taufte die vier von ihm aufgefundenen Inseln nach seinem
Gönner, dem Marquesas de Mendoza, dem damaligen Vicekönig
von Peru. Man hat nach Fleurieu und Krusenstern den Namen
Markesas zu Ehren des Entdeckers in Mendana=Archipel um=

wandeln wollen, aber ohne Erfolg, wenngleich auch diese Be=
nennung auf manchen Karten zu finden ist. Die Existenz des
Archipels war schon vergessen, als Cook denselben 1774 wieder
auffand. Dann wurde der Amerikaner Ingraham 1791 durch
Zufall hierher geführt; Marchand und Hergest bestimmten 1791 u.
1792 die Inseln genauer, eine eingehendere Kenntnis derselben
sowie ihrer Bewohner wurde der Welt aber erst durch Krusen=
sterns Besuch im Jahre 1804 zu teil. Auch in der Folge sind
Seefahrer öfters hierher gekommen und haben uns manches
Neue gebracht, vornehmlich ist dies aber geschehen, seitdem die
Franzosen Besitz von der Gruppe ergriffen haben.

Die Markesas unterscheiden sich von den übrigen Inseln
des Stillen Oceans durch das Fehlen größerer Korallenriffe in
auffallender Weise. Solche finden sich nur in einzelnen flachen
und sandigen Buchten. Steil steigen die tief eingerissenen Basalt=
massen vom Meeresufer auf, ohne einen Rand von Küstenebenen
zu lassen. Nur stellenweise sind durch die fortwährende Thätig=
keit der Gebirgswässer breite Thalebenen entstanden, in deren
überaus fruchtbarem Boden sich eine außerordentlich üpppige
Vegetation entwickelt hat.

„Auf diesem herrlichen Grün, aus welchem an vielen Punkten
und namentlich in der Höhe der Berge die kahlen dunklen Basalt=
felsen ernst und oft sehr malerisch hervortreten, auf diesen Thal=
bildungen, welche zu beiden Seiten gewöhnlich durch schroffe
Felsenkanten abgeschlossen sind, deren wunderbare Spitzen und
Zacken über das dichte Grün des Tropenwaldes hervorragen,
auf diesen Felsen und Kanten beruht der landschaftliche Eindruck,
den die Inseln machen: er ist ernst und eher erhaben als schön,
wenngleich die zahlreichen Wasserfälle, welche über die schroffen
Felswände hinunterstürzen, doch auch liebliche Bilder in diesem
Ernst hervorbringen."

Einige kahle Bergspitzen ausgenommen, ist alles Land mit
prächtigem Pflanzenwuchs bedeckt. Wenn dieser aber außer=
ordentlich reich und üppig erscheint, so offenbart er doch auch

wiederum eine große Eintönigkeit. Die Arten sind dieselben, wie in Tahiti, nur ist ihre Zahl hier kleiner. Welche Dimensionen aber einzelne Vertreter derselben in den überraschend fruchtbaren Verwitterungsproducten des vulkanischen Gesteins annehmen können, das haben wir an anderer Stelle (Bd. III. S. 81 und 83) in Wort und Bild gezeigt. Auch die hiesigen Kulturpflanzen sind die der alten Tahitier und vermutlich von dort durch die ersten Einwanderer herbeigebracht.

Seitdem sich Europäer hier niederließen, werden Mais, Bataten, Kürbisse und Melonen, Tabak und Zuckerrohr kultiviert, indessen richten sowohl europäische als chinesische Kolonisten ihr Hauptaugenmerk auf die Kokospalmen und den Gewinn von Kopra.

Die Tierwelt ist hier ebenso arm wie auf den übrigen Inseln in diesen Gewässern, nur die Vögel sind zahlreicher und das Meer birgt auch hier eine große Fülle verschiedenartiger Geschöpfe. Von Säugetieren fanden die Europäer nur Ratten, zahme Hunde und Schweine vor. Jetzt giebt es Rinder, etwa 2000 Stück, Pferde, Maulesel, Esel und Ziegen. Perlenfischerei wird hier zwar auch betrieben, sie ist aber weit weniger wichtig als auf den südlicheren Gruppen. Von Mineralien kennt man bisher Eisen, einen ausgezeichneten Thon und Sandstein von sehr feinem Korn und hellgrauer Farbe.

Die Markesaner zeichnen sich unter den übrigen Polynesiern durch schönen Wuchs und angenehme Gesichtsbildung aus. Letztere zeigt die für Polynesien charakteristischen Merkmale in besonders hervorstechender Weise, auch sind sich die Markesaner dieser nationalen Eigentümlichkeiten sehr wohl bewußt, die sie auf Götzenbildern und sonstigen Schnitzereien immer betonen. Die Hautfarbe geht durch alle Schattierungen von einem gelblichen Weiß bis zu leichtem Schwarz; die eigentliche Farbe wird aber oftmals völlig verdeckt durch die Tattuicrung, die man in solchem Reichtum und solcher Eleganz nirgens wieder findet. Man erinnere sich der Abbildungen auf Seite 94 und 95 des dritten Bandes.

6*

Und während diese Sitte in anderen Teilen Polynesiens so gut wie abgekommen ist, erhält sie sich hier noch immer in voller Kraft. Die dunkel=blau=schwarzen Linien, welche den Körper vom Scheitel bis zur Zehe wie mit einem enganschließenden Anzug bedecken, lassen einen solchen kaum vermissen. Die

Fig. 15.

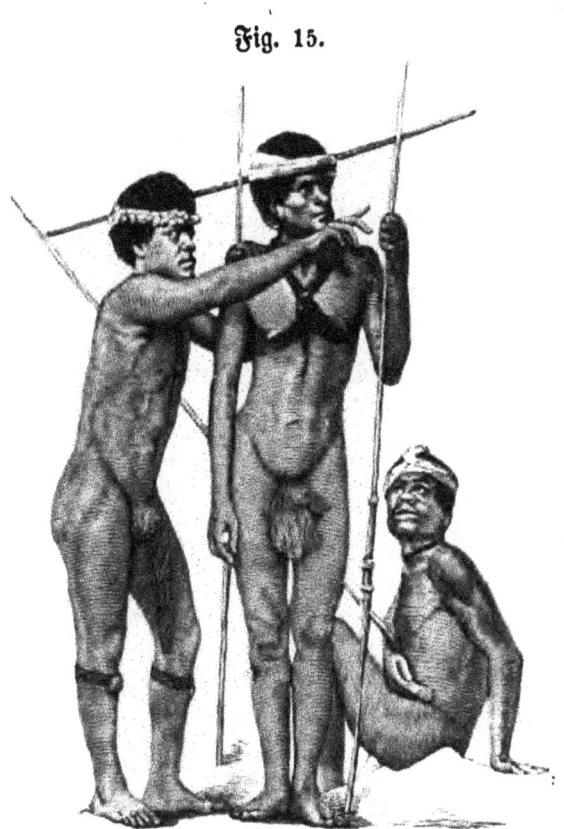

Männer von den Markesas.

Kleidung ist eine höchst einfache; sie besteht meist nur aus einem um die Hüften geschlagenen Stück Zeug, obschon jetzt durch die Missionäre für die Frauen das lange Gewand einge= führt worden ist, dasselbe, welches die Tahitierinnen tragen. Indessen liebt man Schmuck ganz aus= nehmend. Ein Helm aus einem Geflecht von Kokosfasern, mit Platten von Perl= mutter verziert und gekrönt von einem Federbusch vom Tro= pikvogel und Hahn, ein Halsband aus

Zähnen, Büschel von Haaren oder Kokosfasern um Arm und Bein, wie um die Hüften, ein Fächer u. a. m., daß sind die Hauptbestandteile des Galaanzuges eines vornehmen Kriegers, wie ihn unser Titelbild zeigt.

Wenn die Markesaner sich in europäische Kleider stecken, so nehmen sie sich weniger vorteilhaft aus und der unverfälschte

Naturmensch guckt sehr bald aus der Verhüllung hervor. Als ein englisches Schiff in dem Hafen von Taiohaë Anker warf, stattete der von den Franzosen zum König über alle Inseln eingesetzte Mowana, der frühere Häuptling von Nukahiva, unter Begleitung französischer Offiziere dem Schiffe einen Besuch ab. Seine Majestät war mit einer glänzenden Militäruniform bekleidet, welche von Gold und Stickerei strotzte, das kahle Haupt bedeckte ein enormer Dreimaster voll Straußenfedern. Die Königin prangte in einem Gewande von scharlachrotem Tuch; auf dem Kopfe trug sie einen phantastischen Turban von Purpurstoff. Als sie unter der Mannschaft einen alten Matrosen mit Schrift und Malerei auf Brust, Armen und Füßen bemerkte, untersuchte sie diese Bilderei trotz der abmahnenden Blicke der Offiziere aufs genaueste. Endlich brach Ihre Majestät zum Entsetzen derselben alle Etikette dadurch, daß sie plötzlich ihre Kehrseite entblößte, um die dort eintattuierten Figuren auch bewundern zu lassen.

Das Leben wurde den Markesanern immer leicht genug. Ihre Inseln und das Meer boten ihnen die gewöhnlichen Nahrungsmittel Polynesiens zur Genüge, ohne daß sie zu harter Arbeit genötigt worden wären. Sie bereiten den säuerlichen Brei aus der Brotfrucht, kochen in den bekannten Öfen und brauen Kawa durch Kauen der Wurzel gerade wie anderswo. Ebenso sind die Markesaner leidenschaftliche Liebhaber von Branntwein und Tabak. Diese Gewohnheiten haben sie von der europäischen Kultur gern angenommen, aber Menschenfresser sind sie bis heute geblieben. Sie töten Kriegsgefangene, namentlich werden Augen und Herz des gefallenen Gegners verschlungen und zwar roh. Jedenfalls war das Essen von Menschenfleisch ursprünglich eine symbolisch-religiöse Handlung und bei großen Festen fehlten die Menschenopfer niemals. Die Frauen und nichttattuierten Männer durften an solchen Mahlen indes nicht teilnehmen.

Ganz eigentümlich und abweichend von allen anderen in

Inseln	Eingeborene	Andere	Total
Nukahiva	?	?	1215
Uauka	155	—	155
Uapou	314	11	325
Hiva-Oa	2950	104	3055
Taou-ata	400	2	402
Fatuhiva	600	2	602
Zusammen:	?	?	5754

Die Markesaner zeigten stets eine Vorliebe für den Handel, den die einzelnen Inseln eifrig mit einander trieben; so lieferte Hiva-Oa Tapatuch, Fatuhiva Fächer und Nukahiva Kokosöl. die Küsten leiden zwar an Häfen keinen Mangel, die meisten sind jedoch zu tief, auch den plötzlichen Windstößen aus den Schluchten der Berge zu sehr ausgesetzt. Der am besten geschützte und am meisten besuchte Ankerplatz ist in der Bai von Taiohaë an der Südküste von Nukahiva zu finden. Die Einfahrt geht in einem schmalen Kanale zwischen zwei kleinen Inseln hindurch, welche man Sentinelles, Schildwachen, getauft hat. An dem schmalen Uferrande liegt der Hauptort von Nukahiva wie der ganzen Gruppe, gleichfalls Taiohaë genannt. Das auf einem kleinen Hügel erbaute Fort Collet beherrscht den Hafen. Hier wohnt jetzt der französische Resident, welcher mit einem Brigadier und 2 Gensdarmen, 6 Soldaten, einem Lootsen und 10 markesanischen Polizisten die französische Regierung repräsentiert. Auf Hiva-Oa haben die katholischen Missionäre mit vielem Erfolg Baumwollenpflanzungen angelegt, aus welchen sie jährlich einen Gewinn von 40 000 bis 60 000 Mark ziehen. Baumwolle ist überhaupt die vornehmste Kultur der hier angesiedelten Europäer und Amerikaner, welche zum großen Teil eine höchst bedenkliche Vergangenheit hinter sich haben. Verbrecher oder Deserteure, die mit eingebornen Frauen verheiratet sind und ganz wie die Eingeborenen selber leben. Nach dem letzten Census belief sich die Zahl aller Weißen auf 109, dazu kommen 69 Chinesen, welche man als Arbeiter auf den Pflanzungen eingeführt hat,

132 nichtmarkesanische Polynesier. Die Bai von Taiohaë ist seit kurzem fremden Schiffen geöffnet worden, ebenso die Bai von Taahuku an der Südküste von Hiva-Oa, die für größere Schiffe zwar zugänglich, aber leider viel zu schmal ist. In Taiohaë verkehren regelmäßig die zwischen Papeïti und San Francisco fahrenden Schiffe einer amerikanischen Linie mit französischer Subvention.

Den ersten Verkehr mit Europäern verschaffte den Markesanern die 1810 gemachte Entdeckung der Existenz von Sandelholz. Nun ließen sich sehr bald europäische Matrosen hier nieder, nicht gerade zum besten der Eingebornen. Die Londoner Missionsgesellschaft machte vergebliche Bekehrungsversuche und mußte das Feld katholischen Missionären räumen, was Veranlassung zur Besitzergreifung der Gruppe durch die Franzosen gab. Aber die französische Regierung hat hier gar keine Erfolge zu verzeichnen. Nachdem man den Sitz der Regierung bald hierhin, bald dorthin verlegt hatte, gab man 1861 die kostspielige Niederlassung auf und ließ nur einen Residenten in Nukahiva zurück. Später aber hat man auf jede Insel eine Magistratsperson und eine kleine Besatzung gestellt. Welche Erfolge die katholische wie die protestantische Mission hier erzielt haben, ist Bd. III Seite 114 gezeigt worden.

Rapanui und Sala y Gomez.

Von den übrigen polynesischen Inseln durch einen weiten Raum getrennt, liegen als östlichste Vorposten zwei kleine Landfragmente, die Resultate submariner, längst erloschener vulkanischer Thätigkeit. Wohl mag die erste Insel schon 1687 von dem Flibustier Davys gesehen worden sein, ihre eigentliche Entdeckung verdanken wir dem Holländer Roggeween, welcher sie am Ostertage auffand und daher Paaschenland d. i. Osterinsel benannte, ein Name, der jetzt ebenso häufig gebraucht wird wie der einheimische, welchen wir vorziehen. Rapanui hat eine Größe von 118 qkm oder 2,1 Quadratmeilen. Einförmig und hafenlos heben sich die

Ufer der gleich einem rechtwinkligen Dreieck gestalteten Insel aus
den Fluten, lose Stücken rauher Lava bedecken den dürren Boden,
welchen indes das feuchte Klima an Abhängen und in Thälern
genügend zersetzt hat, um eine reiche Vegetation aufsprießen zu
lassen. Das Innere ist mit niedrigen Bergen erfüllt, welche im
östlichen Teile eine Höhe von 400 Meter erreichen.

Die Vegetation der Insel war ehemals von viel größerer
Mächtigkeit. Jetzt finden sich fast nur Sträucher von höchstens
3½ Meter Höhe; eine Edwardsia ist das einzige baumartige
Gewächs. Früher aber war der größte Teil der Oberfläche mit
Wäldern bedeckt, kärgliche Überbleibsel derselben haben sich noch
in einigen Thälern erhalten. Die wichtigsten Pflanzen sind jetzt
Cordyline, wildwachsendes Zuckerrohr und Farne. Wie die Kokospalme, welche gleichfalls ausgerottet worden ist, so würden hier
ohne Zweifel Tabak, Wein, Orangen, Feigen und die Chirimoya
gedeihen in den heißen, zerfallenen Kraterbetten, wo Sonnenhitze
und Feuchtigkeit vereint, ungestört durch den Hauch eines Windes
gleich Treibhäusern eine wunderbare Üppigkeit der Pflanzenwelt
bewirken. Wenn aber die Zahl der Pflanzen schon gering ist,
so ist die der Tiere noch weit beschränkter. Von Säugetieren
gab es auf dem Lande Ratten, im Meere Cetaceen; man hat
nun noch die Ziege eingeführt. Das zahme Haushuhn ist der
einzige Repräsentant der Landvögel, aber Seevögel sind zahlreich.
Unter der sehr armen Insektenwelt sind nur die Hausfliegen als
lästige Plage häufig.

Die Einwohner sind rarotonganischer Abstammung, das beweisen neben ihrer Sprache auch ihre Traditionen, welche auf
Rapa hinweisen. Sie haben alle Charakterzüge der Polynesier,
welche uns dieselben so angenehm machen, ihre Freiheitsliebe, ihren
Frohsinn und ihre Zutraulichkeit, aber sie sind auch nicht frei
von den Lastern, welche die Rasse beflecken, denn sie sind diebisch,
träge und sittenlos. Ihre Freundlichkeit und Gefälligkeit hat
diese zu vertrauensvollen Menschen aber mehr als einmal ins
Verderben geführt. So raubte der amerikanische Walfänger

„Nancy" 1805, weil er Arbeiter brauchte, 12 Männer und 10 Weiber. Die Männer freilich sprangen, als man sie nach drei

Fig. 17.

Ein Steinbild auf der Osterinsel.

Tagen ihrer Fesseln entledigte, sofort über Bord, in der Hoffnung, doch noch ihre Heimatinsel wieder zu erreichen. Dann legten 1863 peruanische Menschenjäger hier ein Sklavendepot an, zu welchem sie die von den umliegenden Archipelen Geraubten schleppten. Dabei führten sie auch den größten Teil der Bewohner von Rapanui fort. Die meisten wurden allerdings auf die kategorische Forderung der französischen Regierung wieder zurückgebracht, leider aber mit ihnen zugleich die Blattern, welche nun große Verheerungen anrichteten. Katholische Geistliche haben hier seit 1866 Versuche gemacht, die Bewohner zum Christentum zu bekehren, ihre Erfolge waren indes so unbedeutend, daß sie sehr bald die Mission aufgaben und mit den wenigen Proselyten nach Mangarewa übersiedelten. (Vgl. Bd. III. S. 114.) Infolge der Entführung durch Sklavenhändler und der nachmals eingeschleppten Blattern ist die Bevölkerung, welche von Cook auf 700, von späteren Reisenden auf 1500 geschätzt wurde, außerordentlich gesunken, und soll jetzt nur noch 600 betragen.

Die größte Merkwürdigkeit der Insel sind die großartigen Steinbauten und Bildsäulen, welche sich hier vorfinden, und die in Anbetracht der unvollkommenen Werkzeuge, über welche die Insulaner zu verfügen hatten, uns in ein größeres Erstaunen versetzen müssen, als die Dolmen der Druiden, die Sonnentempel Perus, die prachtvollen Straßen Mexikos oder die Wunderbauten Altägyptens. Sie haben Forster, welcher mit Cook die Insel erforschte, wie nach ihm alle späteren Besucher in das höchste Erstaunen versetzt. Man vergleiche Bd. III. Seite 102 u. 103.

Noch weiter nach Osten unter 26° 28' südl. Breite und 105° 20' westl. Länge liegt endlich die östlichste der polynesischen Inseln, Sala y Gomez, so benannt nach dem spanischen Seefahrer, welcher sie 1793 entdeckte. Es sind zwei graue, durch niedriges Land verbundene Felsen, welche 4 qkm messen und außer zahllosen Seevögeln von keinem lebenden Wesen bewohnt werden. Eine dauernde Berühmtheit hat dies „Steingestell ohn' alles Gras und Moos" durch Chamissos schönes Gedicht der drei Schiefertafeln erhalten.

Die Viti-Inseln.

1. Allgemeiner Charakter der Gruppe und ihre Produkte.

Der erste Seefahrer, durch den wir von der Existenz dieses Archipels unterrichtet wurden, war der berühmte Tasman, welcher am 5. Mai 1643, von Osten her kommend, Taviuni und Vanua Levu entdeckte. Er nannte die Gruppe Prins Willems Eylanden. Dann blieben die Inseln unbeachtet, bis Cook 1774 Vatoa sah, das er Turtle Island taufte. Kapitän Bligh durchschiffte 1789 den Archipel auf seiner gefährlichen Reise in dem Boote, in welches ihn die aufrührerische Mannschaft seines Schiffes gesetzt hatte, und sah ihn noch einmal drei Jahre später. Kein Europäer aber setzte seinen Fuß an das von Korallenriffen umgürtete Land; auch als Kapitän Wilson Ende 1797 diesen Versuch machte, schreckte ihn die drohende Haltung der Eingeborenen davon zurück. Er brachte in dem Missionsschiffe „Duff" eine Anzahl von Missionären, welche beabsichtigt hatten, auf Viti ein neues Feld für ihre Thätigkeit zu gewinnen. Indes erforschte er doch die östlichen Inseln etwas genauer, entging aber dabei mit genauer Not der Gefahr, an der klippenreichen Küste von Taviuni Schiffbruch zu leiden. Der bedeutende Reichtum einiger Inseln an Sandelholz lockte später Händler hierher, obschon der Verkehr mit den Bewohnern, den ärgsten Kannibalen der Südsee, ein außerordentlich gefahrbringender war. Allein erst d'Urville war es, welcher auf seiner Entdeckungsfahrt in der „Astrolabe" 1827 und auf seiner zweiten

Reise 1838 die Gruppe für die Erdkunde gewann. Eine eigentlich
gründliche Aufnahme machte aber erst der Amerikaner Wilkes
1840, dem 1857 der Engländer Denham folgte. Die seit 1876
durch die englische Admiralität begonnenen hydrographischen
Vermessungen haben die äußeren Umrisse der einzelnen Inseln,
sowie die Lage und Ausdehnung der Riffe sehr wesentlich be=
richtigt.

Über das Innere des Landes etwas zu erfahren, war wegen
der Wildheit seiner Bewohner lange sehr schwer. Das meiste
lieferten die Missionäre, namentlich für die Ethnographie
waren die Mitteilungen von Williams, Calvert und Waterhouse
von höchstem Werte. Über die Geographie des Landes haben
wir besonders Erskine, Pritchard und Seemann viel zu ver=
danken. Seemann, welcher 1860 im Auftrage der englischen Re=
gierung die Viti=Inseln durchforschte, hat vor allem die Flora
eingehend behandelt. Durch Dr. Graeffes 1865 ausgeführte
Durchkreuzung von Viti Levu wurden die topographischen Ver=
hältnisse dieses Gebietes entschleiert, Kleinschmidt, dem sich Buchner
auf seiner Fahrt durch die Südsee anschloß, bereiste größere
Teile, endlich hat Horne, der Direktor des Botanischen Gartens
zu Mauritius, auf Veranlassung des Gouverneurs Sir Arthur
Gordon ein ganzes Jahr dem Studium der Pflanzenwelt von
Viti gewidmet. Indem der Letztgenannte bisher unzugängliche
Gebiete in Viti Levu, besonders aber in dem gänzlich unbe=
kannten centralen Teile von Vanua Levu durchstreifte, ergänzte
er in glücklichster Weise die Resultate seiner Vorgänger.

Der Archipel hat die Neuen Hebriden im Westen, die Tonga=
Gruppe im Osten, die letztere näher, die erstere weiter entfernt. Der
nördlichste Punkt ist die Insel Thikombia in 15° 48′ südl. Br.,
der südlichste Tuvana=i=tholo oder Simonoff in 21° 4′ s. Br.,
der östlichste das Reid=Riff in 181° 38′, der westlichste Viva
in 176° 51′ östl. Länge. Die Vitigruppe erstreckt sich also durch
5 Breiten= und 4½ Längengrade. Die Zahl der Inseln und
Inselchen ist 255, das Gesamtareal beläuft sich auf 20 801

Quadratkilometer oder 377,8 Quadratmeilen, ist also dem des Königreichs Württemberg etwa gleich.

Durch ihre außerordentlich günstige geographische Lage sind die Inseln von vornherein zum Centralpunkt für die im weiten Umkreise liegende Inselflur bestimmt. Ihre kompakten Massen zeichnen sie weit vor den übrigen weithin verstreuten Gruppen aus. Auf der Karte präsentieren sie sich allerdings wie ein kleiner unbedeutender Fleck, aber wie ganz anders erscheinen sie, betrachten wir sie näher! Die beiden Hauptinseln gestalten sich zu kleinen Festländern: die größere dem Großherzogtum Mecklenburg-Schwerin, die kleinere dem Großherzogtum Hessen an Umfang wenig nachstehend.

Hinter dem Silbergürtel einer an den weiten Korallenriffen sich brechenden, nimmer rastenden Brandung gelagert, prangen die Inseln bald in wunderbarer Lieblichkeit, bald in wildromantischer Schönheit. Eine außerordentliche Fruchtbarkeit charakterisiert diese teils vulkanische, teils korallinische Gruppe. Erloschene Krater, hier und dort hervorsprudelnde geiserartige Quellen verraten die erste Ursprungsart. Hohe Kuppen, schöne, kegelförmige Hügel, dann wieder schauerliche Abgründe, phantastische, alten Burgruinen vergleichbare Felsblöcke und Säulen wechseln in unendlicher Mannigfaltigkeit ab mit himmelanstrebenden Bergspitzen und Zacken. Hier und dort hängt wie ein Nest auf luftiger, scheinbar unersteiglicher Felsenkante ein Dorf der Eingeborenen; in tiefer Schlucht rauscht in steinichtem Bett ein Gebirgsstrom, um sich bald schäumend über schwarze Basaltblöcke zu stürzen, bald, eingehemmt zwischen ringsum aufstrebenden Felswänden, sich zum stillen Wasserspiegel auszubreiten. In lieblichen fruchtbaren Thälern ruht der Blick hier auf einer Gruppe schlanker Kokospalmen, dort auf Hainen schattiger Kastanien- und stattlicher Brotfruchtbäume aus, während zwischen wohlbestellten Tarofeldern auch die Banane in üppiger Fülle prangt.

Die Inseln der östlichen Gruppe sind meist kleine, flache

Korallengebilde, mit einer fruchtbaren Erdschicht bedeckt und umgeben von dem gewöhnlichen Gürtel weißen Sandes und dem immergrünen Kranz hochaufstrebender Kokospalmen, denen Hauch und Duft des Meeres Lebensbedürfnis ist.

Aber sich diesen schönen Inseln zu nahen, unternimmt man nicht ohne Gefahr, denn rings um die Ufer lagern sich teils weit ins Meer hinausreichende Küstenriffe, teils nur hier und dort durch enge Straßen geöffnete Barrenriffe, welche bei der Heftigkeit und Unregelmäßigkeit der Strömungen schwer zu passieren sind. Hat aber ein Schiff einmal glücklich den Eingang durch den schmalen Kanal gefunden, welcher das Barrenriff durchbricht, so breiten sich weite, stille Wasserbecken aus, die engen Kanäle werden zu Meeren, in denen die größten Schiffe sich ohne Gefahr bewegen können. Solche Buchten wie der Suva=Harbour an der Südküste von Viti Levu, die Savu=Savu Bai im Süden von Vanua Levu besitzen eine so bedeutende Tiefe, daß selbst bis zu 600 Tonnen messende Schiffe unmittelbar am Ufer anlegen können.

Von einem eigentlichen Gebirgssystem kann auf keiner der Inseln die Rede sein, seitdem die vulkanische Thätigkeit durch zahlreiche Verwerfungen eine Gebirgsbildung geschaffen hat, wie sie verwickelter nicht gedacht werden könnte; das macht Reisen auf den Inseln äußerst beschwerlich. Und doch sind die Erhebungen der höchsten Gipfel nicht bedeutend; auf Viti Levu, Vanua Levu und Taviuni überschreiten sie nicht 1200 Meter, auf den kleineren erreichen sie kaum 600 Meter. Die dichte Vegetation, welche die Berge vom Fuß bis zur Spitze bekleidet, verhindert in vielen Fällen die Fernsicht vollständig, aber von der Höhe des Voma (1220 Meter) und des Mbuke Levu (1143 Meter) auf Viti Levu, den höchsten Bergen dieser Insel, breitet sich vor den entzückten Augen ein prächtiges Panorama aus.

Die Gesteine von Viti sind meist vulkanisch; die zahlreichen Atolls sind natürlich rein korallinisch. Wir finden vorwiegend

Basalt, Trachyt und vulkanisches Agglomerat, auch gewahren wir
Korallenkalk auf manchem Berggipfel, ein deutliches Zeichen
neuerer Hebung. Allein, wie Macdonald, Seemann, Gräffe und
Horne nachgewiesen haben, findet sich auf mehreren Inseln sowohl
Sandstein als Kupfererz, eisenhaltige Gesteine, Gold, Feuerstein
und Graphit. Das Vorkommen dieser älteren Formationen er-
weckt den Gedanken, daß wir es hier mit einem versunkenen Konti-
nente zu thun haben, dessen höchste Gipfel nur noch über die
Wasserfläche emporragen.

Fig. 18.

Heiße Quellen auf Ngau.

Zeichen vulkanischer Thätigkeit zeigen sich uns noch heute.
Zwar sind die zahlreichen, noch immer und am deutlichsten auf
Taviuni erkennbaren Krater längst erloschen, aber Erdstöße sind
durchaus nicht selten und heiße Quellen finden sich an zahlreichen Punkten, so vier allein an der Savu-Savu Bai im Süden
von Vanua Levu, andere an der Nateva-Bucht auf derselben
Insel, auf der Insel Rambi, bei Wai Basanga am Oberlauf des

Singa=Tota auf Viti Levu, am Mbute Levu auf Kandavu, auf
Ngau und an anderen Orten. Daß die Wasser dieser Quellen,
welche in Viti sehr viel von Badenden benutzt werden, wirklich
heilende Kraft besitzen, hat für die Sabu=Sabu=Quellen wenigstens
eine chemische Analyse nicht zu bestätigen vermocht.

Flüsse, welche diesen Namen verdienen, giebt es erklärlicher=
weise nur auf Viti Levu und allenfalls noch auf Vanua Levu.
Infolge der eigentümlichen Verwerfungen der Gebirge bilden die
verschiedenen Wasserläufe ein System der merkwürdigsten Art.
In dicht neben einander hergehenden Thälern ziehen die Flüsse
nach entgegengesetzten Richtungen, und während die Singa=Tota
in so tiefer und enger Schlucht daherrauscht, daß die in ihrem
Grunde liegende Ortschaft Nandrau nur in den Mittagsstunden
von den Sonnenstrahlen erreicht wird, entspringen zahlreiche Zu=
flüsse der Rewa so hart an der nahezu 300 Meter hohen Ufer=
kante, daß man von dort fast einen Stein in das Bett des tief
unten fließenden Bergstromes werfen könnte. Auf dem Wege von
Namosi nach Vienunga kam Horne an einem Punkte vorüber,
auf welchem ehemals eine schattige Citrus decumana stand; die
Früchte des Baumes fielen auf der einen Seite in die Wai=Ndina,
einen Zufluß der Rewa, auf der anderen in einen solchen der
Navua. Schiffbar sind bei dem starken Gefälle wenige der
Wasseradern, trotzdem befahren die Vitier, der Gefahr
trotzend, mit ihren Flößen die meisten derselben. Immerhin
aber müssen bei zunehmender Ansiedelung die Flüsse der beiden
Hauptinseln eine wichtige Rolle im Verkehrsleben der Insel=
gruppe spielen.

Genährt werden die Gewässer von Viti durch die Wasser=
dünste, welche sich beständig an den höheren Abhängen verdichten.
Der südöstliche Teil der Inseln empfängt aber weit mehr Nieder=
schläge als der nordwestliche, weil er dem Südostmonsun zuge=
kehrt ist, der den größten Teil des Jahres über weht. Diese
meteorologischen Verhältnisse sind die Ursache für die weit stärkere
Vegetation auf dem südöstlichen Teil, wo überall dichter Wald

das Land bedeckt, während im Nordwesten auf ausgedehnten, mit
Gras und Farnen bewachsenen Stellen sich nur einzelne Gruppen,
namentlich von Pandanus, finden. Es giebt eine Regenzeit und
eine Trockenzeit, die sich indes nicht so scharf von einander ab=
grenzen wie auf manchen anderen tropischen Gebieten. Die Regen=
zeit reicht vom Oktober bis zum April; das ist auch die Zeit
der furchtbaren Orkane, welche zuweilen große Verheerungen
unter der Vegetation der Inseln anrichten. Selbstverständlich
fallen ihnen auch die leichten Hütten der Eingeborenen und die
ähnlich gebauten der Ansiedler zum Opfer, ein Verlust, der in=
dessen in kurzer Zeit wieder gut zu machen ist. Anders ist es
mit den Pflanzungen, die dann oft gänzlich zerstört werden; auch
die Schiffahrt zwischen den Inseln ist dann in höchstem Grade
gefahrvoll. Die Regenzeit ist zugleich die heißeste Zeit des Jahres,
die aber trotz der tropischen Lage der Gruppe keine ungesunde zu
nennen ist. Die für Europäer gefährlichste Krankheit ist die
Dyssenterie. Die mittlere Temperatur ist an den Küsten 26° C,
in der Trockenzeit fällt das Thermometer bis zu 16°, als
höchste Temperatur hat man 50° C gemessen. Am drückendsten
ist die Hitze, wenn die Nordwinde wehen, die Tokelau der
Eingebornen.

Unsere Kenntnis von der Flora der Vitigruppe hat durch
die Forschungen des schon genannten Botanikers Horne eine
sehr wesentliche Bereicherung erfahren. Wir werden aber noch
manche neue Entdeckung auf diesem Gebiete erwarten dürfen,
wenn einmal die größeren Inseln, welche er nur in einigen
Teilen durchstreifte, völlig bekannt, und die kleineren, kaum
berührten, wissenschaftlich untersucht worden sind. Bisher kennen
wir von einheimischen Gewächsen 1086 Phanerogamen und 245
Farne und Kryptogamen, wovon 620 bezw. 15 dem Archipel
endemisch sind. Dieser Charakter des Endemismus möchte indes
manchen verloren gehen, sobald die Nachbargruppen botanisch
genauer erforscht sind. Was wir aber für die Vitiinseln selber
erwarten dürfen, mögen wir daraus ersehen, daß Horne bei

7*

seinen doch nur beschränkten Reisen von den 635 endemischen Arten allein 330 entdeckte. Im ganzen hat aber die Flora gerade wie die der Inseln des Nordwestens ein überwiegend indisches Gepräge, wie sich das in dem Auftreten einer Menge von Palmenarten, Farnen, Scitamineen, Bambuseen, atmosphärischen Orchideen u. a. ausspricht. Der Wald mit seinen laubreichen Baumkronen läßt wenig Unterholz aufkommen, in der oberen Region wird er indes lichter; dort bekleiden sich die Stämme dichter mit Epiphyten und Lianen. Auf dem waldfreien Savannenboden der Westküste treten aber auch neuseeländisch-australische Elemente auf. Aus der Grasnarbe und dem Farngestrüpp erheben sich neben Pandanus zerstreute Kasuarinen, Acacia laurifolia, Metrosideros, Geschlechter von Dammara, Podocarpus, das freilich jetzt nur noch auf Vanua Levu, vornehmlich auf dessen Westteil beschränkte Sandelholz. In höherem Niveau gewinnt aber auch hier durch bessere Bewässerung die tropische Waldung das Übergewicht. Eine bemerkenswerte Erscheinung ist, daß viele Pflanzen, wie z. B. der Ndralla-Baum, zu Zeiten alle Blüten und Blätter verlieren. Der Mangel an Bäumen auf den nordwestlichen Savannen und die dadurch herbeigeführten klimatischen Nachteile veranlaßten Horne bei seinem Besuch der Vitigruppe der Regierung den Rat zu erteilen, mit der Anpflanzung von Bäumen auf den Hauptinseln bald vorzugehen. Er schloß in seinen Bericht auch die Empfehlung einer Wiederherstellung der so leichtfertig ausgerotteten Sandelholzwälder ein. Die Regierung gestattet daher neuerdings das Niederschlagen von Bäumen überhaupt nur bei gewissem Alter und bestimmter Stärke derselben und hält die Bewohner einzelner Distrikte zu jährlichen neuen Anpflanzungen an.

Sandelholz ist jetzt das wertvollste Holz; ebenso selten geworden ist das harte Vesi (Afzelia bijuga) und Dilo (Calophyllum inophyllum), von denen das letztere auch wegen seines Harzes und des in seiner Frucht enthaltenen Öles wichtig ist. Vorzügliches hartes Werkholz liefern Damanu und Vaivai

(Calophyllum spectabile, C. Burmanni, Serianthes myradenia
und S. Vitiensis). Besseres und zugleich leichter zu bearbeitendes
Holz als die Tanne, sowie wertvolles Harz liefert Dakua
(Dammara Vitiensis); von gleicher Güte sind verschiedene Arten
von Podocarpus: Kau folo, Ko tabua, Lewinimini und Kaufia.
Bauholz wird aber noch immer in verhältnismäßig sehr großen
Mengen eingeführt (1880 für 110733 Mark), indessen sind
neuerdings Sägemühlen sowohl bei Rewa, wie bei Suwa er=
richtet worden, um das einheimische Material zu verarbeiten.
Die vielen, an Kautschuk reichen Bäume sind leider so sehr
über die Oberfläche zerstreut, daß an ein Einsammeln des Saftes
als zu mühevoll nicht gedacht werden kann. Faserpflanzen sind
in großer Menge vorhanden und die Gewinnung der Faser
und ihre Verarbeitung dürfte bei der reichlichen Triebkraft,
welche das Wasser überall unentgeltlich liefert, eine sehr lohnende
Beschäftigung sein. Lichtnüsse (Aleurites triloba) wachsen wild
überall und werden schon in nicht unbedeutenden Quantitäten
nach England und Deutschland exportiert, 1880 im Werte von
70290 Mark. Gerbstoff ist in vielen Rinden enthalten. Das
wichtigste Produkt der Pflanzenwelt ist aber gegenwärtig Kopra,
der getrocknete Kern der Kokosnuß.

Die Kokospalme gedeiht nur an der Seeküste, und obschon
in der Vitigruppe nur an wenigen Stellen mehr als ein be=
schränkter schmaler Rand das schnell aufsteigende hohe Innere
umsäumt, so bietet sich doch ein genügender Raum für aus=
gedehnte Pflanzungen. Von allen Kulturen ist jetzt die der
Kokospalmen bei weitem die wichtigste; sie beansprucht über die
Hälfte des angebauten Areals. Ende 1879 waren überhaupt
mehr als 12000 Hektar unter Kultur; davon waren 6540 mit
Kokosnüssen bepflanzt und immer mehr Areal wird zu diesem
Zwecke verwandt. Der Wert der in der Kolonie hergestellten
und exportierten Kopra betrug 1875, dem ersten Jahre nach der
Annexion, erst 800060 Mark, aber 1880 schon 2179710 Mark,

zu gleicher Zeit wuchs die Ausfuhr von Kokosfaser von 35 920 von 98 400 Mark.

Einen größeren Namen hat sich Viti aber durch seine Baumwolle gemacht. Dieses schöne Produkt von der bekannten „Sea Island" Sorte wurde mit goldenen Medaillen zu Philadelphia 1876 und zu Paris 1878 preisgekrönt, allein außer in den Jahren 1870 und 1871, in denen ungewöhnlich hohe Preise auf dem Londoner Markt gezahlt wurden, haben die Pflanzer kein sehr gutes Geschäft machen können. Gegenwärtig sind 2070 Hektar damit bepflanzt und der Exportwert von Baumwolle bezifferte sich 1880 auf 910 600 Mark. Im Durchschnitt gewinnt man vom Acre (0,4 Hektar) 400 Pfd. Baumwolle, durch die Reinigung gehen 75 Prozent verloren, so daß man also als Erträgnis 100 Pfd. reine Baumwolle hat. Indessen giebt man die Baumwollenkultur mehr und mehr auf und wendet sich dem Zuckerrohrbau zu. Eine besondere und sehr gute Art von Zuckerrohr ist heimisch auf den Vitiinseln, deren Boden und Klima der Kultur außerordentlich zusagen, so daß sich dieselbe auf den verlassenen Yams= und Taropflanzungen stets zuerst ausbreitet. Horne fand 22 verschiedene Arten. Geeignete Ländereien finden sich überall sowohl in dem Inneren von Viti Levu als an den Ufern der Flüsse Rewa, Singatoka u. a., in vielen Strichen von Vanua Levu, Taviuni, Rambi, selbst auf Ovalau und einigen kleineren Inseln. Die Zuckerkultur steht aber bisher noch in ihren Anfängen, 1880 waren nur mehr 864 Hektaren so bebaut, allein sie hat ganz ohne Zweifel eine sehr große Zukunft. Der Export von Zucker belief sich 1875 erst auf 68 340, aber 1880 auf 418 414 Mark, eine Summe, welche sich weit höher stellen müßte, wenn man rationeller verführe und das Zuckerrohr nicht schneiden wollte, ehe es zu vollkommener Reife gelangt ist. Dazu wurde man früher häufig gezwungen, weil keine Zuckermühlen von genügender Größe da waren, um das Rohr schnell zu verarbeiten. In den letzten Jahren haben aber Kapitalisten in Neusüdwales eine großartige Mühle in der neuen Hauptstadt

Suva errichtet, welche das Zuckerrohr auf seinen wahren Gehalt zu pressen imstande sein wird.

Große Striche Landes im Inneren von Viti Levu, Vanua Levu, Taviuni, Teile von Rambi, Ovalau u. a. scheinen indes für Kaffee weit geeigneter zu sein als für irgend ein anderes Produkt. Die Kultur wurde von der Regierung sofort nach der Besitznahme in jeder Weise gefördert und große Mengen von Kaffeesamen ins Innere gesandt, um dort Kaffeegärten für die Eingeborenen anzulegen. Jetzt besteht schon eine Anzahl von Kaffeepflanzungen in verschiedenen Teilen von Viti Levu, Vanua Levu und Taviuni, und der Export, welcher sich 1877, in welchem Jahre der erste Kaffee ausgeführt wurde, auf 3360 Mark belief und 1878 nur 300 Mark betrug, stieg 1880 auf 148300 Mark und die mit jungen Kaffeebäumen bepflanzte Fläche umfaßte 611 Hektar.

Andere Pflanzen, deren Anbau schon mit Erfolg versucht wurde, sind Kakao (Theobroma Cacao), Zimmt, Gewürznelken und Vanille. Um diese und ähnliche Kulturen mit Gewinn zu betreiben, bedarf es aber der Erfahrung, welche die Ansiedler von Viti in der Regel nicht besitzen. Tabak gedeiht ebenfalls sehr gut; da man es aber noch nicht versteht, die Blätter richtig zu behandeln, so ist das Produkt, welches schon in nicht unbedeutenden Mengen ausgeführt wird, der Qualität nach ein sehr geringes. Daß der Theestrauch und der Chinarindenbaum auf vielen Inseln günstige Bedingungen finden würden, ist nachgewiesen. Und ganz ohne Zweifel würde sich der Anbau aller Arten tropischer Früchte zur Versorgung Neuseelands und des extratropischen Australiens, auch des westlichen Amerikas trefflich lohnen. Die bisher gemachten Anfänge sind kaum nennenswert.

Die Vitiinseln besitzen auch eine Anzahl von Pflanzen, deren heilkräftige Eigenschaften die Eingeborenen von jeher sehr wohl kannten. Dr. Seemann versichert aber, daß es sehr schwer hält, etwas darüber zu erfahren, indem die glücklichen Besitzer dieser Kenntnis sich wohl hüten, ihr Geheimnis, zugleich ihre Einnahme=

quelle, zu verraten und anderen zugänglich zu machen. Indessen fand er, daß man die Blätter des Kura (Morinda citrifolia) über dem Feuer erwärmte, ihren Saft in Geschwüre auspreßte und die Blätter wie einen Verband darauf legte. Die Rinde des Danidani (Panax fruticosum) brauchte man gegen Entzündungen des Kehlkopfes und des Gaumens. Die blutreinigenden Eigenschaften der Sassaparilla, welche sich überall vorfindet, sind sehr wohl bekannt, man braucht aber hier nicht die Wurzel, vielmehr die Blätter, welche man wie die Kawawurzel, hier Angona genannt, kaut, um aus ihnen einen Trank zu bereiten. Stark purgierend wirken die Blätter des Vasa oder Rewa (Cerbera lactoria), während die des Laka (Plectranthus Forsteri) Augenentzündungen und Kopfschmerzen heilen sollen. Diese beiden letzten haben ein angenehmes Aroma, ebenso wie Adenosma triflora, eine Sumpfpflanze, welche als Heilmittel gegen Husten und Erkältungen angewendet wird, wogegen man auch die Blätter eines am Strande vorkommenden Strauches, des Sinu Mataiavi (Wikstroemia Indica), gebraucht, dessen Rinde Wunden heilt. Die Einwohner von Somo Somo füllen ihre hohlen Zähne mit den zu einem Brei zerkauten Blättern von Vulokaka (Vitis trifoliata), womit ihr Meeresstrand dicht bedeckt ist. Daß das Öl der Dilonuß ein vortreffliches, äußerlich anzuwendendes Mittel gegen Rheumatismus ist, haben Europäer oftmals erprobt.

Die Tierwelt der Vitigruppe ist eine außerordentlich ärmliche. Die Europäer fanden von Säugetieren nur Schweine und Hunde, eine Rattenart und fünf Arten von Fledermäusen vor. Die Schweine haben sich hier, wie auf allen Südseeinseln, massenhaft vermehrt, und werden überall von den Eingeborenen gezogen. Pferde, Rinder und Schafe sind von den Ansiedlern und zwar erst seit kurzer Zeit eingeführt worden; sie gedeihen alle in vorzüglichem Maße. Man zählte 1878 ca. 200 Pferde, 3000 Rinder und 3000 Schafe, aber 1880 schon 360 Pferde, 5000 Rinder und 4750 Schafe. Angoraziegen werden auf einigen Inseln in größeren Herden gezüchtet, auf der kleinen Insel

Nananu an der Nordküste von Viti Levu besitzt ein dort einsam wohnender Engländer schon 3000, kleinere Herden befinden sich auf anderen Inseln und so günstig sind diese Versuche verlaufen, daß das Angorahaar von Viti auf der Weltausstellung zu Sydney mit einem Preise gekrönt wurde.

Reicher an Arten ist die Vogelwelt, lauter indische oder australische Geschlechter. Man kennt zwei Falken und eine Eule, 5 Arten von Papageien (Domicella und Pyrrhulopsis), darunter der früher wegen seiner schönen Färbung hochgeschätzte Corphilus solitarius, für dessen Besitz die Tonganer ehemals die höchsten Preise zahlten, ja selbst ihre Weiber und Töchter hingaben, der auch von Händlern sehr begehrt war. Ferner finden sich hier zwei Arten von Eulen, eine rote und eine schwarze: Ngandamu und Nga loa, neun Taubenarten, darunter eine große, deren rauhes „Huhu huhuhu" Buchner an das Bellen eines Hundes erinnerte, Finken u. a. Von Amphibien giebt es 10 Arten von großen, aber unschädlichen Schlangen, 15 Arten von Eidechsen, darunter der prächtige, grüne Choroscartes fasciatus, ein Baumbewohner, und einige Frösche. Die Insektenwelt ist zwar an Individuen reich, an Arten aber arm; am unangenehmsten bemerkbar machen sich die äußerst lästigen Moskitos und die allzu häufigen Tausendfüße, sowie die Ameisen, von welchen 10 Arten bekannt sind. Schmetterlinge und Käfer prangen in schönen Farben; ihnen hat man neuerdings die ligurische Biene zugesellt, welche in dem fremden Lande sehr wohl gedeiht.

Fische enthalten sowohl die Flüsse als die umliegenden Meeresgewässer in großer Zahl und reicher Mannigfaltigkeit. Eine Art Süßwasserhai macht die Gewässer des Rewaflusses unsicher und im Meere kennt man neun Arten dieses viel gefürchteten Seetyrannen. Außerdem giebt es vier Cetaceen und die in den Wassern des Stillen Oceans gewöhnlichen Geschöpfe finden sich auch hier. Unter den vielen schönen Muscheln schätzt man die orangefarbene Kaurie (Cypra aurantium) am höchsten und verwendet sie vielfach zu Schmucksachen, Austern werden aber wegen mangelnden. Schutzes immer seltener. Noch finden sich aber an den Riffen Perlmuscheln und die Trepangfischerei bleibt gleichfalls lohnend, wie auch die Schildkröten teils durch ihre Schalen, teils durch ihr „grünes Fett" die Exportlisten schwellen. Hummern und Krebse giebt es an einigen Inseln zu Zeiten in Fülle und auf mehreren kleineren kommt ein Land= krebs, Agavule, vor, der, wie ein Verwandter auf Samoa, die Kokospalme zu erklimmen und die Nüsse anzubohren versteht. Auf Vatu·Lele fand Kleinschmidt als `brillante Staffage einer großen Salzwasserhöhle einen ca. 8 Centimeter langen garneelen= artigen, scharlachroten Krebs (Stenopus hispidus), der nur dort zu finden sein soll. Nach der Sage erhielten einst die Bewohner von Vatu Lele bei einem Feste auf Viti Levu, zu dem sie feierlich geladen waren, nichts als gekochte Krebse, nahmen diese zum Be= weise so schlechter Behandlung in ihre Heimat und schleuderten sie dort unwillig in jene Höhlen wo sie sich zum ewigen An= denken an jene Geschichte fortpflanzten.

2. Die Hauptinseln.

Viti Levu d. i. Groß=Viti ist die größte, am meisten be= völkerte und auch die politisch wichtigste Insel der ganzen Gruppe. Sie mißt 11 600 qkm oder 210,7 □.=M., beansprucht also mehr als die Hälfte des Gesamtareals des Archipels. Zu Viti Levu gehören noch einige kleine Nebeninseln: Vatu Lele und Mbengha im Süden, Malolo und die Hudsonsinseln im Westen, außerdem noch eine Anzahl kleinerer, unter denen das Inselchen Mbau in der gleichnamigen Bai am Ostrande deshalb von Bedeutung ist, weil es früher der politische Mittelpunkt der Insel war und noch jetzt die Residenz des früheren Königs Thakom= bau ist. Alle diese Inseln messen aber nicht viel über 2 Quadrat= meilen. Die Hauptinsel ist durchaus gebirgig, nur an wenigen Stellen existieren kleinere Ebenen, eine größere allein an der Mün= dung des bedeutendsten Flusses der ganzen Gruppe, des Wai Levu, welcher sich in vier größeren Armen, ein umfangreiches Delta bildend, ins Meer ergießt. Seine beiden Quellflüsse Wai ni Mbuka und Wai ni Mala, sowie die von rechts kommenden Nebenflüsse Wai Ndina und Wai Manu führen ihm bedeutende Wassermassen zu. Pickering berechnete die Wassermenge, welche der Strom in der trocknen Jahreszeit durch alle seine Mündungen in die See hinauswälzt, auf 1 500 000 Kubikfuß in der Minute und in den nassen Monaten soll sich dieses Volumen um das Fünffache erhöhen. An seiner Mündung bei Rewa, einem großen

Fig. 19.

Ovalau, Mbau und Ngau von Biti Levu gesehen.

Dorfe, dessen Namen der Fluß auch selber führt, hat er eine Breite wie die der Themse bei London und noch 150 Kilometer weit hinauf behält er eine solche Tiefe, daß er mit flachen Fahrzeugen befahren werden kann; Schiffe von 15 Tonnen können noch bis zur Vereinigung der beiden Quellflüsse gelangen. Diese entspringen an den südlichen Abhängen der Bergkette Tavua Raki Raki, welche sich in geringer Entfernung vom Meere an der Sakau=Bai und östlich von dieser hinzieht. Hier entspringt auch der längste Fluß von ganz Biti, die Singa Toka, welche aber nur auf einer kleinen Strecke ihres Unterlaufes von größeren Fahrzeugen benutzt werden kann, nachdem diese glücklich über die etwas gefährliche Barre an der Mündung gelangt sind. Weiter aufwärts verhindern Stromschnellen und starkes Gefälle die Benutzung dieses Wasserweges, Mängel, welche auch den anderen Flüssen: Koroi Luba Navua, Nandï, Ba u. a. anhaften.

Die Insel ist sehr fruchtbar in ihren meisten Teilen, für die Kultur von Kokospalmen aber nicht so geeignet wie Vanua Levu. Seitdem aber Suva an der Südostküste zur Hauptstadt des ganzen Archipels erklärt worden ist, gewinnt sie mehr und mehr an Bedeutung. Suva hat den Vorteil, in seiner Umgebung genügenden Raum für die Entfaltung einer großen Stadt zu gewähren, ein Vorteil, dessen Levuka entbehrt. Augenblicklich zählt die Bevölkerung indes wenig über 200 Seelen; eine große Zuckermühle und ein bedeutendes, englisches Handelshaus machen den Ort indes zu einem der wichtigsten der Gruppe. Ein hier domizilierter Küstendampfer verkehrt regelmäßig mit den bedeutenderen Plätzen. In diesem Teile der Insel, sowie in dem gerade entgegengesetzten im Westen im Badistrikt sind recht ansehnliche Tabakpflanzungen angelegt worden. Die junge Hauptstadt steht aber noch in ihren ersten Anfängen. Die rechtwinklig ausgelegten, teilweis auch schon makadamisierten Straßen werden von wenigen einfachen Regierungsgebäuden, von einigen Läden, zwei Wirtshäusern, einem Zollhaus, einem Hospital für melanesische Arbeiter und ein paar Wohnhäusern gebildet. Leider ist das Trinkwasser, worauf die Bewohner angewiesen sind, nichts weniger als gut.

Vanua Levu ist die zweite Insel des Archipels und mißt mit Einschluß kleiner Küsteninseln 6406 qkm oder 116,3 □.-M., ein großes Landfragment, von welchem die von Nordost her tief einschneidende Natewa-Bai eine Halbinsel nahezu lostrennt. Diese Bai, auch Na Bai Tui Matei d. i. totes Salzwasser genannt,

ist trotz ihrer Größe der Schiffahrt leider von gar keinem Nutzen,
denn sie ist so tief, daß Ankergrund nur ganz nahe am Lande zu
finden ist, und sie ist ganz schutzlos. Der schmale Isthmus bil=
det für die Eingeborenen fast gar kein Hindernis, um aus der
Tiefe der Bai an die Südküste der Insel zu gelangen. Zwar
nimmt diese Landenge ein nach beiden Seiten steil abfallender
Landrücken ein, aber wenn die Schiffer, von der Nateva=Bai
kommend, ihre Boote hinübergezogen haben, so gelangen sie in
einen Salzsee, aus welchem ein Flüßchen zum Meere führt. So
wird der Weg bedeutend abgekürzt. Eine andere große Bucht
ist die Savu Savu=Bai an der Südküste mit vier heißen Quellen
bei Wai Levu, im Westen die Mbua= oder Sandelholzbai und
die Ruku Ruku=Bai, die beiden ersten gute Ankerplätze, die letztere
durch Bänke gefährdet. Die Insel ist zwar bergig, enthält
aber doch größere, ebene Gebiete, aber nur einen Fluß von Be=
deutung, den Ndreketi, welcher 40 Kilometer von seiner Mündung
aufwärts schiffbar ist, während die übrigen nur auf kurze Strecken
von leichten Booten befahren werden können. An der Savu
Savu=Bai, an welcher sich bedeutende Kokospflanzungen befinden,
werden jetzt mit Hilfe von Sträflingen Straßen vermessen und
angelegt, welche die Ansiedelung bedeutend fördern müssen.
Vanua Levu wird durch die Somo Somo=Straße von

Taviuni getrennt, welche vielleicht als die lieblichste und
fruchtbarste Insel des ganzen Archipels bezeichnet werden muß.
Man hat sie den Garten von Viti genannt. Sie mißt 553 qkm
und wird im Inneren völlig von Gebirgen eingenommen, welche
in einem ausgebrannten, 1200 Meter hohen Vulkan ihre höchste
Erhebung finden. Diesen Krater füllt ein ansehnlicher See,
welcher, im Westen seine Umfassungsmauer durchbrechend,
schäumend von Stufe zu Stufe stürzt, bis er in der Ebene an=
gelangt in ruhigem Laufe den Hauptort der Insel Somo Somo
an der Westküste durchfließt. An dieser Westküste, die zwar
weniger reichlich mit Niederschlägen bedacht und daher ärmer ist
als die Ostküste, die aber Schiffen einigen Schutz gewährt, haben

sich Europäer niedergelassen. Zuckerplantagen und eine Zucker=
mühle, Kaffee=, Mais= und Kokospflanzungen, Rinder= und Schaf=
herden, Kirchen, Schulen und ein Wirtshaus bezeugen den An=
marsch europäischer Civilisation. Vierte der Größe nach im
Archipel ist die südlich von Viti Levu gelegene und von diesem
durch die Kandavu=Passage getrennte Insel

Kandavu, ein langgestrecktes und zweimal zu einem Isth=
mus von äußerst geringer Breite zusammengeschnürtes Land=
fragment, 535 Quadratkilometer groß. Die Insel ist durchaus
bergig, ganz am äußersten Südwestende erhebt sich der 838 Meter
hohe Mbukele wu, ein konischer, ausgebrannter Vulkan, an dessen
Fuß warme Quellen sprudeln und den bis zu seinem Gipfel
dichter unwegsamer Wald bedeckt. Seemann, Kleinschmidt und
Buchner haben diesen Berg nicht ohne viel Mühe erklommen,
die beiden letzten übernachteten auf demselben nahe der großen
immer feuchten Vertiefung an der nordwestlichen Spitze, welche
der ehemaligen Krateröffnung ihre Form verdankt. So dicht
war aber selbst dort oben die üppig wuchernde Vegetation, daß
mit Anspannung aller Kräfte eine Gasse gehauen werden mußte,
um einen nun auch herrlich lohnenden Blick auf die drunten
liegende Landschaft mit dem alles umspannenden Meer zu ge=
winnen. Nordöstlich, wo sich das Land zu dem Isthmus
Yarambali verengt, liegt an der Südostküste an den Ufern
des die gleichnamige Insel umschließenden Ngaloa Harbor das
Örtchen Wai Levu, einst ein belebter Platz, als noch die Dampfer
der Pacific Mail Company hier anlegten, um dem von Levuka
herüberkommenden Dampfer seine Fracht an Gütern und Passa=
gieren abzunehmen und dieselben nach San Francisco oder
Auckland zu führen. Das hat aufgehört und damit ist Wai
Levu der Vergessenheit anheimgefallen. Immer noch ist Kandavu
eine der am stärksten bevölkerten Inseln der Gruppe, denn es
zählt an 10 000 Bewohner. Von den übrigen bewohnten Inseln
sind noch nennenswert das kleine, aber malerische Wulanga, das
in stürmischem Wetter dem Seefahrer einen Zufluchtsort ge=

währt, Moala, Koro, Nairai, Totoya, Narua, Moenga, Matuku, das letztere vielleicht am lieblichsten von allen, Lakemba mit ca. 2000 Einw. und Vanua Mbalavu, das lange Land, mit dem Hafen Loma Loma, der wie Levuka und Suva ein Zollhaus besitzt. Endlich die kleine Insel Ovalau, bisher die am meisten genannte von allen, weil sich auf ihr der weitaus wichtigste Ort der Gruppe und der Centralpunkt ihres ganzen Handels befindet.

Fig. 20.

Levuka.

Levuka liegt an der Ostseite der Insel, gerade gegenüber von zwei Öffnungen in dem Korallenriff, welches die ganze Insel umzieht. Diese beiden, recht guten Einfahrten sind der Levuka= und der Wakaya=Kanal. An dem schmalen Strande entlang und am Fuße der Berge, welche, plötzlich aufsteigend und nur mit den höchsten Felskanten aus der reichen tropischen Pflanzen= decke herausragend, als prächtiger Hintergrund zu dem lieblichen Bilde dienen, ziehen sich in langer Reihe weißgetünchte Häuser

bis zum Südende der Bai, wo die einfachen früher vom Gouver=
neur und seinen nächsten Beamten bewohnten Häuser das Örtchen
Nasova bilden. Landungsbrücken und Werften sind überall vor
den zahlreichen Warenhäusern gebaut, acht Wirtshäuser und eine
Menge von Läden sind neben einander verstreut, zwei Banken
(New Zealand und Union) unterhalten hier Kommanditen,
andere Finanz= und Versicherungsgesellschaften bestehen in großer
Zahl, ebenso eine Handelskammer, ein Verein der Pflanzer, ein
Hospital, ein Handwerkerverein mit Bibliothek von 2500 Bän=
den. Es erscheinen hier vier Zeitungen, darunter eine, Ne Mata,
in der Sprache der Eingeborenen. Hier haben auch drei Kon=
suln: für das Deutsche Reich, für die Vereinigten Staaten und
für Italien ihren Sitz. Die Einwohner, deren Zahl sich auf
600 beläuft, sind ein wundersames Gemisch von Nationalitäten,
unter welchen Briten, Deutsche und Franzosen allerdings über=
wiegen, unter denen sich aber neben Angehörigen verschiedenster
europäischer Staaten auch Asiaten, Afrikaner, Amerikaner und
Polynesier zahlreich vorfinden. Daher sind auch vielfache
Religionen vertreten, unter den kirchlichen Gebäuden nimmt die
mit einem Glockengeläut ausgestattete katholische Kirche den ersten
Platz ein; neben ihr die hübsch gebaute englische Kapelle.

3. Die Vitier.

Die Bewohner dieser Gruppe gehören ganz ohne Zweifel
zum melanesischen Stamm, aber die Vitier unterscheiden sich in
außerordentlich hohem Maße von den übrigen Melanesiern,
welche sie durch ihre höhere geistige Bildung weit überragen.
Sie nähern sich darin den Polynesiern, denen sie aber doch nicht
gleichkommen. Von jenen ist ihnen vieles gebracht worden, das
sie sich gelehrig angeeignet haben. Namentlich sind die Tonganer
ihre Lehrmeister gewesen, welche mehrere Niederlassungen auf
Viti gründeten, was Veranlassung zur Entstehung eines, vor=
nehmlich auf den Lakemba=Inseln zu findenden Mischvolkes
gegeben hat, das mit dem Namen Kaitongaviti bezeichnet wird.

Ebenso hat sich der Einfluß des nördlich liegenden Rotumah auf
die Nordküste von Vanua Levu bemerkbar gemacht.

Die Bevölkerung ist früher weit stärker gewesen; denn wenn

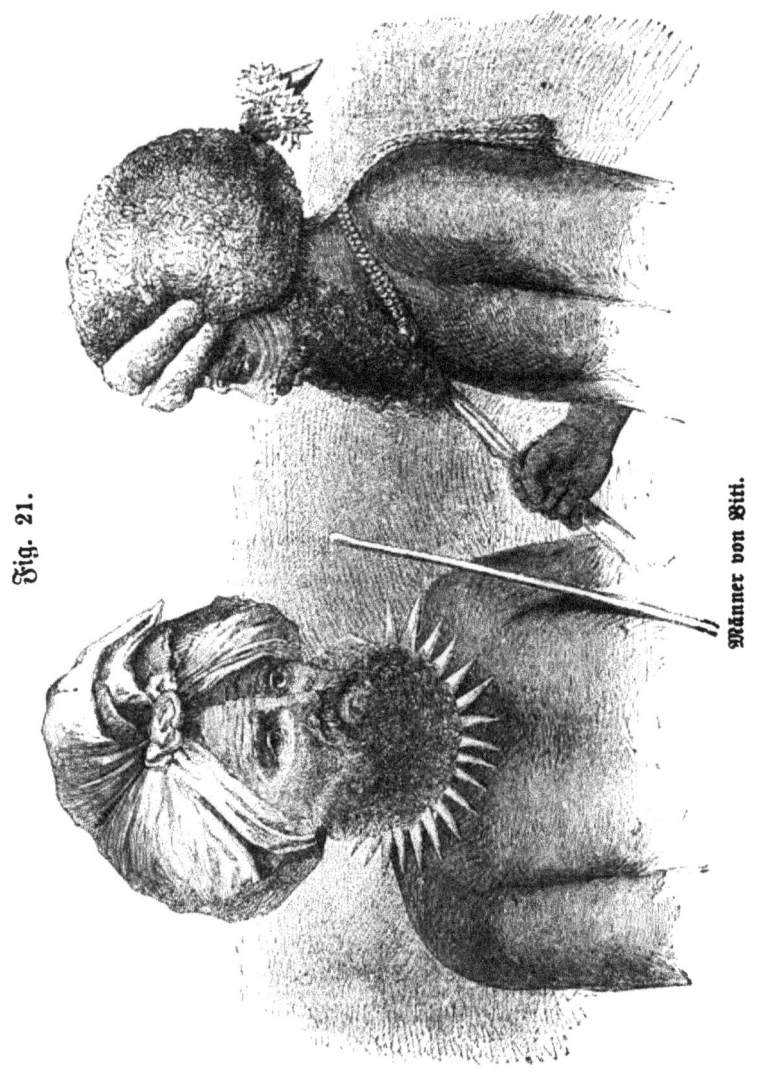

Fig. 21.

Männer von Viti.

auch die Angabe, daß bei Ankunft der europäischen Einwohner
200 000—300 000 Eingeborene die Inseln bewohnt haben, viel
zu hoch gegriffen ist, so kann man doch die Schätzung, welche

in 1871 für Viti Levu 70 000, für Vanua Levu 33 000 und für die ganze Gruppe 146 000 rechnet, als annähernd richtig annehmen. Durch eine furchtbar wütende, von Sydney einge= schleppte Masernepidemie wurde die Bevölkerung 1875 schrecklich dezimiert; man schätzte den Verlust auf 40 000 Menschenleben. Seitdem ist aber eine Zunahme konstatiert worden, denn der Census von 1881 ergab 115 635 Seelen (61 836 männl., 53 799 weibl.), ob aber diese Zunahme eine wirkliche oder nur das Ergebnis einer genaueren Zählung ist, läßt sich nicht feststellen. Es ließe sich aber wohl der erstere erfreulichere Fall als der wahrscheinlichere annehmen, da Kriege und Menschenfresserei mit Beginn der englischen Herrschaft endgiltig aufgehört haben, die Reihen der Vitier zu lichten.

Die Vitier sind schöne, schlanke und muskulöse Menschen, nicht so groß wie die Tonganer, aber im Durchschnitte länger und kräftiger als die Europäer, mehr von gleicher Größe und Entwickelung ohne die bei uns vorkommenden Extreme. Nament= lich unter den Vornehmen sieht man sowohl bei Männern als bei Frauen hohe, prächtige Gestalten. Sie sind fast durchweg äußerst kräftig gebaut, mit kurzem Hals, breiter Brust und starken Gliedern. Die Form des Gesichtes bildet ein schönes Oval, die Gesichtszüge sind meistens angenehm, oft edel, selten so roh, wie man sie bei diesen schlimmsten Kannibalen erwarten möchte. Die horizontal geschlitzten Augen sind dunkelbraun, die Nase ist breit, die Nüstern sind wie bei den Polynesiern etwas weit geöffnet, die Jochbogen wenig vorspringend. Der Mund ist sinnlich voll, ohne unschön zu sein; zwischen den starken Lippen zeigen sich zwei Reihen herrlicher Zähne, das Kinn ist meist kurz und breit. Zuweilen erinnert die vorn etwas dicke, aber nicht unschöne Nase an arabische Physiognomieen. Unter den jüngeren Weibern sieht man anmutige, zuweilen sehr üppige Gestalten mit freundlichen Zügen, sehr bald nähern sie sich aber allzusehr dem männlichen Typus, auch werden sie sehr rasch welk und alt. Die Farbe der etwas rauhen Haut ist schokolade=

bis rotbraun, bald heller, bald dunkler. Von dem bläulichen Schimmer, den sie nach Gerland, Peschel u. a. haben soll, konnte Buchner nichts bemerken. Die eigentliche Farbe wird auch durch das allgemeine Salben mit Kokosöl und das Bemalen mit dem gelben Curcuma sehr oft ganz unkenntlich. Die polynesische Sitte des Tattuierens war früher bei Häuptlingsfrauen im Gebrauch und beschränkte sich auf markgroße Flecke an den Mundwinkeln. Auf das schwarze Haar, welches gleichmäßig über den ganzen Kopf und nicht, wie behauptet worden ist, in Büscheln wächst, verwandten die Männer ehemals viel Sorgfalt, indem sie sich bestrebten, dasselbe so hoch wie möglich aufzubauen, so daß mächtige Perrücken entstanden, welche sogar geeignet waren, die Wucht von Keulenschlägen abzuschwächen. Die Köpfe erhielten dadurch zuweilen einen ganz erstaunlichen Umfang. Manche solcher Perrücken glichen dem bayerischen Raupenhelm. Zur Verschönerung, auch zur Vertilgung der zahlreichen Insassen wurde das Haar dann häufig mit Kalk rot gefärbt. Zur Herstellung einer solchen Haarkrone brauchen darin besonders geschickte Künstler nicht selten sechs Stunden. Die Frauen schnitten früher die Haare kurz ab, wie es jetzt die Männer überall da thun, wo die Missionäre gebieten.

Wenn der Vitier ruhen will, so setzt er sich nicht nach unserer Weise. In der Hütte sitzt er gewöhnlich mit gekreuzten Beinen auf seiner Matte, im Freien aber liebt er zu hocken, die Sohlen ruhen voll auf der Erde, während er förmlich auf den Waden sitzt.

Die Kleidung bestand früher für die Männer in dem Malo, einem schmalen Stück Tapa mit zwei herabhängenden Enden, von denen das hintere bei Vornehmen oft lang nachschleppte. Die Weiber banden um die Hüften den Liku, einen 50—80 Centimeter langen Rock aus schmalen Schilfblättern, die an einen Strick aus Kokosfasern angereiht waren. Diese Tracht ist auch noch im Inneren von Viti Levu üblich. Sonst bekleiden sich jetzt beide Geschlechter mit dem Sulu, einem klafterlangen Stück Baumwollzeug. Zum Fischen ziehen die Weiber aber noch immer den Liku an.

Nachts schläft der Vitier auf den Matten des Fußbodens ohne jede Decke, neben ihm brennt, um die Moskitos abzuhalten, ein kleines Feuer an der Wand, welches er zuweilen mit einem Fächer belebt, sein Kopfkissen ist ein dickes Stück Bambusrohr auf zwei Füßen. In den sehr kühlen Nächten sind daher Erkältungen häufig genug.

Die Hütten sind mit einigen Abweichungen sämtlich nach einem System gebaut, niedrige, viereckige Bauten aus massiven Pfosten, zwischen welche Laubwerk, Palmblätter oder Schilfrohr in verschiedenen Mustern durch Kokosbast befestigt werden. Bei den hohen und spitzen Dächern aus Palm- und Zuckerrohrblättern oder Gras ragen die schwarz gekohlten und nach außen konisch verdickten Dachbalken einen Meter weit vor. Sie sind gewöhnlich mit Muscheln verziert und, wie das Holzwerk im Inneren des Hauses, durch herumgewundene Kokosstricke geschmückt. Die Thür, welche immer an dem schmalen Ende (zuweilen auch an beiden) angebracht ist, wird durch einen Vorbau kurzer Pallisaden gegen die frei umherlaufenden Schweine geschützt. Sie ist fast immer so niedrig, daß man hineinkriechen muß. Der Boden des gewöhnlich einen einzigen Raum bildenden Inneren ist dicht mit Farnkraut belegt, über welches Matten gebreitet sind. Diese Matten sind das Bett des Vitiers und sie werden namentlich bei den Vornehmen äußerst reinlich gehalten. Bei den Geringeren befindet sich auch der große Feuerplatz zum Kochen in der Hütte. Hier liegen nahezu horizontal große, schwere irdene Töpfe, deren Form ganz genau dem Nest der Töpferbiene nachgeahmt, aber zu dem Durchmesser von einem halben Meter vergrößert ist. In diese Töpfe wird alles, was gekocht werden soll, geschoben und gegossen, und die enge Öffnung dann mit einem Stöpsel aus Cordylineblättern verstopft.

Das Kochen in Töpfen ist ganz melanesisch. Die Polynesier

kennen diese Art der Kochkunst nicht, sie haben es auch nie ver=
standen, Gefäße aus Thon herzustellen. Darin zeigen die Vitier
aber eine ganz besondere Geschicklichkeit. Die am gewöhnlichsten
vorkommende Form. ist die schon erwähnte des Nestes der Töpfer=
biene, man hat solche Gefäße von allen Größen: kleine Schalen,
wenige Decimeter hoch, und große Kochtöpfe von ein Meter Tiefe.
Vier bis sechs kugelförmige Gefäße von der Größe einer Orange
sind durch Röhren mit einander verbunden, in gleicher Weise rohe
Nachbildungen von Kanus, Schildkröten u. dgl.

Fig. 22.

Die Küche eines Häuptlings.

Die Töpferei ist Sache der Frauen, welche sich dabei keiner
anderen Hilfsmittel als eines runden Steines und eines löffel=
artigen, hölzernen Werkzeugs bedienen. Den Thon mischt man
zuerst mit feinem Sande und rollt ihn sodann in lange Würste,
welche so auf einander gelegt werden, daß sie den Boden des
werdenden Gefäßes bilden. Dann giebt die Arbeiterin mit dem
hölzernen Löffel der Außenseite die gehörige Form, während sie

mit der linken Hand einen runden, glatten Stein gegen die Innenseite hält. So wird Lage auf Lage aufgebaut, bis zu dem engen Hals, der nur Raum für einen kleinen Finger läßt. Dann wird die Außenseite mit sehr sorgfältig gearbeiteten, geometrischen Mustern oder mit erhabener Arbeit verziert. Nun läßt man die Töpfe in einem Haufe 6—8 Tage zum Trocknen stehen und bringt sie dann zu einer geschützten Stelle zwischen der See und irgend einer hohen Felsenklippe. Hier werden Haufen von Reisig zusammengelesen, auf diese legt man die Töpfe, welche man nachher mit trocknem Gras und dünnen Zweigen bedeckt. Das Holz wird angezündet und die Töpfe nach einer gewissen, kurzen Zeit herausgenommen um mit einer Auslaugung von Tiri- (Mangrove-) Rinde kräftig gerieben zu werden, wodurch sie eine dunkelrote Färbung und zugleich eine schwache Glasur erhalten. Dies gilt für die gewöhnlichen Geschirre, für die feineren Sorten nimmt man das Harz der Ndakua-Fichte, welches mit dem wohlbekannten Kauri beinahe identisch ist Die Farben laufen durch alle Schattierungen von einem fetten Goldgelb bis zu einem tiefen Rot, in welches sich grüne Töne mischen.

Weitere Gegenstände des Haushalts sind hölzerne Bowlen, oft von erstaunlicher Schönheit und Zierlichkeit, namentlich die für die Kawagelage bestimmten. Zum Trinken dienen Kokosschalen oder ganze hohle Kokosnüsse, welche auch zum Wasserholen gebraucht werden. Man sieht solche paarweis in jeder Hütte hängen. In eins der Löcher am stumpfen Ende der Nuß ist eine Schnur durch einen Pflock festgeklemmt; die beiden anderen Löcher sind durch kleine Keile von zusammengerollten Blättern verschlossen. An jeder Schnur hängen auf diese Weise zwei Nüsse, so daß sie bequem paarweise um den Nacken getragen werden können. Aus diesen Gefäßen zu trinken, ist nicht ganz leicht. Man muß sich das Wasser aus einer gewissen Entfernung in den Mund gießen, denn die Lippen an die Öffnungen zu legen, gilt für unanständig. Mit sechs Paar solcher Wassergefäße, ein paar Fächern, den besprochenen Töpfen und Kopfkissen, einem Reibeisen aus Korallenfels, Messern aus Haifischzähnen, Bambus oder Muscheln, einigen Beilen aus Stein, Fackeln aus gespaltenem, mit Öl betropftem Bambusrohr oder den aufgereihten Früchten von Aleurites triloba, Lampen mit baumwollenem Docht und Dammaraharz, Nadeln aus Feindesknochen ist die Liste des Mobiliars einer Viti=Hütte wohl so ziemlich erschöpft.

Die Schüsseln und Gabeln, mit denen allein Menschenfleisch gegessen wurde — man bediente sich sonst immer nur der Finger — sind längst in die Hände der Sammler übergegangen, nachdem der Kannibalismus nun wohl in allen Teilen, selbst im Inneren Viti Levus, aufgehört hat. Ehemals hatte derselbe hier aber einen Grad erreicht wie wohl nirgends sonst auf der Erde. Denn selbst nach entsprechenden Abzügen für etwaige tendenziöse Übertreibungen bleibt noch genug des Gräßlichen übrig.

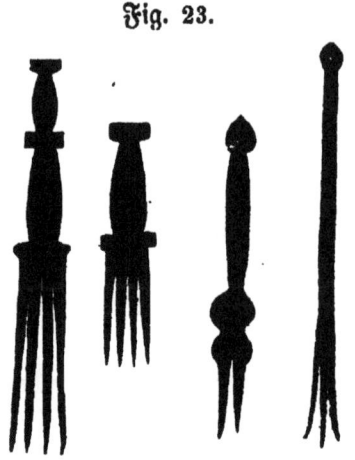

Fig. 23.

Menschenfleischgabeln.

Der Reisende Gräffe ist der Ansicht, daß der Kannibalismus hier wie auf anderen Südseeinseln, wenn nicht eine Folge des herrschenden Mangels an großen Säugetieren, so doch durch denselben eine so große Ausdehnung erhalten hat. Aus Rachsucht allein läßt er sich gewiß nicht erklären. Denn die Häuptlinge von Mbau und Taviuni pflegten ihre Kriegsgefangenen öfters nach kleinen Inseln wie Vokaia, Moluriki zu bringen und dort anzusiedeln, damit sie durch Generationen ihren kannibalischen Gelüsten fröhnen konnten. Weit von einander entfernte Häuptlinge beschenkten sich mit den Körpern getöteter Feinde, wobei diese Schlachtopfer mit dem Stamme, dem sie geschenkt wurden, in keiner Berührung standen. Nach Wilkes galt Bukola, Menschenfleisch, für den größten Leckerbissen und „so zart wie Menschenfleisch" war eine sprichwörtliche Redensart. Wenn sich aber schließlich hier die Menschenfresserei zur reinen Gourmandise aus= bildete, so hat doch Andree sehr richtig bemerkt, daß auch hier ursprünglich religiöse Beweggründe den Anstoß gegeben haben müssen, denn die bestimmten Opfer wurden den Göttern geweiht, wie auch die nur bei diesen Mahlzeiten gebrauchten Gabeln ge= heiligt waren. Man benutzte lebende Menschen als Walzen, um auf ihnen ein neues Boot in die See hinaus zu wälzen, und

Fig. 24.

Kannibalen, ihr Opfer tragend.

fraß die Körper darnach. Aber auch Rachsucht spielte eine Rolle. Ein Vitihäuptling erschlug sein Weib und fraß sie auf, nur weil sie ihn geärgert hatte. Gekocht wurden die Opfer in besonderen Öfen, wie man sie heut noch überall auf den Vitiinseln sehen kann, in welche man dieselben, in hockende Stellung gebunden, nicht selten lebendig, hineinschob. Leute des niederen Volkes, welche ja in der Regel die Mahlzeiten liefern mußten, Weiber und Kinder waren von dem Genuß ausgeschlossen. Jeder Ge=

freſſene wurde durch Zeichen an Bäumen oder in den Boden ge=
ſteckte Steine markiert, wie denn Miß Cumming bei Bali Bali
auf Viti Levu eine Reihe von 872 kleinen rötlichen Steinen ſah,
eine Erinnerung an die Kannibalenfeſte der Häuptlinge Wanga
Levu und Undri Undri, ein Stein für jede Leiche. Thakombau,
der letzte König, welcher Viti unter engliſches Regiment brachte,
war vor ſeiner Bekehrung zum Chriſtentum einer der wütendſten
Menſchenfreſſer. Die Öfen auf Mbau, wo er wohnte, ſtanden
ſelten kalt.

Es gab beſtimmte Pflanzen, welche man mit dem Menſchen=
fleiſch aß, das man als ſchwer verdaulich ſchildert. So das
auch in Neuſeeland zu demſelben Zwecke gebrauchte Boro dina
(Solanum anthropophagorum), ein buſchiger Strauch mit glän=
zenden Blättern und der Tomato ähnlichen Früchten. Die
Blätter dieſes Strauches wie die von zwei mäßig großen Bäu=
men: Mala wathi (Trophis anthropophagorum) und Tudano
(Omalanthus pedicellatus) wurden um Bukolaſtücke gewickelt,
das dann auf den heißen Steinen des Ofens gekocht wurde.

Sonſt war die Nahrung überwiegend eine vegetabile. Zu
dieſem Zweck zogen die Vitier namentlich Taro und Yams, welche
ſie mit viel Geſchick und Sorgfalt auf den von netten Zäunen um=
gebenen Feldern bauten. Außerdem werden Bananen, Brotfrucht=
bäume, Bataten, Zuckerrohr u. a. kultiviert. Taro, Yams und
Bataten, Bananen und Brotfrucht werden gekocht gegeſſen. Aus
der letzteren bereitet man auch durch Gärung jenen ſäuerlichen,
übelriechenden Brei, welchen die Polyneſier ſo ſehr lieben. An
Kokosnüſſen iſt kein Mangel, aber ſie ſind von den Miſſionären
für „Tabu“ erklärt worden und als warnendes Zeichen gewahrt
man faſt vor jedem Hain drei bis vier lange Stangen mit
Strohbüſcheln an den Spitzen. Denn in Kokosnüſſen zahlen
die Eingeborenen ihren Zehnten an die Miſſionäre und ihre
Steuer an die engliſche Regierung. Wai Wai nennen die Vitier
Öl und Lotu heißt Religion; von jener Steuer in den ölgebenden

Nüssen und dem Öl selber wird die wesleyanische Religion jetzt Lotû Wai Wai genannt.

Mit animalischer Nahrung sind die Vitier nicht überreich= lich bedacht worden. Allerdings ist die umgebende See fischreich genug und auf den Riffen werden Fische täglich erbeutet und oft auch sogleich an Ort und Stelle verzehrt, indem man kleine Exemplare kurzweg lebendig bald an die eine, bald an die andere Seite eines mitgebrachten Feuerbrandes hält und auf diese Weise notdürftig schmort. Der Fischfang wird von den Männern mittelst Speer, Haken, Pfeil und Bogen und Nduva betrieben, von Frauen und Kindern vermittelst kurzer Netze auf dem Riff und in den Flüssen. Die meisten Frauen, selbst die der Häupt= linge, fischen leidenschaftlich gern. Die Nduvapflanze (Dorris ulliginosa) enthält in ihren Stengeln ein betäubendes Gift. Diese Stengel zerklopft man zu faseriger Masse und wirft sie bei niedrigem Wasser zwischen die Korallenstöcke und Felsen. Kleine Fische sterben sofort davon, größere werden betäubt und leicht gefangen, der Genuß solcher Fische ist dem Menschen aber vollkommen unschädlich.

Schildkröten, von denen es übrigens nicht so sehr viele giebt, durfte ein Kaisi oder Sklave ohne besondere Erlaubnis seines vornehmen Herrn bei Todesstrafe nicht essen. Jetzt ist das nun freilich anders geworden, doch wird auch heute kein Kaisi den Fang einer Schildkröte verheimlichen. Das Fleisch ist der größte Leckerbissen bei den Ratsversammlungen der Häuptlinge verschie= dener Distrikte, die noch ungelegten Eier gehen aber über alles. Als Sir Arthur Gordon auf Taviuni eine große Versammlung von Häuptlingen der ganzen Gruppe hielt, wurden außer vielen Schweinen, zwei Ochsen u. a. auch 100 Schildkröten verzehrt, eine Thatsache, die sicherlich dauernder im Gedächtnis der Teil= nehmer fortgelebt hat, als alle damals gepflogenen Verhandlun= gen. Für festliche Gelegenheiten sind auch die Schweine und Hühner bestimmt, welche sich in jedem Dorfe vorfinden, die recht zahlreiche Vogelwelt liefert dem Vitier aber außer ver=

wilderten Hühnern, die man in Schlingen fängt, gar nichts für seinen Tisch.

Von erregenden Genußmitteln besitzen die Bewohner Vitis den Kawatrank und den Tabak. Kawa, hier Yangona genannt, wird immer unter gewissen Feierlichkeiten bereitet und getrunken. Während die Wurzeln gekaut werden und der dazu Bestimmte den Satz mittelst eines Bündels von Bastfasern entfernt, tragen die Versammelten Gesänge vor, die sie mit Händeklatschen und hohlem Klappen begleiten. Ist das Getränk fertig, so legt der an der Bowle Beschäftigte die Bastfasern in seiner Hand zusammen und klappt damit dreimal. Der erste Häuptling dem Range nach ruft dann: Bula d. i. Gesundheit, was alle Anwesenden wiederholen, und der Herold rückt in sitzender Stellung an die Bowle und füllt mittels des öfter eingetauchten Fasernbündels eine Kokosschale und reicht sie dem Vornehmsten, der sie ohne abzusetzen austrinkt, während alle anderen mit den Händen a tempo klatschen. Dem allgemeinen Ruf O' Maba entgegnet er dann Mole. So geht es der Reihe nach mit allen anderen. Die Kawa ist das einzige erregende Genußmittel, welches die Vitier besitzen; Spirituosen an sie zu verkaufen oder zu vergeben, ist von der Regierung streng verboten. Das Tabakrauchen ist aber erlaubt und außerordentlich beliebt; man wickelt den Tabak in ein trockenes Bananenblatt und nennt eine solche Cigarre Suluka.

Das Familienleben der Vitier offenbart neben vielen, das Gefühl verletzenden Zeichen von Roheit manchen schönen, ansprechenden Zug. Ehe die Mission hier entscheidende Erfolge hatte, war die Lage der Frauen eine sehr elende. Es herrschte Polygamie und zwar hatten besonders hervorragende Häuptlinge neben einem Hauptweibe zuweilen von 50 bis zu 100 Frauen. Allerdings beherbergten sie einen solchen Harem nicht ganz im eigenen Hause. Manche Frauen kehrten nach einiger Zeit wieder zu ihren Eltern zurück, andere hatten die Jahre der Reife noch nicht erlangt, so daß oft die Hälfte abwesend war. Denn gerade

in vornehmen Familien und immer in denen der Häuptlinge
verlobte man die Mädchen schon sehr früh, manchmal mit Kna=
ben gleichen Alters, zuweilen aber auch mit ganz alten Männern.
Es ist erklärlich, daß unter solchen Umständen das Los der
Frauen kein sehr glückliches war, zumal ihre Herren absolute
Gewalt über sie hatten, wie denn ein erzürnter Gatte seine Frau
töten, braten und auffressen konnte. Auch unter den Frauen selber
herrschte in der Regel ein fortwährender Krieg. Der Missionär
Williams giebt uns einige Beispiele von schrecklichen Verstüm=
melungen, welche die eifersüchtigen Weiber eines Häuptlings anein=
ander verübten; Abbeißen oder Abschneiden der Nase war etwas
ganz Gewöhnliches.

An wahrer inniger Liebe fehlte es aber nicht. Wenn ein
Mädchen gezwungen wurde, sich gegen ihren Willen zu ver=
mählen und damit ihrer wahren Neigung zu entsagen, so kam
es vor, daß sie den Tod dem verhaßten Ehebunde vorzog. Und
sicherlich müssen wir es auch als einen Beweis solcher Zuneigung
ansehen, daß die Frauen eines gestorbenen Häuptlings das ihnen
auf Intercession der Missionäre gebotene Leben nicht annehmen
wollten, vielmehr darauf bestanden, ihren dahingeschiedenen
Gatten ins Grab zu begleiten. Wenn die Braut das Haus ihrer
Eltern verließ, um ihrem Verlobten zu folgen, so brachten ihr
Freunde des Bräutigams, um sie über die Trennung zu trösten,
allerlei Geschenke, ein schöner Gebrauch, den man in sinniger
Weise als „Trocknen der Thränen" bezeichnete. Bei den höheren
Ständen war ein Abkommen zwischen den Verwandten ge=
nügend für den Abschluß der Ehe, bei den niederen sprach der
Priester die Weihe darüber aus. Wo aber die Mittel es
erlaubten, da fanden stets große Festlichkeiten zur Feier des
Ereignisses statt.

Gewiß ein Überbleibsel der alten ursprünglichen, nachmals
verdrängten Sitten ist jener, vielleicht noch heut im Inneren
der großen Inseln bestehende Frauenraub, der allerdings nur zu
wirklicher Ehe führt, wenn die Entführte einwilligt. Andernfalls

kann sie sich in der Heimat ihres Bewerbers unter den Schutz eines anderen Mannes stellen.

Seitdem die Vitier zum Christentum bekehrt sind, hat natürlich die Polygamie aufgehört; Thakombau setzte gleich selber das Beispiel, indem er alle seine Frauen außer einer entließ, alle übrigen folgten ihm nach. Und es hat sich unter dem Einfluß der Missionäre und des englischen Gesetzes für die Frauen ein ganz anderes Verhältnis gebildet. Die frühere Sitte, wonach die verheirateten Männer die Nacht mit ihresgleichen in einer Hütte zubrachten, während die Jünglinge in einer anderen schliefen und so beide Geschlechter getrennt lebten, ist abgeschafft und hat einem vernünftigeren Familienleben Platz gemacht.

Natürlich durfte auch der ehemals in allen Familien herrschende Kindermord nicht länger fortbestehen, sobald England das Regiment übernahm. Früher war derselbe hier so ausgedehnt, daß zwei Drittel aller Neugeborenen auf diese Weise und zwar stets durch die Hand der Mutter starben. Wie bei allen rohen Naturvölkern waren es die minder geachteten Mädchen, welche in größter Zahl umgebracht wurden. Es waren verschiedene Motive, welche zu einer, unserem Gefühl so verabscheuungswürdig scheinenden That trieben: Faulheit, Eifersucht und Rache gegen den Vater, auch nur Gewohnheit. Sogar das Gefühl des Mitleids konnte bestimmend sein; erzählt uns doch Williams von einer Mutter, welche ihr eigenes Kind zu töten beschloß, um zwei Waisen adoptieren zu können, freilich ein seelischer Vorgang, in den wir uns schwerlich zu versetzen imstande sein werden. Die überlebenden Kinder wurden aber mit der größten Nachsicht und Liebe behandelt und sorgfältig in allen Künsten unterwiesen, auch erscheint uns der Kindermord nicht ganz so entsetzlich, wenn wir uns mit den Ansichten der Vitier über das Leben nach dem Tode beschäftigen.

An ein solches glaubte man ganz bestimmt; wie man starb, so lebte man drüben weiter fort. Daher war es allgemeiner Gebrauch, daß alte Leute, Männer wie Frauen, von ihren nächsten

Verwandten umgebracht wurden. Man fragte sie, ob sie vor
dem Begräbnis erdrosselt oder lebendig begraben sein wollten,
und legte sie dann unter den üblichen Klagen in das für sie
bereitete Grab. Hatte der Sohn so seinen alten Vater bestattet,
so begab er sich in der nächsten Nacht allein zum Grabe, um
als Baitala, als Lebewohl, ein Stück Kawawurzel auf dasselbe
zu legen.

Dem Gatten folgten seine Frauen mit ins Grab; ihre
Leichen nennt man das Bett des Verstorbenen. Das ist das
Loloku und es war keineswegs ein Zwang, welcher dazu nötigte.
Die Weiber betrachteten diesen Tod als ihr Recht; wer denselben
mit der größten Ergebenheit trug, wurde im Lande der Geister
das Lieblingsweib des Toten. Nach Erskine befreite einst ein
Missionär eine solche Witwe, aber zur Nachtzeit entfloh sie
und durchschwamm einen Meeresarm, um zu ihren Verwandten
zurückzukehren, von denen sie den Tod durch Erdrosselung als
ihr Recht forderte.

Denn das Leben nach dem Tode glich völlig dem auf der
Erde, wenn der Mensch durch seine Handlungen es verdient
hatte. Einem Manne, welcher bei Lebzeiten einen Menschen mit
der Keule erschlug, konnte die himmlische Seligkeit nicht ausbleiben.
Man sprach hier aber nicht, wie in Tonga, dem unteren Volke
die Unsterblichkeit ab, ja die Vitier dehnten dieselbe nicht nur
auf die ganze Menschheit, auch auf Tiere, Pflanzen, selbst auf
Steine und Werkzeuge aus. Wenn eine Axt abgenutzt oder
zerbrochen wurde, so flog ihre Seele zum Dienste der Götter
empor.

Diese Götter waren teils ursprüngliche, teils zu dieser Würde
erhobene Seelen verstorbener Ahnen. Der höchste der ersteren,
der Kalou vu, war Ndengei, der Schöpfer der Welt, welcher im
Berge Kauvandra auf Viti Levu in Gestalt einer Schlange lebte.
Wenn er sich umdrehte, so erbebte die Erde. Aber Verehrung ge=
noß er wenig und oftmals schickte er vom Hunger geplagt seinen
Diener Uto aus, um Opfer zu holen; immer aber vergeblich.

Ndengei erschuf die Menschen und Tiere. Nahe bei seiner Wohnung hatte ein kleiner Falke sein Nest gebaut. Eines Tages sah der Gott zwei Eier darin und beschloß sie selber auszubrüten; er that es und aus den Eiern kamen zwei Kinder, ein Knabe und ein Mädchen, hervor, für welche Ndengei sorgte, indem er ihnen die Zubereitung von Yams und Taro durch Feuer u. a. zeigte, und von denen alle Menschen abstammen. Später kam eine große Flut, welche alles Land bedeckte; nur acht Personen vermochten sich in einem Schiffe zu retten, das, als die Wasser verliefen, sich auf dem kleinen Mbenga niederließ, daher auch die Bewohner dieser Insel Anspruch auf den ersten Rang unter den Vitiern erheben.

Außer Ndengei gab es noch eine große Anzahl von Göttern. Die Missionäre unterscheiden vier Klassen: die allgemeinen, nationalen, Distrikts- und Familiengötter, als eine fünfte kann man die Götter der Unterwelt rechnen. Einer der letzteren war Rati mbati ndua, der einzahnige Gott, welcher die Seelen erst briet und dann verschlang. Es gab einen Kriegsgott von riesiger Gestalt, einen Gott der Seefahrer, welcher als Haifisch erschien, einen Gott, welcher den Feldern Gedeihen und Fruchtbarkeit verlieh und alle Jahre einen Monat auf der Erde weilte, während welcher Zeit alle Geschäfte ruhten. Dazu kommen die zahlreichen Distriktsgötter, von denen der Missionär Waterhouse 34 aufzählt, und eine jede Familie hatte ihre bestimmte Gottheit. Ferner die Kalou yalo, die Seelengötter, die zu solcher Würde erhobenen Seelen der Vornehmen, selbst wenn sie als Kinder gleich nach der Geburt gestorben sind, welche je nach dem Range, den sie im Leben einnahmen, in verschiedene Klassen zerfielen.

Man hat früher angenommen, daß die Vitier keine Bilder ihrer Götter besäßen, allein wir haben durch Kleinschmidt erfahren, daß es allerdings früher zwölf kleine, aus Walfischzähnen geschnitzte Götzenbilder auf der ganzen Gruppe gab. Man stellte dieselben in einem kleinen Tempel innerhalb eines größeren von gewöhnlicher Form auf. Nachts legte man sie in einen Korb zum Schlafen, brachte ihnen auch zu essen, wonach sie manchmal mit quiekender Stimme riefen. Denn sprechen konnten sie alle, auch vermochten sie in dem Tempel umherzugehen, sogar auf das Dach zu steigen. Mit der Einführung des Christentums wich die Wunderkraft der Bilder, sie fielen um und können nun nicht mehr stehen oder sprechen.

Die Tempel, Mbure, wurden ganz wie die Wohnungen der Vitier gebaut, nur waren sie kleiner und das Dach war höher. Sie standen auf kleinen, künstlichen Hügeln aus Steinen oder Erde, auf welche eine Treppe führte. Wenn die Säulen aufgerichtet wurden, welche den Tempel tragen sollten, so mußten Menschen= opfer gebracht werden, ebenso nach Vollendung desselben; fürch= terliche Kannibalenfeste verherrlichten jedesmal ein solches Er= eignis. Bei der Einweihung des Tavaharatempels auf Somo= somo wurden nicht weniger als 200 Menschen geopfert. Anstatt der Latten gebrauchte man oft Speere zur Dachbedeckung; auch wurde das Dach am oberen Ende mit Speeren befestigt, deren vorlaufende Spitzen mit weißen Muscheln oder tief herabhängenden Schnüren verziert waren. Geflochtene und gefärbte Bänder be= deckten auch das übrige Balkenwerk und die Thüren. Drinnen waren die den Göttern geweihten Gaben, hier war auch die Opferstätte, von welcher die Asche einmal im Jahr unter ge= wissen Festlichkeiten entfernt wurde. Auch als Versammlungs= häuser dienten diese Mbure.

Vorsteher dieser Tempel waren die Mbete, die Priester, schon äußerlich unter dem Volke kenntlich durch den langzahnigen Kamm und das Stirnband von roten Federn, die Zeichen ihrer Würde. Sie erteilten, vom Gotte begeistert, den Anfragenden orakelhafte Antworten, nicht ohne reiche Geschenke, wie Walfisch= zähne, zu erwarten und auch nicht ohne eine solche gute Gelegen= heit zum Selbstlob vorübergehen zu lassen. Alles was sie in ihrem exaltierten Zustande aussagten, galt ja als von der Gottheit ein= gegeben. Das Amt der Priester war in der Regel erblich; ihre Macht und ihr Ansehen hing einesteils von dem Range des

Gottes ab, dem sie dienten, andernteils auch von dem Verhältnis, in welchem sie zu den Häuptlingen standen. Wirkten sie mit diesen im Einverständnis, so konnte ihr Ansehen bedeutend sein.

Die Verfassung der Vitier war in vielem den Staatsformen ähnlich, welche wir bei polynesischen Völkerschaften vorfinden. Es ist wahrscheinlich, daß, wie in manchem anderen, so auch hierin, der rege Verkehr mit den Tonganern, von denen ja viele auf den Vitiinseln lebten, nicht ohne Einfluß blieb. Das Volk zerfiel in mehrere Klassen: die Fürsten, deren Diener, das niedere Volk und die kriegsgefangenen Sklaven. Es gab einzelne Stämme, welche fast ausschließlich ein Gewerbe betrieben, wie die Schiffer, die Zimmerleute, die Fischer, welche ein Drittel von Mbau bewohnten und einen Häuptling für sich hatten. Aber es gab auch in jedem Distrikt Orte, denen ein besonderes Gewerbe ausschließlich eigen war.

Die Fürsten, Tui oder Turanga genannt, waren

Fig. 25.

Sohn des Exkönigs Thakombau im Königsschmuck.

entweder Könige oder Vorsteher einzelner, jenem untergebener Distrikte. Der König, Tui levu, hatte eine ganz unbeschränkte Gewalt, welche besonders durch das ihm anhaftende Tabu befestigt wurde. Zeichen seiner Würde waren bei festlichen Gelegenheiten die weit nachschleppenden Enden von Tapatuch und ein besonderer Stab. Niemand durfte aufrecht vor ihm erscheinen, und nahte sich das Volk dem Wohnsitz oder der Person des Königs, so ließ es jedesmal laut das Tama erschallen. Der Tui war eine heilige Person, die nach dem Tode zur Würde eines Gottes gelangte und schon auf der Erde göttliche Verehrung genoß.

Die Würde vererbte auf den Bruder, war ein solcher nicht da, auf den Sohn, aber zu Recht gehörte sie ihm erst, nachdem wenige Tage nach dem Tode seines Vorgängers bei öffentlichem Kawafest die Häuptlinge ihm dieselbe übertrugen. Einige Monate darauf band der Priester ihm ein weißes Sala oder Kopftuch um den Arm und damit war er in aller Form zum Könige erklärt. Wir finden hier auch eine Einrichtung, welche in Tonga und Samoa wiederkehrt, die nämlich, daß die Vasu, die Neffen des Königs von der mütterlichen Seite, sich in dem Heimatlande ihrer Mutter alles aneignen können, was ihnen beliebt, die Frauen und das Eigentum des Königs allein ausgenommen.

Noch im Jahre 1840 gab es nach Wilkes sieben verschiedene Staaten: Mbau, Verata, Rewa, Naitasiri, Mbua, Mathuata und Somosomo, aber wahrscheinlich gab es noch mehr, so daß die Bevölkerung und das Gebiet eines jeden solchen Staates sehr klein gewesen sein muß. Diese Staaten lagen beständig in blutiger Fehde mit einander. Williams rechnete die jährlichen Menschenverluste durch Kriege auf 1500—2000; in dem Treffen bei Rewa 1846, dem blutigsten seit Ankunft der Europäer, fielen 400 Krieger. Als 1839 Seru im Kriege mit einem anderen Stamme zwei Festungen eroberte, kamen 250 Menschen ums Leben und eine noch größere Zahl wurde gefangen genommen und zu Sklaven gemacht oder geschlachtet. Dreißig Kinder packte man in Körbe und hing sie als Siegeszeichen an die Masten der zurückkehrenden Schiffe. Daß die Unglücklichen durch das Schwanken der Boote an die Masten geschleudert und schrecklich verstümmelt wurden, rührte die Sieger keineswegs. Die bei der Ankunft noch am Leben waren, wurden als Zielscheiben aufgestellt, damit die Knaben ihre Geschicklichkeit in Handhabung ihrer Geschosse daran üben könnten. Dann folgten furchtbare Kannibalenmahlzeiten, an denen sich alles beteiligen durfte, da ja eine Überfülle vorhanden war.

Krieg war die Hauptbeschäftigung der Vitier und nie sah man die Männer anders als bewaffnet umhergehen. Die Waffen waren Keule, Speer, Bogen und Pfeile, Schleuder, daneben Wurfstöcke und Fußangeln. Die Keulen aus hartem Holz, am oberen Ende oft mit Menschenzähnen besetzt, waren die beliebtesten, jetzt haben sie überall Flinten. Schutzwaffen besaßen sie gar nicht, sie verstanden es aber vortrefflich, geeignete Plätze zu befestigen. Zu dem an steiler Felsenwand liegenden Dorfe führte ein schmaler, nur für eine Person Raum lassender Pfad; Pfahlwerke und steinerne, von Schießscharten durchbrochene Brüstungen verstärkten die Sicherheit des von Natur schon festen Platzes. Um größere Dörfer zogen sie Erdwälle, auf welchen Pfähle von Kokospalmen und Zäune errichtet wurden, und umgaben das Ganze mit morastigen Gräben. Nach melanesischer Sitte machte man die Pfade unzugänglich durch scharfe und spitze, in den Boden gesteckte Bambussplitter und durch Fallgruben, deren Boden in derselben Weise bewehrt war. Auf den offenen Kampf ließ man sich in der Regel nicht ein, der Vitier wußte zwar immer viel von den Großthaten zu reden, welche er zu vollbringen gedachte, aber im Grunde war er feig und zog es vor, den Feind aus dem Hinterhalt zu überfallen. Dennoch erklärte man sich auch Krieg in aller Form. Ein Herold wurde abgesandt, der mit den Worten: „Ich sage Dir Lebewohl! Es ist Krieg!" den Häuptlingen der feindlichen Partei eine Kawawurzel übergab. Die Antwort war: „Es ist gut; kehre heim!" Nun begannen die Rüstungen und dann kam eine Parade vor dem obersten Heerführer. Mit schwarzbemaltem Gesicht, mit dem schwarzen Liku bekleidet und mit weißen Tapastreifen von Kopf und Armen wehend, führten die Krieger zuerst ein Meke = Meke auf und zogen dann in Revue vor ihrem Befehlshaber vorüber, jeder Führer darauf bedacht, in großartiger Ruhmrederei seine Tapferkeit zu preisen. Als Sir Arthur Gordon die christlichen

Bewohner zu den Waffen rief, um gegen die kannibalischen Kai Tholos von Viti Levu zu Felde zu ziehen, fand vor seinem Haufe ein solches Bole Bole, d. h. Herausforderung des Feindes, statt. „Fürchte dich nicht", rief einer, „hier ist deine Sicherheitswache." Der Nächste, zwar Christ, hatte noch den alten Kannibalenkriegsruf beibehalten: „Wir gehen in den Krieg, wer soll uns hindern, alle Öfen zu füllen?" Ein anderer rief tröstend: „Warum jammern die Weißen? Wir gehen in die Berge und werden selbst die Felsen zermalmen!" u. s. w. Nach allem solchen Bramarbasieren war man indes äußerst vorsichtig und die Kriege verliefen häufig ganz unblutig; nur die Pflanzungen wurden zerstört. Wollte die eine Partei Frieden, so sandte sie ihre Boten, in der Regel Frauen von Rang, welche als Zeichen der Unterwerfung einen Walfischzahn brachten. Stellten die Sieger die Abtretung des Landes als Bedingung, so brachten die Besiegten, welche nun in tiefe Knechtschaft verfielen, einen Korb voll Erde.

Der Charakter der Vitier ist ein eigentümliches Gemisch von guten und schlechten Eigenschaften. Daß sie in höchstem Grade grausam, hinterlistig und verräterisch sein konnten, haben wir schon gezeigt und nur zu häufig lernten Europäer diese schlimmsten Seiten ihres Charakters kennen. Allein es läßt sich ihnen auch manches Gute nachrühmen. Trotz der anscheinenden Feigheit und des häufigen hinterlistigen Verrats haben sie eben so oft Beispiele von Tapferkeit und Todesverachtung gegeben; gastfrei sind sie in hohem Maße, und wenn ihre natürliche Freundlichkeit oft plötzlich in das Gegenteil umschlägt, so hat man dafür sicherlich eine Verletzung ihres sehr hoch entwickelten Selbstgefühls in Anrechnung zu bringen. „Kein Römer", sagt Seemann, „konnte sein Civis Romanus sum mit mehr Stolz oder Würde ausgesprochen haben, als ein Vitier heute sein Kai Viti." Selber im Verkehr äußerst höflich und ceremoniell, erwarten sie ein Gleiches von den Weißen, welche, selten viel auf äußere Formen

Fig. 26.

Ein Mete-Mete vitisſcher Krieger.

gebend, wenig geneigt waren, dem dunkelfarbigen Insulaner irgendwelche äußere Ehre zu erweisen.

Bei den Vitiern herrschte aber die strengste Etikette, welche so weit ging, daß wenn ein Häuptling fiel, der gemeine Mann sich sofort niederwarf, um dem andern die Beschämung des Alleinaufstehens zu ersparen. Bei Mahlzeiten und Trinkgelagen beobachtete man mit peinlicher Genauigkeit bestimmte Formen, deren Verletzung, namentlich in Bezug auf die Rangordnung der Gäste, einer tödlichen Beleidigung gleichkommen und zum Kriege führen konnte. Ein Niederer stand niemals vor einem Höheren, er mußte sich sofort setzen, und auch jetzt noch ist eine demütige, geduckte Haltung den meisten eigen; die alte Sitte, sich nur so in Gegenwart von Vorgesetzten zu bewegen, ist auch heut noch nicht ausgestorben.

Aber auch die Fürsten beobachteten bei aller ihrer Tyrannei selbst dem niederen Volke gegenüber gewisse Höflichkeitsformen. Immer dankten sie freundlich für den ihnen entgegengebrachten Gruß. Dieser bestand in einem lang modulierten Zuruf. Der gewöhnliche Gruß ist heutzutage das durch die Missionäre von Hawaii eingeführte Alofa d. i. ich liebe dich und europäischer Händedruck, früher begrüßte man sich durch Beschnüffeln. Gleichgestellte beschnüffelten einander das Gesicht, minder Vornehme den Vornehmeren die Hand, Geringere den Vornehmen Knie und Fuß. „Komme in Frieden", rief man dem fremden Besucher zu und klatschte dabei dreimal in die Hände, und dieses Händeklatschen wird noch heute bei jeder nur möglichen Gelegenheit beobachtet.

Die bedeutende geistige Befähigung, welche die Vitier ihren melanesischen Verwandten weit voranstellt, gewahren wir in ihren Dichtungen. Es giebt im Leben der Vitier wohl nichts, wofür man nicht ein Gedicht hätte. Zuweilen sind diese sehr ernster Art wie das folgende:

> Der Tod ist leicht.
> Zu leben — was nützt es?
> Der Tod ist Ruhe.

Tod heißt Schlaf, Schlaf auch der feste Zustand von
Flüssigkeiten, das Sterben empfängt seine Bezeichnung vom
Sonnenuntergang, Unwissenheit ist Nacht des Geistes, Bescheiden=
heit wird mit dem stillen, sanften Licht des Abends verglichen,
das Zusammenrollen des Segels heißt das Zusammenlegen der
Flügel des Kahnes u. s. w. Leider sind uns nur wenige spär=
liche Bruchstücke der vitischen Poesie erhalten worden; die Missio=
näre konnten nur wünschen, dieselbe zu vertilgen, da sie vielfach
antichristlich war. Noch ist eine Anzahl von Sprichwörtern im
Gebrauch, teils in poetischer Form, teils in Prosa wie: „ein
ungenützter Tag zählt nicht mit" und „die Männer von Nakondo
schnitten den Mast zuerst", letzteres ein Äquivalent für unser
beim verkehrten Ende anfangen. Ihre Poesie ist aber auch
heiter und satyrisch, wie denn die Vitier große Anlage zur
Ironie haben. Als Wilkes seine Matrosen exercieren ließ und
einen der geladenen Häuptlinge fragte, was er davon halte, er=
hielt er zur Antwort: „Die Leute mögen gute Krieger sein, leider
watscheln sie wie die Enten." Die Vitier führen sehr gern Possen
auf und haben eine große Gabe als Erzähler. Ebenso begierig
sind sie, Geschichten zu hören. „Es ist höchst interessant," sagt
Kleinschmidt, „abends im Kreise brauner Gestalten einem oft mit
den großartigsten Übertreibungen und gewaltigem Pathos ge=
schmückten Vortrag zuzuhören und die Mienen der erstaunten
und gläubigen Zuhörer zu betrachten." Seemann berichtet uns,
daß ein Europäer imstande war, sich und seine zahlreiche Familie
gemächlich aus dem Ertrage zu erhalten, welchen er für seine
Erzählungen der Märchen von Tausend und eine Nacht erhielt.
Um die hier wie anderwärts auftretende Ziererei von Künstlern
zu geißeln, welche sich gern bitten lassen, hatte man eine Fabel
erfunden. Die Scholle, Davilai genannt, war ehedem der Vor=
sänger unter den Fischen; aber eines Tages weigerte sie sich
hartnäckig zu singen, obschon die übrigen dringend darum baten.
Erzürnt fielen sie über den Widerspenstigen her und traten ihn

so platt, wie man ihn jetzt sieht. Daher sagt man noch heute, wenn sich ein Künstler ziert: „Ah, das ist Herr Davilai!"

Daß die übrigens sehr wohllautende Sprache der Vitier in grammatischer Hinsicht hauptsächlich mit den übrigen melanesischen Sprachen übereinstimmt, freilich aber auch durch polynesische, namentlich tonganische Einflüsse vielfach umgestaltet wurde, hat uns Gabelentz gezeigt. Die Sprache hat eine große Anzahl von Dialekten — die Missionäre zählen 15 auf —, von welchen die von Rewa, Somosomo, Lakemba und Mbau die wichtigsten sind. Der letztere bildet die Grundlage der jetzigen Schriftsprache, für welche die Missionäre das lateinische Alphabet in der Weise eingeführt haben, daß B immer Mb, und D, G und Q immer Nd, Ng und Nq bedeuten, C aber dem englischen Th entspricht. In dieser Sprache haben die Vitier schon eine Anzahl geistlicher Lieder gedichtet; in ihr erscheint auch in Levuka eine Zeitung: Na Mata, der Herold.

Die Vitier sind, wie alle Bewohner der Südsee, ein Tänzen und Spielen leidenschaftlich ergebenes Volk. Überall befinden sich in den Dörfern Tanzplätze, auf welchen sie besonders gern zur Nachtzeit ihre Kriegs= oder Friedenstänze aufführen. Diese Meke Meke sind immer von Gesängen und Musik begleitet. Bei Wilkes' Anwesenheit wurde ihm zu Ehren der feierliche Keulentanz aufgeführt, wozu der Tui von Levuka alle benachbarten Fürsten und Vasallen eingeladen hatte. Die notwendigen Vorbereitungen erforderten drei bis vier Tage. Ein Musikcorps von 100 Männern und Knaben sang und spielte dazu auf Trommeln und Stäben von Bambus und ein Hanswurst, ganz in grüne Blätter gekleidet, mit einer schwarz= und orangefarbigen Maske erregte ungeheueren Beifall. Der Tanz, dessen Evolutionen nicht ohne Grazie ausgeführt wurden, dauerte über eine Stunde.

Buchner beschreibt einen anderen. In doppelten Reihen tanzten Mädchen und Jünglinge, bis auf das Tuch um die Hüften nackt und mit Blumen= und Blattguirlanden geschmückt. Sie trugen

als festlichen Schmuck rote Cordylineblätter um die Stirn ge=
bunden und an den Knieen Strumpfbänder von gelb und rot
gefärbten Gräsern. Die geschmeidigen Körper mit Öl gesalbt,
bewegten sie sich um ein Feuer, erst nach rechts und links, dann
beide, Jünglinge und Mädchen, in entgegengesetzten Richtungen,
traten zwischen einander durch und wieder zurück, hoben und
senkten die Arme, bogen und wiegten die Hüften und klatschten
in die Hände. Daneben saß der Musikant und trommelte den
Takt auf seinem Bambusrohr, begleitet von dem Gesang aller An=
wesenden, Tänzer sowohl als Zuschauer. Der Rhythmus be=
wegte sich in einem fast endlos wiederkehrenden Daktylus, bis
plötzlich mit einem kurz ausgestoßenen, rauhen Ton eine Strophe
und zugleich eine Tanzfigur schloß. Bei diesen Tänzen wird statt
des modernen baumwollenen Leibtuches der schwarze Liku umge=
gürtet oder auch nur der Masi um den Leib gelegt, so daß die
langen Enden im Winde nachflattern.

Die bei den Tänzen gebrauchten Instrumente sind die klei=
neren Meketrommeln und die größeren, oft 3 Meter langen Lali,
aus dem Holz von Vesi (Afzelia bijuga) oder Tovola (Termi=
nalia Catappa) geschnitzt. Die großen Lali liegen gewöhnlich
zu zweien, eine kleinere und eine größere (Tenor und Baß) mit
den Schlägeln in der Ra Ra (Versammlungsplatz) des Dorfes
oder bei der Kirche und rufen das Volk mit ihrem lauten
Schall, anstatt wie früher zu kannibalischen Festen, jetzt zur Ar=
beit, zu friedlichen Versammlungen, zum Abendgebet und Sonn=
tags zum Gottesdienst. Die Nasenflöte und die zusammenge=
bundenen Rohrpfeifen hört man wenig. Weithin vernehmbar ist
aber der Schall der großen Muscheltrompete (Triton tritonis)
von den Kriegskanus oder wenn nachts Schildkröten im Netze
gefangen werden, ein frohes Ereignis.

Einige Spiele besaßen die Vitier ursprünglich, andere, wie
das Kartenspielen, haben viele erlernt und beweisen sich darin
sehr geschickt. Solche Nationalspiele sind das Wietinga, das
Lavo und das Wiedenga. Bei dem ersten kommt es darauf an,

ein glattes Rohr mit einem Kolben von schwerem Holz so weit als möglich zu schleudern und zwar so, daß es einen Teil des Weges auf dem Boden entlang gleitet. Ganze Ortschaften stehen in diesem Spiel einander gegenüber; Preise in Matten u. dgl. werden ausgesetzt, welche die verlierende Partei nebst einem Fest= essen zu zahlen hat. Das Lavo wird mit den plattrunden Früchten von Entada scandens in der Größe eines Fünfmark= stückes, die man selber Lavo nennt, gespielt. Von einer mulden= artig ausgelegten Matte suchen die Spieler die Lavo des Gegners hinunterzuwerfen, so daß ihre eigenen Lavo zurück= bleiben. Es ist ein ruhiges Spiel für Ältere, bei dem man gern eine Bowle Kawa leert. Ein weit männlicheres Spiel ist das Wiedenga. Es besteht darin, daß Steine hinter dem Rücken weg nach einer Reihe hinter einander in den Boden gesteckter Stöcke oder nach mehreren im Viereck, mit einem Hauptstück in der Mitte aufgerichteten Holzstücken geschleudert werden. Ein in der Nähe des Vierecks postierter Mann hat die Steinwürfe mit einem Knittel zu parieren. Der schlechteste Werfer muß sich am Ende des Spiels von seinen im Kreise lagernden Spielkameraden mit kleinen Steinen bombardieren lassen. Ferner sticht man mit einem Rohr nach einer an einem Faden schnell im Kreise und hin und her schwingenden Orange oder Citrone und amüsiert sich mit gefangenen und gezähmten Hähnen, welche man wie Schoßhündchen verhätschelt. Für einen schönen, zierlichen Hahn wurde Kleinschmidt ein fettes Schwein geboten, das der Vater des jungen Käufers aber nicht herausgeben wollte, worüber der Sohn bittere Thränen vergoß. Unser Landsmann trocknete die= selben schnell, indem er den Vogel schenkte.

Vor Ankunft der Europäer gab es auf den Vitiinseln nur wenige Krankheiten; in der ersten Hälfte des Jahres 1875 trat aber, durch ein Schiff von Sydney her eingeschleppt, eine Masernepidemie mit einer Heftigkeit auf, welche bei der weißen Rasse unerhört ist. Es soll dadurch in manchen Dörfern nicht weniger als die Hälfte aller Einwohner ohne Unterschied des

Alters hinweggerafft worden sein. Man schlägt den damaligen
Verlust an Menschenleben auf 40 000 für den ganzen Archipel
an. Die Gesamtbevölkerung wurde für 1859 auf 200 000 geschätzt, 1874 soll sie nur 140 000 betragen haben und dann
kam jene oben erwähnte Sterblichkeit. Man hat auch von den
Vitiern angenommen, daß sie aussterben, allein die letzten Zäh-
lungen widerlegen dies, denn der Census von 1879 giebt die Bevölkerung auf 108 924 Seelen (57 493 männl., 51 431 weibl.),
der von 1881 auf 115 635 (61 836 männl., 53 799 weibl.) an.
Und während, wie Buchner bemerkt, auf Neuseeland und namentlich auf Hawaii kleine Kinder unter den Eingeborenen ziemlich
selten sind, wimmelt auf Viti jedes Dorf von Nachkommenschaft
und läßt sich fast aus jeder Hütte das Quieken eines Säuglings
vernehmen. Die Berührung mit der Civilisation scheint denn
doch nicht absolut notwendig das tötende Gift zu sein, welchem
die Naturvölker erliegen müssen.

4. Viti unter englischer Herrschaft.

Viti ist den Europäern erst am Ende des vorigen Jahrhunderts etwas näher bekannt geworden und zwar waren es
englische und amerikanische Schiffe, welche es wagten, diese wegen der Wildheit ihrer Bewohner und der Gefahren ihrer klippenreichen Küsten berüchtigten Inseln aufzusuchen, weil der Handel
mit Sandelholz zu jener Zeit einen außerordentlichen Vorteil
abwarf. Und an Sandelholz war die Gruppe damals reich.
Jetzt ist dasselbe freilich fast überall verschwunden. Mit diesem
Handel verbanden sich die größten Schändlichkeiten. Um das
wertvolle Holz zu erhalten, verschafften Engländer wie Franzosen ihren Lieferanten, denen sie die Feinde töten halfen, bereitwillig Gelegenheit zur Befriedigung ihrer kannibalischen Gelüste.
An das Land selber wagten sich die Europäer aber nur mit
der größten Vorsicht und selbst auf ihren Schiffen fühlten sie
sich so wenig sicher, daß sie während ihres Verweilens stets
Geiseln zu erlangen suchten.

Die erſten Weißen, welche den ungaſtlichen Boden betraten, waren Schiffbrüchige. Die Vitier befolgten als enragierte Menſchenfreſſer ſtets die Praxis, alle Strandenden und waren es Fremde, alle Landenden zu töten und aufzufreſſen. Im Jahre 1808 ſcheiterte die „Eliza‟, von Sydney kommend, an der Oſt= küſte von Viti Levu. Die Matroſen und Paſſagiere, die letz= teren zumeiſt ent= kommene Sträflinge, retteten ſich ans Land und entgingen jenem Schickſal durch ihre entſchloſſene Haltung und ihre Bewaffnung. Im Beſitz der hier völlig unbekannten Schießgewehre, bilde= ten die 27 Weißen eine furchtbare Macht, welche in den Kämpfen der Häuptlinge unter einander unfehlbar der Seite zum Siege verhelfen mußte, zu der ſie ſich wendete. Sie ſchloſſen ſich an den Häuptling von Mbau an, wo ſich die

Fig. 27.

Thakombau.

meiſten niederließen, und die Herrſcher dieſer Inſel haben ſeitdem eine unbeſtrittene Hegemonie im Archipel beſeſſen. Zu jener Zeit war Na Ulivau hier König; ſeine großen kriegeriſchen Er= folge verſchafften ihm den Beinamen Vuni Valu, Wurzel des Krieges, ein Titel, der nun in ſeiner Familie erblich wurde.

Auf den ersten Buni Balu folgte 1829 sein Bruder Tanoa, einer der wütendsten Kannibalen, die Biti je gekannt hat, und auf ihn nach einer sehr unruhigen Regierung sein Sohn Cakobau oder Thakombau. Inzwischen hatte schon seit 1835 die wesley= anische Mission hier Fuß gefaßt und Thakombau war, obschon nicht geneigt, sich vom Heidentum abzukehren, dennoch weitsehend genug, um zu erkennen, daß das Neue in Religion und Kultur das Siegreiche sein werde. Er herrschte damals nur über den westlichen Teil der Gruppe, in dem östlichen hatte sich der Ton= ganer Maafu, ein Verwandter des Königs Georg, eine domi= nierende Machtstellung erworben. Daß derselbe seine Herrschaft noch weiter ausbreitete, wurde durch das Eintreten des englischen Konsuls Pritchard verhindert, dem Thakombau das Anerbieten machte, seine Rechte über die Gruppe an England abzutreten. Eigentlich besaß Thakombau für eine solche Cession gar keine Autorität. Außer dem genannten Maafu gab es noch mehrere andere Biti=Häuptlinge, welche sich in völliger Unabhängigkeit befanden. Alle aber sahen sehr wohl ein, daß, wenn nicht Eng= land, dann es eine andere Macht sein würde, der das Land zufallen müsse, und sie gaben, durch die Missionäre beeinflußt, England den Vorzug.

In Levuka wohnten 1849 etwa 50 Weiße, darunter eine größere Anzahl Amerikaner. Schon seit geraumer Zeit hatten diese den wachsenden Einfluß der hierher meist aus den austra= lischen Kolonieen kommenden Engländer mit mißgünstigen Blicken betrachtet und die unter englischen Geistlichen stehende Mission zu verdächtigen gesucht. Einen geeigneten Anlaß zu bestimmtem Vorgehen bot der Brand des Hauses des amerikanischen Kon= suls Williams, bei welcher Gelegenheit die Eingeborenen alles fortschleppten, worauf sie die Hände legen konnten. Williams muß ein sehr exakter Rechner gewesen sein, denn, als 1851 das ameri= kanische Kriegsschiff „St. Marys" die Gruppe besuchte, gab er seinen Verlust auf 5001 Dollars 38 Cents an. Diese damals nicht berücksichtigte Forderung schwoll nach einigen Jahren infolge

eines zweiten Diebstahls und berechneter Zinsen 2c. auf 45 000
Dollars an. Selbst amerikanische Ansiedler und Befehlshaber
amerikanischer Kriegsschiffe erklärten diese Forderung für voll=
kommen unbegründet, dennoch erzwang auf Williams Betrieb der
Kapitän Boutwell, welcher Thakombau sogar mit dem Strange
drohte, die Anerkennung dieser Schuld. Thakombau, der doch
gar nicht Herr der ganzen Gruppe war, mußte sich schriftlich
zum Schadenersatz für alle den Amerikanern zugefügten Schä=
den verpflichten. „Die Allmacht hat uns geholfen," schrieb
Williams nach Washington, „und Boutwell war ihr Rüstzeug."

Bald drohten auch Verwickelungen mit Frankreich. Schon
1844 und 1850 hatten französische Missionäre vergebens
versucht, sich auf den Viti=Inseln niederzulassen. Unterrichtet
von den Vorgängen in Tahiti und Hawaii, verweigerten die
Häuptlinge die Erlaubnis zu ihrem Aufenthalt. Aber wie
auf Tonga 1858, so wurden zwei Jahre später auch hier die
Katholiken mit Hilfe französischer Kriegsschiffe eingeführt. Tha=
kombau, zwischen den Gefahren amerikanischer und französischer
Annexion schwebend, beschloß beiden zu entgehen, indem er sein
Land an England abtrat. Wie schon erwähnt, hatte er auch alle
übrigen Häuptlinge zu dieser Cession gewonnen. Allein England
zeigte sich nicht geneigt, das Anerbieten anzunehmen. Und sofort
traten nun auch wieder die Amerikaner mit ihren Ansprüchen
hervor, dazu gesellte sich jetzt König Georg von Tonga mit einer
Forderung von 12 000 Pfd. Sterl. für früher geleistete Hilfe.

Die Lage Vitis wurde eine immer schwierigere, daher nahm
Thakombau mit Bereitwilligkeit das Anerbieten eines Melbourner
Syndikats an, welches gegen die Bewilligung des schon der
englischen Regierung angebotenen Landes die amerikanischen An=
sprüche zu befriedigen versprach. Die nun gebildete Polynesian
Company erhielt sofort 45 000 Hektaren und zahlte den größeren
Teil jener von Amerika beanspruchten Summe.

Damit war eine Sicherheit der Verhältnisse aber keineswegs
hergestellt, auch die Bildung einer mit mehreren Engländern besetzten

Verwaltung durch den nun mit dem größten Teile der Vitier zum Christentum übergetretenen König änderte daran nichts. Immer noch gab eine Anzahl unzufriedener, weißer Ansiedler den respektablen Engländern, Deutschen und Amerikanern Anlaß zu Befürchtungen nicht allein für ihr Eigentum, auch für ihr Leben. Zum zweiten Male bot im März 1874 Thakombau die Gruppe England an und zum zweiten Male erfolgte eine Ablehnung. Man sagt, daß auch an die deutsche Reichsregierung ein ähnliches Anerbieten erfolgt sei — sehr bedeutende Liegenschaften befinden sich auf Viti in deutschen Händen — es hatte jedenfalls kein besseres Schicksal. Aber die Besorgnis, eine andere Macht möchte von dieser großen und schönen Inselgruppe Besitz ergreifen in einem Meere, das England als seine eigentliche Domäne anzusehen beginnt, war vielleicht das treibende Motiv, wodurch England doch am 30. September 1874 das dritte Angebot Thakombaus endlich annahm. Die Vitigruppe wurde damit eine Kolonie der britischen Krone.

Am 24. September 1875 langte der zum Gouverneur ernannte Sir Arthur Gordon in Levuka an und empfing die Huldigungen der eingeborenen Häuptlinge, welche ihn dadurch mit der Würde des Vuni Valu bekleideten. Die Ceremonie fand statt auf Mbau, dem alten Sitze der mächtigsten Herrscher im Archipel. Sie bestand in ihrer Hauptsache in dem feierlichen Trinken einer Schale Kawa, welche Thakombau dem Gouverneur überreichte, und dem gemessenen Händeklatschen während dieses Aktes, wodurch die alle Anwesenden überragende Stellung des Stellvertreters der englischen Königin anerkannt wurde. Thakombau trug bei dieser Gelegenheit nicht mehr, wie sonst als als Zeichen der höchsten Würde, die lange Schleppe von Tapa, sondern, wie die übrigen 200 anwesenden Häuptlinge, den fast bis zu den Füßen reichenden Sulu aus hellbrauner, weißgefleckter Häuptlingstapa, während die Häuptlinge der Laugruppe sich in Schwarz und die vitische Geistlichkeit in Weiß gekleidet hatte. Die Tama, der tieftönende Zuruf: Ndua woh! Ndua woh!, die

Begrüßung des Vasallen für seinen Feudalherrn, proklamierte den Gouverneur als den Ersten in der Gruppe. Und nun ertönt dieser Ruf pflichtgemäß aus dem Munde eines jeden, mag er an der Behausung des Gouverneurs zu Lande oder zur See vorüberkommen.

Thakombau hat für seine Ansprüche und aufgegebenen Ehren eine Entschädigung empfangen. Er ist von allen früher eingegangenen Verpflichtungen befreit und empfängt einen Jahresgehalt von 1500 Pfd. Sterl. oder 30 000 Mark. Außerdem machte ihm die britische Regierung das Geschenk einer hübschen Segelyacht. Unter den übrigen Häuptlingen nimmt er noch immer die erste Stellung ein.

Er wird uns als ein Mann von riesiger, schön proportionierter Statur geschildert und mit angenehmem und intelligentem Gesichtsausdruck. Als Erskine ihn besuchte, gab der ungeheure Haarputz, vom weißen Sala eingeschlossen, ihm ganz das Aussehen eines orientalischen Sultans. Kein Kleidungsstück bedeckte seine herkulische Brust oder verbarg die natürliche dunkle Hautfarbe und trotz seines dürftigen Anzuges war „jeder Zoll an ihm ein König". Ringsumher lagen Bündel von Tapatuch u. a., ein Beweis, daß es freie Wahl, nicht Notwendigkeit war, welche ihn zu solcher Sparsamkeit in seiner Toilette veranlaßte. Und sicherlich ist es besser, daß wie er auch seine Unterthanen in dieser Hinsicht ihren alten Sitten getreu bleiben; ihrem körperlichen Wohlbefinden ist die leichte alte Tracht ohne Zweifel zuträglicher als die für so viele Naturvölker gefährliche europäische Kleidung.

Sehr weise ist die alte Vitiverfassung im großen und ganzen beibehalten worden. Jährlich findet eine Versammlung aller Häuptlinge, ein Vei Bose, statt. Der Gouverneur Sir Arthur Gordon trug immer Sorge, dabei allen Pomp der Majestät Englands zu zeigen. Geschmückt mit dem Großkreuz und der Kette des Ordens von St. Michael und St. Georg, bekleidet mit dem Rittermantel, dessen Schleppe die Söhne des ehemaligen

Königs zu tragen hatten, umringt von seinen Beamten in voller
Uniform, pflegte er diese Versammlungen zu eröffnen. Die Bei
Bose sollten bei allen vornehmsten Häuptlingen, den Roko Tui, die
Runde machen. Diese Versammlungen gestalten sich, wie in alter
Zeit, immer zu großen Festen, bei welchen der Gastgeber eine wahr=
haft verschwenderische Freigebigkeit entfaltet. Als Thakombau das
erste Bei Bose unter britischer Herrschaft in seiner Residenz zu
Mbau versammelt sah, beschenkte er seine Standesgenossen mit
Tapa von 2000 Meter Länge und 4 Meter Breite, außerdem mit
50 stattlichen Segelkanus. Dem Gouverneur überreichte er aber
das Geschenk, das nur Häuptlinge austauschen, ein paar Walfisch=
zähne, und ersuchte ihn, als ein Zeichen seiner Hochachtung 104
Schweine und einen ganzen gekochten Haifisch anzunehmen.

Der Archipel zerfällt in zehn Provinzen, deren jeder ein
Roko Tui vorsteht. Dieser verwaltet mit dem Bose vaka Yasana,
einem Rate, zusammengesetzt aus den Häuptlingen der Distrikte,
den Bulis, alle Angelegenheiten der Provinz, namentlich liegt
ihm die richtige Verteilung der Steuern für jeden Distrikt ob.
In den Distrikten steht dem Buli die Bose ni Tikina, eine Ver=
sammlung der Dorfvorsteher, zur Seite, in welcher die auf den
Distrikt fallende Abgabe unter die Dorfschaften verteilt wird. In
dem Dorfe endlich, wo der Vorsteher den Vorsitz führt, wird
jedem Familienvater sein Anteil zugemessen. Es ist dies also
dieselbe Einrichtung, wie sie von jeher bestand und wie wir sie
an anderer Stelle geschildert haben.

Nur sind verschiedene Mißbräuche daraus entfernt worden.
Nach der alten Feudalverfassung waren die Niederen dem Höheren
zu gewissen Frondiensten verpflichtet. Sie hatten seine Felder
zu bestellen und abzuernten, Häuser und Schiffe zu bauen 2c.,
ohne irgend einen Anspruch auf Entschädigung für ihre aufge=
wandte Arbeit erheben zu können. Dies Recht nannte man Lala.
Der oberste Häuptling besaß es, aber auch die unter ihm
zunächst stehenden und so fort bis zum gemeinen Volke. Es war
aber Gebrauch, daß für diese Dienste reiche Geschenke gemacht

wurden, welche die Betreffenden unter sich verteilten. Es be=
stand eben eine Art Kommunismus; dem Tui gehörte freilich
alles, aber es gehörte auch seinen Untergebenen, denen er in ge=
nügender Weise davon mitzuteilen verpflichtet war. Dieses
Lala wurde indes früher sehr arg gemißbraucht und die Unter=
gebenen von den Höherstehenden schmählich gebrandschatzt.

Durch die von Sir Arthur Gordon erlassene Bestimmung
ist das Recht des Lala auf die Rokos der Provinzen und die
Bulis der Distrikte beschränkt worden. Andere Häuptlinge
können dasselbe nur durch diese Autoritäten auf ein an sie ge=
stelltes Gesuch erlangen. Lala ist beschränkt auf die Häuser=
bauten, Anpflanzungen, Wegeverbesserung, Schiffbau, Bewirtung
von Fremden, Schildkrötenfang und irgendeine Arbeit für die
allgemeine Wohlfahrt. Die, welchen Lala geleistet wird, haben
für Nahrung oder Bezahlung zu sorgen. Sollte dies unter=
bleiben, so sind die Betroffenen im Recht, zwei Jahre lang sich
aller Arbeiten für den nichtzahlenden Häuptling zu enthalten, der
Roko Tui kann aber anordnen, daß die Arbeiter, welche keinen
Unterhalt empfangen, in entsprechender Weise entschädigt werden.

Was nun das Aufbringen der von der Regierung bestimmten
Steuern anlangt, so geschieht die Zahlung derselben immer in
natura und es bleibt den Distrikten und Dörfern gänzlich über=
lassen, welches Produkt sie wählen wollen. Man baut jetzt
Kaffee, Zuckerrohr, Kakao, Vanille, Pandanus utilis zur An=
fertigung von Säcken, Mango neben den schon längst erzielten:
Baumwolle, Mais, Tabak, Lichtnüssen und besonders Kopra. Auch
Trepang wird als Zahlung angenommen. Zuweilen thun sich
mehrere Dörfer zusammen, um die für die Steuer bestimmten
Produkte auf einer Pflanzung gemeinschaftlich zu erzeugen.

Die Folge dieser Maßregel, welche übrigens seitens der
weißen Pflanzer anfänglich viel Anfeindungen erfuhr, ist die ge=
wesen, daß der Betrag der für den Export bestimmten Landes=
produkte in erstaunlicher Weise zunahm. Auch haben die Be=
steuerten selber einen nicht unbeträchtlichen Vorteil davon ge=

zogen. Denn es ist häufig vorgekommen, daß die Regierung mehr für die eingelieferten Vorräte erhielt, als ein Distrikt wirklich zu zahlen hatte, der Überschuß (1878: 40 000 Mark) wurde dann den Steuerzahlern zurückerstattet.

Das von Sir Arthur Gordon befolgte System ist ganz dem ähnlich, das in Viti schon immer im Gebrauch war. Die Vitier haben aber jetzt einen direkten Vorteil, der früher den Händlern zufiel. Die Regierung erzielte 1877 für die Tonne Kopra 10 Pfd. 10 Sh. 6 P. Sterling, die Händler pflegten aber früher nur 5 Pfd. Sterl. per Tonne zu zahlen und zwar nicht in Geld, sondern in Waren, die ihnen noch einige hundert Procent Gewinn abwarfen. Kein Wunder, wenn die Regierung Opposition fand.

Die Steuern, welche die Vitier 1879 an die Regierung zahlten, bestanden in 1100 Tonnen Kopra, 300 Tonnen Baumwolle, 180 Tonnen Lichtnüsse, 30 Tonnen verschiedener Produkte und 10 500 Hektoliter Mais, wofür 22 514 Pfd. Sterling vereinnahmt wurden. Der größere Teil der Staatseinnahmen fließt aber aus Zöllen und aus Konzessionen für den Geschäftsbetrieb. Im Jahre 1880 betrugen sie 80 678 Pfd. St. bei 91 102 Pfd. St. Ausgaben. Für 1881 scheint zum ersten Male die Herstellung des Gleichgewichts in Aussicht zu stehen, denn in den ersten 11 Monaten betrugen die Einnahmen 72 486 Pfd. St., die Ausgaben dagegen 72 673 Pfd. St. Ein Resultat, welches auch wohl diejenigen zum Schweigen bringen dürfte, welche die Kolonie als eine Last für das Mutterland schildern wollten. Und wie schnell ist dies erreicht worden! Noch 1875, im Jahre der Übernahme, betrugen die Einnahmen nur 16 438 Pfd. St. und die Ausgaben 41 523 Pfd. St. Während also die Einkünfte sich um das Fünffache gehoben haben, sind die Ausgaben nur etwas mehr als verdoppelt worden.

Allerdings hat England, um verschiedene bei Übernahme der Kolonie nötige Einrichtungen zu treffen, für Bauten, Gehälter u. a. beträchtliche Summen vorstrecken müssen. Mit anderen Verpflichtungen betrug die gesamte Schuld des jungen

10*

Staates 1878: 100 000 Pfd. St. und 1880 schon 210 000 Pfd. St. Nach dem Statesman's Yearbook für 1881 waren indes die Unkosten des Mutterlandes für Viti pro 1878—79 und 1879—80 nur auf je 159 Pfd. Sterling veranschlagt. Die Finanzen der jungen Kolonie stehen also durchaus nicht ungünstig.

Dank der rechtzeitig gewährten Hilfe — die englische Regierung entschloß sich nach der Besitzergreifung zu Verwaltungsvorschüssen von anfangs 40 000 Pfd. St. — hat sich dieselbe rasch entwickeln können. Der Exportwert, welcher sich im Jahre 1875 erst auf 94 266 Pfd. St. belief, betrug 1880 229 528 Pfd. St. Hiervon entfielen auf England 1875: 58 572 Pfd. St. oder 62 Proc., und 1880: 212 144 Pfd. St. oder 93 Procent. Gleichzeitig stieg der Import von 118 646 Pfd. St. auf 185 740 Pfd. St. und der englische Anteil von 112 827 Pfd. St. auf 180 452 Pfd. St., d. h. von 95 auf 97 Procent.

In derselben Weise hat der Schiffsverkehr zugenommen. Die Zahl der in den drei Haupthäfen der Gruppe: Levuka, Suva und Loma Loma einlaufenden Fahrzeuge wuchs in dem Zeitraum 1877—1880 von 100 Schiffen mit 20 192 Tonnen auf 157 Schiffe mit 32 933 Tonnen, wovon auf die englische Flagge im letzten Jahre 76 Segelschiffe mit 7338 Tonnen und 46 Dampfer mit 17 591 Tonnen entfielen. Auf sämtliche übrige Flaggen, unter denen die deutsche am meisten beteiligt ist, kamen nur 34 Segelschiffe mit 7916 Tonnen und ein Dampfer mit 88 Tonnen.

Die vorstehenden Ziffern und unsere an früherer Stelle gegebene Schilderung des Aufschwungs der Bodenproduktion beweisen, daß die Engländer hier ein richtiges Kultursystem eingeschlagen haben. Es läßt sich mit Sicherheit voraussehen, daß die Kolonie sehr bald wird weiterer Hilfe entraten können.

Schon hat Neuseeland, welches einen ziemlich lebhaften Verkehr mit der Gruppe unterhält, eine Dampferlinie eingerichtet, welche regelmäßige Fahrten machen soll. Neusüdwales besitzt eine solche Verbindung schon seit längerer Zeit durch die Dampfer der Australian Steam Navigation Co., nachdem die

Dampfer der Pacific Mail aufgehört haben, Kandavu anzu=
laufen. Eine dritte Linie verbindet Levuka und Nukalota auf
Tonga. In Levuka sind schon Zweige von zwei in Australien
und Neuseeland domizilierten Banken errichtet; in London hat
sich unter dem Titel: The Mortgage and Agency Company
of Australasia eine Bodenkreditanstalt mit einem Kapital von
500 000 Pfd. Sterl. konstituiert, welche ihre Operationen vornehm=
lich auf die Vitiinseln richten will. Eine Handelskammer be=
steht in Levuka und eine Pflanzer=Assoziation hat Zweige in
allen Teilen der Kolonie. Überall ist ein Fortschritt bemerkbar
und zweifellos steht der Kolonie eine bedeutende Zukunft bevor.

Noch ist Raum für ein paar Millionen, denn die jetzige
Bevölkerung ist klein genug. Außer den erwähnten 115 635
Vitiern zählt der Census von 1881 noch 2293 Weiße auf:
Engländer, Deutsche, Amerikaner, ferner 5634 polynesische Ar=
beiter, 753 Mischlinge, 528 Kulis und 156 andere Polynesier;
die Gesamtbevölkerung betrug demnach 124 999 Seelen. Man
erinnere sich, daß das noch um etwas kleinere Württemberg
gegen 2 Millionen Bewohner zählt.

Die oben aufgeführten polynesischen Arbeiter sind richtiger
als Melanesier zu bezeichnen, da sie zumeist von der Salomon=
Gruppe und den Neuen Hebriden kommen. Jetzt sind zehn Schiffe
mit zusammen 1200 Tonnen beschäftigt, Arbeiter zu holen und
zurückzubringen, aber obschon jährlich 1500—1800 Personen her=
übergeholt werden, so wird der Nachfrage keineswegs genügt.
Man machte daher einen Versuch mit ostindischen Kulis, der aber
unglücklich ausfiel, da während der Überfahrt die Pocken aus=
brachen. Dennoch will man den Versuch wiederholen, da zur
Kultur von Kaffee, Zuckerrohr, Zimmet u. dgl. die Ostindier weit
besser verwertbar sind, als die Melanesier. Die Kosten eines
ostindischen Arbeiters stellen sich auf 350 Mark, die eines mela=
nesischen auf 330 Mark jährlich. Die letzte Summe setzt sich
zusammen aus 60 Mark als das Drittel des für 3 Jahre ge=
zahlten Handgeldes, ebensoviel als Jahreslohn, 95 Mark für

Nahrung, Rücktransport 40, Wohnung 10, Matten 5, Decken 8. Sulus und Medizin je 10 Mark u. a. Die Regierung beaufsichtigt die Anwerbung wie die Beschäftigung der Arbeiter und besteht dringend darauf, daß sie nach 3 Jahren — länger darf ihr Kontrakt nicht lauten — in ihre Heimat zurückgebracht werden. Dies ist ein Punkt, worüber die Pflanzer Klage führen, da gerade nach solcher Zeit die Arbeiter erst recht nützlich werden. Indes kehren viele wieder von ihren Inseln zurück. Die Eingeborenen von Viti, welche auf den Pflanzungen nicht gern arbeiten, sich vielmehr, wenn sie überhaupt Lust zeigen in Dienst zu treten, in den größeren europäischen Ansiedelungen auf kurze Zeit beschäftigen lassen, dürfen nach einer Ordre des Gouverneurs als ländliche Arbeiter nicht für länger als einen Monat angenommen werden, es steht ihnen aber frei, länger zu bleiben.

Alle Eingeborenen bekennen sich jetzt zum Christentum; die im Innern von Viti Levu wohnenden und von einigen auf 7000, von anderen auf 20 000 geschätzten, erst vor einigen Jahren zur Ruhe gebrachten Bergbewohner sind freilich bis jetzt kaum äußerlich Christen. Sie waren noch bis 1876 Kannibalen, damals erhoben sie sich, durchaus nicht geneigt, sich dem englischen Regimente zu unterwerfen, denn Thakombau war, wie sie freilich sehr richtig bemerkten, wohl ein König in Viti, aber nicht von Viti. Allein unter Führung von Engländern wurde es den mit Feuergewehren bewaffneten Lotu-Vitiern (Lotu = Evangelium) leicht, die Heiden zu schlagen und ihre mit Erdwällen, Pallisaden und Gräben befestigten Plätze Nasaucocko und Nabrau zu nehmen. Seitdem ist volle Ruhe eingetreten und die Civilisierung und Christianisierung dieser Stämme macht schnelle Fortschritte. Am stärksten von den drei herrschenden Bekenntnissen: Wesleyanern, Katholiken und Anglikanern sind die ersten, deren Zahl man für 1881 auf 103 000 angiebt. Sie besitzen 776 Kirchen außer 432, auch anderen Zwecken dienenden Gebäuden, in welchen 8 englische Missionäre und 47 eingeborene Geistliche funktionieren. Die Katholiken zählen etwa 8000 Anhänger. Der Segen, welchen die Mission hierher gebracht hat, ist außer aller Frage. Despotie und Kannibalismus des Adels, gegenseitige Furcht, Unsicherheit des Lebens und Eigentums, ein Kriegszustand aller gegen alle lag vormals schwer auf der Bevölkerung. Jetzt, in der christlichen Zeit, ist Friede und Ordnung bei ihr eingekehrt.

In Sanima auf Kandavu wurde, als Max Buchner dort war, Gottesdienst gehalten. Die Lalis riefen zur Kirche. Drinnen saß die Gemeinde auf den Matten, welche den Boden bedeckten, alle in frischgewaschenen oder bunten Sulus, die Frauen trugen sämtlich ein Busenschürzchen. Die Erwachsenen waren sehr andächtig, nur die liebe Jugend trieb Allotria. Ein Kirchendiener, der sie mit einem dünnen Drahtstab zur Sittsamkeit zu ermuntern bemüht war, hatte wenig Erfolg. Der leidenschaftliche und doch würdevolle Vortrag des Missionärs, der sonore, tiefe Wohlklang seiner Stimme, die Kraft der vokalreichen, melodiösen Sprache, die Buchner immer wie italienisch klang, bezauberten ihn höchst eigentümlich. Und doch waren es nur wenige Worte gewesen, welche er zu verstehen vermochte.

Westlich von Viti liegt die kleine Inselgruppe

Rotumah,

welche aus der gleichnamigen Hauptinsel und acht winzigen, um dieselbe umherliegenden Felseneilanden besteht, 36 qkm. oder 0,65 Q.=M. mißt und von 2500 kupferbraunen Polynesiern bewohnt wird. Die Ufer der Hauptinsel sind von einem Küstenriff umgeben, trotzdem aber sicher und gefahrlos, das Ostende bildet das sandige Kap Noatau mit dem gleichnamigen Dorfe; hinter der ähnlich gebildeten Südspitze steigt ein isolierter Bergkegel auf. Sonst ist das ganze Innere mit mäßig hohen Bergen erfüllt, welche in ihrer Zusammensetzung, in den von hohen Bäumen erfüllten Kratern die Spuren einer längst vergangenen vulkanischen Thätigkeit zeigen. In dem verwitterten Gestein gedeiht eine üppige Vegetation, welche den Bewohnern reichliche Nahrung liefert. Dennoch ist zeitweiliger Mangel der Grund zu Auswanderungen gewesen, namentlich nach der Nordküste von Vanua Levu, wo sich rotumahnische Kolonien bildeten. Ein Verkehr mit Europäern besteht seit geraumer Zeit; Walfischfänger und Händler nahmen hier immer gern Lebensmittel ein und die Eingeborenen ließen sich leicht bestimmen, diese Schiffe als Matrosen oder Arbeiter zu begleiten. Für das protestantische Christentum wurden

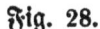

Fig. 28.

Noatau.

die Rotumahner durch den Missionär Williams gewonnen, später kamen katholische Geistliche hierher und sammelten einige Hundert der Insulaner um sich. Diese religiöse Spaltung ist der Grund für allerlei Zwistigkeiten und Unruhen gewesen. Auch scheinen dieselben, nachdem die Häuptlinge das britische Oberhaupt herbeiriefen und Rotumah darauf 1869 der Kolonie Viti einverleibt wurde, noch nicht ganz aufgehört zu haben.

Neuseeland.

Neuseeland.

1. Lage und Areal.

Die Gewohnheit der Entdeckungsreisenden früherer Jahr-
hunderte, ihre Funde mit solchen Namen zu taufen, welche sie
ihrer Heimat entlehnten, hat auch unserem Archipel seine jetzige
Bezeichnung verschafft. In Anbetracht der ungeheuren, zwischen
Pate und Täufling bestehenden Verschiedenheit hätte ein un-
passenderer kaum gewählt werden können. Die kleine und flache,
der gierigen Nordsee mühsam abgerungene Provinz gleicht dem
von Vulkanen durchbrochenen und von schneebedeckten Alpenge-
birgen erfüllten Südlande ungefähr „wie ein Häring einem Walfisch". Man hat daher mancherlei andere Namen vorgeschlagen:
Austral-Albion, Austral-Britannien, keiner aber hat den alten so
viel angefeindeten verdrängen können.

Die Geschichte der ersten Auffindung Neuseelands durch Tas-
man, der zweiten, wirklichen Entdeckung durch Cook ist an anderer Stelle (Bd. II. S. 177 ff) verzeichnet worden. Nach Cooks
letztem Besuche im Februar 1777 kamen die Franzosen Surville
und Marion du Fresne hierher, wobei der letztere mit 14 seiner
Schiffsgenossen für die Übergriffe seines Vorgängers mit dem
Leben büßen mußte. Aber trotz dieser und auch d'Urvilles
Forschungsreise blieb Neuseeland ein fast völlig unbekanntes
Land, bis die vorzüglichen Arbeiten zweier deutschen Reisenden,
Dieffenbachs und Hochstetters, hochwichtige, überraschende Auf-
schlüsse über dasselbe gaben. Diesen beiden Forschern schließen
wir einen dritten, gleichfalls einen Deutschen, an: Julius von Haast,
welcher uns die Südinsel gründlicher kennen lehrte.

Die neuseeländische Inselgruppe liegt fast unter unseren Füßen, auf der entgegengesetzten Seite des Erdballs. Ihre starre Land- und Gebirgsmasse ragt aus der Mitte jener ewig bewegten, unabsehbaren Wasserwelt majestätisch durch ihre reichbekleideten grünen Waldgebirge bis zu einzelnen kühnen, kegelartigen Schneegipfeln empor. Sie wurzelt am Südende der langgezogenen Inselketten mit wilden Reihenvulkanen, welche Ostasien und Ostaustralien als Küstenbegleiter umziehen, im tiefen Meeresgrunde als ihr letztes südliches Doppelglied. Nach vielen vulkanischen und neptunischen Kämpfen scheint sie gegenwärtig in vollem Naturfrieden auszuruhen. Und auch der historische Friede scheint ihr endlich geworden zu sein und eine höhere Kulturwelt beginnt „ihre besänftigenden Schwingen über den Schauplatz wilder Kämpfe auszubreiten."

Die Lage Neuseelands, des „Großbritanniens der Südsee", hat oft zu einer Parallele mit dem britischen Inselreich herausgefordert. Aber die beiden Inseln, welche England und Irland entsprechen, liegen hier nicht neben, sondern über einander.. In den äußeren Umrissen ist in umgekehrter Lage beinahe die Gestalt von Italien wiederholt, nur übertrifft die Länderbreite Neuseelands die Ausdehnung der apenninischen Halbinsel von Ost nach West meist um das Doppelte, oft um das Dreifache. Der Flächenraum der neuseeländischen Inseln (270053 qkm = 4904,1 Q.-M.) ist der Größe von England und Schottland (229915 qkm) ziemlich gleich; ihre Ausdehnung von Nord nach Süd würde, auf den Boden Europas versetzt, etwa der Entfernung von München bis zur äußersten Südspitze Italiens entsprechen.

Der Archipel besteht aus zwei großen Inseln: der Nordinsel, in der Sprache der Maori Te Ika a Maui, der Südinsel oder Te Wahi Punamu und der kleinen Stewartinsel (Rakiura). Der nördlichste Punkt ist das Nordkap (Kap Otu) unter 34° 25' s. Br., der südlichste das Kap Southwest auf der Stewartinsel unter 47° 17' s. Br., der östlichste ist das Kap Waiapu

(East Cape) auf der Nordinsel unter 178° 36', der westlichste das Westkap auf der Südinsel unter 166° 26' östl. Länge.

Im weiten Umkreise zerstreut liegt eine Anzahl von Inseln und Inselgruppen, welche wir als Neuseeland zugehörig zu betrachten haben, die auch vermutlich in weit zurückliegender Vergangenheit einst die Teile eines großen Insellandes bildeten, das sich nach allen Richtungen weithin ausdehnte. Solche Teile waren die Aucklandgruppe, die Campbell=, Macquarie= und die Antipoden=Insel, die Chathamgruppe, die Kermadecgruppe, die Norfolk= und Lord Howes Insel. Eine ungeheure Meerestiefe trennt noch heut Neuseeland von Australien.

Von diesen Inseln sind nur wenige bewohnt; bieten aber sehr wohl die Bedingungen für eine Ansiedelung. Auf den Aucklandinseln, der Campbell= und der Macquarieinsel schlagen zeitweilig Walfischfänger und Robbenjäger ihr Quartier auf und auf den beiden ersten unterhielt die neuseeländische Regierung Niederlagen von Vorräten für Schiffbrüchige. Auch die rauhe und felsige Kermadec=Gruppe ist unbewohnt; sie bildete wohl zur Zeit der ersten Einwanderung der Maori eine Zwischenstation zwischen ihrer alten Heimat und dem neuen Lande.

Die Chathaminseln, die größte der außenliegenden Gruppen (1627 qkm oder 29,54 Q.=M.), zeigen eine nahe Verwandtschaft mit Neuseeland. Nach den Angaben der Eingeborenen soll bis 1835 hier sowohl der Kiwi als der Kakapo (Stringops) vorgekommen sein. Auf der größten Insel Rangahauria befindet sich ein großer See; die Vegetation ist kräftig, neben vielem torfartigen Boden findet sich auch guter Lehmboden, auf welchem die Weizenkultur trefflich lohnt. Indes wird hauptsächlich Viehzucht getrieben. Man zählt ca. 70 000 Schafe, 900 Pferde und 500 Rinder, daneben ebensoviel verwilderte. Die 340 Einwohner setzen sich aus 200 Weißen der verschiedensten Nationalitäten, 100 Maoris und 40 Maorioris zusammen, die letzteren die Überbleibsel einer ursprünglich 1200 Köpfe starken Bevölkerung, welche von den eingewanderten Maoris so weit vernichtet wurde.

Die Norfolkinsel und Lord Howes Insel gehören zwar politisch zu Neusüdwales, aber geographisch, namentlich zoogeographisch müssen wir sie zu Neuseeland rechnen. Das Vorkommen solcher Vögel wie Nestor productus, Cyanoramphus rayneri, Notornis alba, ganz eigentümliche neuseeländische Gestalten, beweist den alten Zusammenhang. Die Norfolk=Insel, welche der schönen Araucaria excelsa den Namen gegeben hat, mißt 44 qkm und wurde 1877 von 481 Pitcairninsulanern bewohnt, welche 1856 in die aufgegebene Sträflingskolonie einzogen. Lord Howes Insel, hoch und vulkanisch, wird von einigen Walfängern bewohnt oder solchen, welche diesen Leuten Schweine, Ziegen, Geflügel und Gemüse liefern.

Die Lage Neuseelands, seine Weltstellung, ist eine außerordentlich vorteilhafte. Gerade in der Mitte der oceanischen Erdhälfte gelegen, vermag es einen beherrschenden Einfluß auf dieselbe auszuüben. Mit dem atlantischen Ocean steht es in gleich naher Verbindung auf dem Wege um Afrika, wie auf dem um Amerika. Eine gerade Linie führt von London über die Landenge von Panama nach Auckland. Nahe genug an Australien, um an den Vorteilen, welche die Verbindung mit diesem Kontinent gewährt, teil nehmen zu können, liegt es doch wieder so fern davon, daß es eine bestimmte Selbständigkeit zu bewahren vermag. So ist es ganz dazu angethan, der Schauplatz eines seinen Umkreis beherrschenden Seestaates zu werden.

2. Bodengestalt, Bewässerung und Klima.

Die äußeren Umrisse der beiden großen Inseln sind außerordentlich verschieden. Die Nordinsel hat an ihrer Ostküste eine Reihe von Baien und Golfen: die Inselbai, den Haurakigolf, die Plenty=, Poverty= und Hawke=Bai, an der Südküste die Pallisserbai und Port Nicholson. Und dementsprechend an dem südlichen Ufer der Cookstraße, welche die beiden Inseln trennt, eine Anzahl bedeutender Einschnitte. Im Nordosten die Cloudy=Bai, daran westlich anschließend eine Reihe tiefer Sunde, ferner die Tasman=

Fig. 29.

Der Milford-Sund.

und die Massacre (Golden)=Bai. Die Ostküste der Südinsel ver=
läuft ziemlich einförmig mit Ausnahme der vorspringenden Banks=
halbinsel, durch welche nördlich die Pegasus=Bai, südlich die
Canterbury = Bucht gebildet wird. Die Südküste hat keine
bedeutenderen Einkerbungen. Reicher gegliedert ist das durch
die Foveaurstraße getrennte Rakiura, in dessen Ost= und Süd=
seite von Paterson Inlet und Port Pegasus zerschnitten wird. Die
Westküsten beider Inseln sind aber auffallend hafenarm. Zwar
dringen auf der Nordinsel die Hokianga=Bai, Kaipara=, Manu=
kau= und Kawhia=Harbor tief in das Land hinein, aber diese
Meereseinschnitte bilden doch stets mehr oder weniger seichte
Becken, deren schmale Zugänge vom Meere aus fast immer durch
Sandbarren gesperrt sind. Die Südinsel ist auf ihrer West=
seite aber völlig hafenlos und verläuft einförmig bis zum süd=
westlichsten Ende, wo schmale Fjorde wie der Milford Sund,
das hier steil aufstrebende Land in eine Anzahl von Felseninseln
und scharfen Zungen zerschneiden.

Den Hauptcharakterzug Neuseelands bildet eine große longi=
tudinale Gebirgskette, welche, durch die Cookstraße gebrochen, die
beiden Hauptinseln in der Richtung von Südwest nach Nord=
ost durchstreicht. Die Berge der Stewartinsel sind eine Fort=
setzung dieses Systems, das, von Südwest nach Nordost gerich=
tet, eine ausgezeichnete Hebungslinie im Stillen Ocean bildet,
so daß die mittlere Richtung der nordwestlich streichenden, poly=
nesischen Inseln durch sie unter einem rechten Winkel ge=
schnitten wird.

Die geologische Zusammensetzung der beiden Inseln zeigt
wesentliche Verschiedenheiten. Auf der Südinsel herrschen krystal=
linische, geschichtete und ältere wie jüngere sedimentäre Gesteine
vor. Vulkanische treten hier nur ganz vereinzelt auf, so nament=
lich auf der Bankshalbinsel und an einigen anderen Stellen. Die
Nordinsel ist aber zum sehr großen Teil vulkanisch und zwar
vornehmlich in dem östlich von der Kaimanawakette belegenen
Gebiete, obschon sich auch an dem östlichen Ufer der Plentybai

eine vulkanische Region befindet. Den großen Ostteil nehmen fast ausschließlich neuere sedimentäre Formationen ein; nur ein schmaler Streifen älteren sedimentären Gesteins zieht sich von Wellington mitten hindurch bis zum Norden.

Der vulkanischen Formation gehört nahezu ein Drittel der Nordinsel. Rings um Auckland in einer Entfernung von 20 Kilometer lagern sich mehr als 60 Kegel von 100 bis 300 Meter Höhe, unter ihnen hervorragend über allen der Inselberg Rangitoto, das Wahrzeichen von Auckland. Das Feuer in allen diesen ist längst erloschen; selbst die Form der alten ausgebrannten Krater ist oftmals kaum noch erkennbar. Im fernsten Südwesten steigt in einsamer Größe der schneebedeckte Gipfel des Taranaki (Mount Egmont) zu 2521 Meter Höhe auf, in der Plentybai ragt aus dem Ocean das kleine felsige White Island empor, aus dessen höchstem Gipfel, Mount Waikari, noch immer die unterirdische Glut emporlodert und wo an den Ufern des stillen Kratersees, Lake Hope, heiße Quellen in ganzen Gruppen emporsprudeln.

Aber das eigentliche vulkanische Gebiet liegt im Inneren. Hier zieht sich nördlich an dem längst erloschenen, fast immer von Wolken umlagerten Riesenkegel des Ruapahu und der Gruppe gewaltiger, zum Teil noch thätiger Kegelberge, welche man als Tongariro bezeichnet, bis gegen die nördlichen Meeresufer hin der viel besuchte, merkwürdige Lake-Distrikt, ausgezeichnet durch Solfataren, Schlammvulkane und durch ein großartiges Auftreten heißer Geysir und Quellen.

Den 2803 Meter hohen Gipfel des Ruapahu bedeckt ewiger Schnee; der höchste Kegel des Tongariro, der Ngauruhoe, erreicht aber die ewige Schneegrenze nicht, im Winter jedoch lagern an seinen niedrigeren Kuppen große Massen von Schnee, den der von innen erwärmte Aschenkegel nicht duldet. An der östlichen Flanke des Ruapahu entspringt Neuseelands bedeutendster Strom, der Waikato, links kommt ihm aus dem schönen See Rotoaira der Poutu, dann ergießt er sich in den Tauposee, welchen er seiner ganzen Länge nach durchfließt.

Der Tauposee ist 40 Kilometer lang und an seiner breitesten Stelle 30 Kilometer breit, er füllt also ein beträchtliches Areal, man könnte ihn ein Binnenmeer nennen. Er ist von großer, bisher noch nicht festgestellter Tiefe und offenbar durch einen Einsturz unterirdischer, mit dem Vulkanismus der ganzen Gegend in Zusammenhang stehender Höhlen entstanden. Das ganze westliche Ufer ist von senkrechten Felswänden gebildet; eine Landung ist hier nur möglich, wo Bäche oder kleine Flüsse in den See fallen. Den breiten Sandstrand des östlichen Ufers begrenzen weithin schimmernde Bimssteinklippen, von denen das Land in mehreren bewaldeten Terrassen zu den nackten Felspyramiden des Kaimanawagebirges emporsteigt, die mit ihrem schroffen Alpencharakter in malerischem Gegensatz stehen zu den regelmäßigen Kegelformen der vulkanischen Bildungen an der Südseite des Sees. Aus der Mitte des tiefblauen Wasserspiegels hebt sich die kleine Insel Motutaïko, in deren Nähe gefährliche Wirbel die Schiffer mit dem Untergang bedrohen. Der Sage nach hausen dort Wassergeister, die Taniwhas. Schon ist die Zeit, die Hochstetter vorhersah, gekommen; ein Fahrzeug, wenn auch nur ein baufälliges und mit einer auffallend kleinen Dampfmaschine ausgestattetes, befährt den See wöchentlich von Tapuaeharuru am Ausfluß des Waikato nach Tokano, einem Maoridorf an der gegenüberliegenden Seite. Sonst ist die Fläche öde und unbelebt, wie die monotonen mit Farngestrüpp und Manukagebüsch bedeckten Ufer.

Und nun betreten wir jene hochinteressante Seegegend, den Lakedistrikt, den wir uns mit Hochstetter von zwei parallelen Linien begrenzt denken können, welche, das östliche und westliche Ufer des Tauposees berührend, in nordöstlicher Richtung bis an die Plentybai reichen. Rechts zieht sich mit sanfter Abdachung die Kaingaroa, eine fast baumlose Bimssteinfläche, links das mit dichten Wäldern besetzte vulkanische Hochplateau Patetere. An mehr als tausend Punkten entströmen der Erde heiße Dämpfe und rufen alle jene verschiedenen Erscheinungen hervor, welche so lebhaft an Island erinnern. Puia nennt der Maori die

Fig. 30.

Tongariro und Ruapahu vom Berge Agahriha aus gegen Süden gesehen.

11*

intermittierenden, gehsirähnlichen Sprudel, Ngawha bie nicht inter=
mittierenden, mit heißen Quellen durchzogenen Solfataren,
Waiariki heißen alle natürlichen Bäder.

Wie am Südende des Taupo so dringen auch an seinem
Nordende Gruppen heißer Quellen zu Tage und begleiten den
Waikato von seinem Ausfluß, bis er aus der Kaiwhitiwhitiebene
in ein bergiges Hochland tritt. Wo der Fluß reißenden
Laufes, Stromschnelle hinter Stromschnelle bildend, sich durch
ein eingerissenes Thal stürzt, steigen an den Ufern Dampfwolken
auf von heißen Kaskaden, die in den Fluß fallen, und von Kesseln
voll siedenden Wassers, die von weißer Steinmasse umschlossen
sind. „Dort steigt eine dampfende Fontäne in die Höhe und
sinkt wieder nieder, jetzt erhebt sich auf einer andern Stelle eine
zweite Fontäne, auch diese hört auf, da fangen aber zu gleicher
Zeit an zu springen eine ganz unten am Flußufer, die andere
gegenüber auf einer anderen Stelle, und so dauert das Spiel
wechselnd fort, als ob mit einem kunstvoll und großartig ange=
legten Wasserwerke Versuche gemacht würden, ob die Spring=
brunnen auch alle gehen, die Wasserfälle auch Wasser genug
haben."

Eine ganze Gruppe von Seeen, augenscheinlich Senkungen
des durchaus vulkanischen Gebietes, liegt auf halbem Wege
zwischen dem Tauposee und der Plentybai. Der bedeutendste
und malerischste der Gruppe ist der von vielfach gestalteten Ufern
eingefaßte Tarawera=See, überragt von dem felsgekrönten gleich=
namigen Berge. Aus dem nächstgrößten, dem fast kreisrunden
Rotorua, erhebt sich steil ein erloschener Vulkankegel.

Aber der merkwürdigste Teil des ganzen Seeendistrikts
ist die Umgebung des Rotomahana, im Süden des Tarawera,
welche uns Hochstetter, Trollope und Buchner in so warmen
Farben schildern. Dieses kleine, vielgebuchtete Wasserbecken, dessen
trübe Fläche und struppige, dampfende Ufer jeglichen Reizes ent=
behren, ist in ein enges Thal gebettet, dessen Böschungen allent=
halben von kochenden Quellen und Schlammvulkanen durchwühlt

Fig. 31.

Die heißen Quellen von Orakeikorako.

sind. Mitten unter ihnen hat die Natur zwei so ätherische, märchenhafte Gebilde aufgebaut, wie vielleicht kein drittes mehr auf der Erde zu finden ist. Einander schräg gegenüberliegend, ungefähr nordöstlich und südwestlich vom See fließen zwei breite, erstarrte Ströme einer unendlich zart- und weichgefärbten Substanz von oben herab, die zwei Kieselsinterterrassen Tetarata und Otukapuarangi. Der Form nach gleichen sie gefrorenen Kaskaden, die in einer Höhe von 25 Meter an farnbewachsenem Hügelabhang aus kraterförmigem, nach der Seeseite geöffnetem Kessel hervorquellen und in sanften Staffeln sich in den See ergießen. In jede dieser vielen regellos gehäuften Staffeln sind Schalen gehöhlt, welche Wasser von allen Temperaturen enthalten, je höher und näher dem Kessel oben, desto wärmer, je niedriger, desto kühler. Wülste von ornamentalen Stalaktiten umfaßen die alabastergleichen Schalen, deren Innenflächen gepolstert sind mit zarten Sinterkryställen, nachgiebig dem geringsten Druck der Haut, ein Stoff würdig des raffiniertesten Sybariten.

Das wunderbarste jedoch an den beiden Terrassen sind die Farben. Tetarata, „tattuierter Fels", ist glänzend weiß und mit schwärzlichen Dendritenzeichnungen geschmückt, Otukapuarangi, „wolkige Atmosphäre", aber von einem wollüstigen Rosenrot angehaucht. Das Wasser, vollkommen klar und durchsichtig, erscheint wunderschön blau, türkisblau oder wie das Blau mancher Edelopale. Halbnackte, von dunklem Manukagestrüpp spärlich bedeckte, in verschiedenen Farben, rot, weiß und gelb spielende Felswände bilden den Hintergrund.

Von ihrem Kulminationspunkt, dem vulkanischen System des Ruapahu und Tongariro und der Kette rauher Bergrücken: den Tararuabergen, der Ruahine- und Kaimarawakette fallen größere und kleinere Gewässer nach allen Richtungen in das umgebende Meer. Die bedeutendsten und für den Verkehr wichtigsten sind der Waikato und der Wanganui. Der Waikato entspringt an den östlichen Abhängen des Ruapahu, durchfließt den

Fig. 32.

Die heißen Quellen des Lake Hope auf White Island.

Taupofee feiner ganzen Länge nach und fällt nach 270 Kilo=
meter langem Laufe füdlich am Manukauhafen in den Ocean.
Sein bedeutendfter Nebenfluß ift links der an dem Vulkankegel
Rangitoto entfpringende Waipa, das ftille Wafjer, wie der Fluß
im Gegenfatz zu dem Hauptftrom, dem ftrömenden Gewäfjer, ge=
nannt wird. An der Stelle, wo die dunklen braunen Wafjer
des Waipa fich mit den lichtgrünen und klaren des Waikato mifchen,
entftand das jetzt fchnell aufblühende Rangawhia, die ehemalige
Hauptftadt der vereinigten Maoriftämme und die Grabftätte des
erften ihrer Könige Potatau. Beide Flüffe find weit hinauf be=
fahrbar, der Waikato in feinem unteren Laufe durch Dampfer,
die Mündung ift aber durch eine Sandbarre verftopft. Die Fluß=
thäler gehören, namentlich im Waipa, zu den ergiebigften Teilen
der Nordinfel. Der 190 Kilometer lange Wanganui nimmt
feinen Urfprung gleichfalls am Ruapahu und führt feine Wafjer der
Cookftraße unterhalb der nach ihm benannten Stadt zu. Seine
Brauchbarkeit als Verkehrsftraße bleibt feiner geringen Tiefe wegen
eine befchränkte. Weit befjer für den Verkehr geeignet ift der in
den Firth of Thames, eine Abzweigung des Haurakigolfs, mün=
dende Waiho, auch Thames genannt, welcher von feiner Mündung
bei Grahamstown weit hinauf bis zum Einfluß des Pako für
Dampfer befahrbar ift. Der um Wellington mündende Hutt ift
gleichfalls eine anfehnliche Strecke aufwärts fchiffbar. Alle Fluß=
mündungen der Nord= wie der Südinfel bedürfen indes bedeuten=
der Nachhilfen und Bauten, um dauernd für die Schiffahrt zu=
gänglich und ficher zu fein.

Der landfchaftliche Charakter der Südinfel unterfcheidet fich
fehr wefentlich von dem der Nordinfel. Trollope vergleicht die
Scenerie, die Farbe und das Ausfehen der Gewäfjer im allge=
meinen mit denen von Island und dem fchottifchen Hochland.
„Könnte ein langefchlafender Brite inmitten der Berge von Otago
niedergefetzt werden und man fagte ihm beim Erwachen, er fei
in Galway oder im weftlichen Schottland, fo möchte er fich leicht
täufchen laffen, felbft wenn er diefe Landftriche genau kennte, dabei

Fig. 33.

Am Waikato.

erhebt sich aber hier, in der Mitte der Insel, eine Hochgebirgs=
kette, die an Höhe ihrer einzelnen Gipfel, an Größe und Aus=
behnung ihrer ewigen Schnee= und Eisfelder mit den höchsten
Centralstöcken der penninischen und rhätischen Alpen wetteifert.
Über alle ragt der erst 1882 von dem unternehmenden englischen
Geistlichen Green mit zwei tiroler Führern erstiegene Mount Cook,
der Ahoarangi oder Wolkenbrecher der Maori. Von diesem höchsten
Berge Neuseelands, 4024 Meter, dessen Form recht lebhaft an

Fig 34.

Mount Arrowsmith mit dem Ashburtongletscher.

das Matterhorn erinnert, ziehen 5 große Thalgletscher tief herab
in die Thäler. Unter ihnen, wie unter allen den zahlreichen
Hochgletschern, welche riesigen Eiszapfen vergleichbar von den
Firnfeldern herabhängen, wie unter den vielen Thalgletschern,
aus deren schimmernden Eispforten brausende Bäche stürzen, ist
der 16 Kilometer lange, bis 50 Meter hohe Tasmangletscher
der erste. Die meisten dieser Gletscher sind auf große Strecken
mit ungeheuren Gesteinstrümmern überdeckt.

Neben der Riesenmasse des Mount Cook erhebt sich eine
Reihe anderer eisgekrönter Gipfel zu bedeutenden Höhen: der
Arrowsmith (3050), Tyndall (3350), Forbes (2896), Tasman
(3755), der Seftonpik (3560), Aspiring (3033), am südlichsten
Humboldt (2438) und Earnslaw (2804 Meter), welche eine aus=
gedehnte, mit Gletschern bedeckte Gebirgsmasse krönen.

In seinem mittleren höchsten Teile führt das Gebirge den
Namen „Südliche Alpen", eine gewiß nicht unpassende Bezeich=
nung. Merkwürdigerweise ist gerade hier das Gebirge am schmal=
sten, nur 80 Kilometer. Zahlreiche Pässe führen von der einen
Seite des Hochgebirges zur anderen, darunter der Haastpaß im
südlichen Teil, in einer Einsenkung, die sich nur 523 Meter über
den Meeresspiegel erhebt.

Aus den Eisthoren der Gletscher entspringen an der West=
seite viele kleine Flüsse, die nach kurzem Laufe ins Meer fallen,
an der Ostseite aber wilde Gebirgsströme, welche eine Anzahl,
nach Süden immer größere Dimensionen annehmender Seen bil=
den, die durch alte Gletschermoränen aufgestaut zu sein scheinen.
Manche dieser Seen, wie der Tekapo, sind wahre Prachtstücke
landschaftlicher Schönheit. Dampfer befahren jetzt die großen
Seen, wie den langgestreckten Wakatipu, und vermitteln den Ver=
kehr zwischen den rasch an den fruchtbaren Ufern aufblühenden
Ortschaften. Der Wakatipu ist 80 Kilometer lang, der breitere
Wanaku 56 und der vielverzweigte Te Anau 64 Kilometer. Wie
die Schweizerseen, so werden auch diese Seen mit der Zeit auf=
gefüllt werden durch das Geröll, welches ihnen reißende Glet=
scherbäche beständig zuführen, und doch befindet sich der Boden
mancher dieser hoch über dem Meeresspiegel gelegenen Wasser=
becken tief unter demselben. Wie der englische Geologe Ramsay
vermutet, sind diese Seen durch die Erosion der früher weit
tiefer hinabreichenden Gletscher entstanden, ebenso wie die Fjorde
an der Südostküste, deren innere Wasser weit tiefer sind als ihre
schmale Verbindung mit der See.

Auch von der Westseite des Gebirgskammes ziehen zahl=

reiche Gletscher den steilen Abhang hinab; einer von diesen wälzt sich von den Flanken des Mount Cook, eingefaßt von prächtigen Metrosideros, Baumfarnen und Fuchsien, und endet erst in einer Höhe von 230 Meter über dem Meeresspiegel. Und dies in einer Breite, welche der von Marseille oder Livorno entspricht.

Die Flüsse der Südinsel sind für den Verkehr von fast gar keiner Bedeutung. Sie haben alle das gemein, daß sie, von ihrem Ursprung bis zur Mündung in breiten Kiesbetten vielfach zu schmalen Armen geteilt, im tief eingerissenen Flußbett dahinströmen, mit reißendem Lauf, aber ohne eigentliche Stromschnellen oder Wasserfälle zu bilden. Die ansehnlichsten sind der Waitaki, der Abfluß der Seen Tekapo, Pukaki und Ohau, der Molyneux oder Clutha, welcher seine Waffer von dem Wanaka- und dem Hawea-See empfängt, der Mataura aus Lake Wakatipu und der Waiu, welcher die buchtenreichen Seen Te Anau und Manipori durchströmt. An der Westküste fließt der Hollyford durch den Mac Kerrow-See in die Martinsbai; der Grey und der Buller bilden an ihren Mündungen mittelmäßige Häfen.

Das Klima Neuseelands ist feiner insularen Lage gemäß durchweg ein sehr gleichmäßiges und feuchtes. Im Norden ist es noch ein subtropisches, erst im Süden geht es in ein gemäßigtes über. Die Mitteltemperatur ist in Auckland 19,4, in Dunedin 15,6 C. Die oceanische Lage aber bringt es mit sich, daß das Land statt eines Winters größtenteils eine Regenzeit hat. In Auckland ist die Sommertemperatur 20,1, die Wintertemperatur 11,7 C., in Dunedin ist die erstere 14,2, die zweite 9 C. Der Regenfall und die Verteilung über das Jahr ist ziemlich dieselbe (177—178 Tage). Die Westküsten sind aber sehr viel feuchter, da die Nordwestwinde es sind, welche Regen bringen, die Südostwinde aber heiteres Wetter. Diese beiden Winde sind aber weitaus die vorherrschenden. Trotz der häufigen Winde und Temperaturwechsel ist das Klima doch in hohem Grade gesund und europäischen Naturen sehr zusagend.

Pflanzen- und Tierleben.

Neuseeland erscheint nach den bahnbrechenden Untersuchungen Hookers, sowie Dieffenbachs, Hochstetters, Haasts u. a. als eine höchst eigentümliche Provinz der südlichen Hemisphäre, aber als eine solche, die eine Verwandtschaft sowohl mit Australien als mit Südamerika, Europa und dem antarktischen Gebiet zeigt. Am entschiedensten ist die Verwandtschaft mit Australien. Indes findet sich von den großen dort vorherrschenden Baumgattungen, den Akazien und Eukalypten, in Neuseeland keine Spur, obwohl diese australischen Pflanzen, hierher versetzt, sehr üppig gedeihen. Die Arten, welche Neuseeland zusammen mit Amerika besitzt, finden sich zumeist auch in Australien und Europa, und die, welche ihm mit Europa gemein sind, erscheinen fast sämtlich als Kosmopoliten. Auch von den antarktischen Arten finden sich viele in Europa sowie in Tasmanien. So ist die neuseeländische Flora durchaus nicht so streng endemisch, als man erwarten dürfte. Man könnte daraus auf einen früheren Zusammenhang mit anderen größeren Ländergebieten folgern; hat ein solcher aber wirklich stattgefunden, so muß derselbe schon vor sehr langer Zeit aufgehört haben. Und in diesem langen, von großen geologischen und klimatischen Revolutionen erfüllten Zeitraum haben ursprünglich identische Arten allmählich eine Abänderung erfahren, wie wir sie jetzt finden.

Die neuseeländische Flora zeigt aber eine auffallende Armut, denn die Inseln enthalten nicht mehr als ein Viertel von den in einem gleich großen Gebiete Südeuropas einheimischen Arten. So ist die Zahl der Farne (115 Arten), die doch in so ungeheuren Massen auftreten, kaum so groß wie auf den Sandwichinseln.

Diese Farne bedecken, wo nicht Sumpf an die Stelle tritt, fast alles offene Land. Es ist dies die unserem Adlerfarn ähnliche (Pteris esculenta), früher die Hauptnahrung der Eingeborenen. Im Walde begegnen wir 10—13 Meter hohen Farnbäumen mit schuppenartig gezeichneten Stämmen und zierlichen Kronen (Dicksonia und Cyathea), dem seltsam geformten Nierenfarn (Trichomanes reniforme), Farnkräutern in den Zweigen der Bäume, Farnkräu=

Fig. 35.

Eine Urwaldpartie in Neuseeland.

tern am Boden, kurz Farnkräuter in jeder Art und Zahl. Diese Farne bilden mit dem Unterholz aus Gebüschen und Sträuchern der mannigfachsten Art, zahllosen Schmarotzergewächsen und

Schlingpflanzen, welche sich lianenartig an den hohen Stämmen emporschlingen, undurchdringliche, an die üppigsten Tropenwaldungen erinnernde Dickichte, durch welche sich der Wanderer mit größter Mühe hindurcharbeitet.

Aber trotz dieser Mannigfaltigkeit hat der neuseeländische Wald doch einen sehr einförmigen Charakter. Nirgends fast begegnet man bunten Blüten und Blumen; die Belaubung der Bäume entspricht meist den Oliven= und Lorbeerformen, während die Sträucher an Myrten und Oleander erinnern. In den dichteren Waldungen ist es still und tot, alles Tierleben scheint erstorben, weder bunte Schmetterlinge noch Vögel erfreuen das Auge und bringen Abwechselung in die einförmige Öde.

Tritt man aus dem gewaltigen Urwald, so meint man vor sich ausgedehnte Wiesen oder Grasheiden zu sehen, aber ein Nähertreten zeigt uns statt eines grünen Teppichs mit buntem Blumenflor nur einförmiges Farnkraut und Buschwerk, und leider ist das Grün dieser Heiden kein frisches saftiges Grün, wie wir es unter solchem Himmel erhoffen dürften, vielmehr ein schmutziges Braungrün, nur hier und dort von unscheinbaren weißen Blüten unterbrochen. Wo auf den Bimsteinflächen der Nordinsel und den Alpenthälern der Südinsel eine magere Grasvegetation die Stelle des Buschwerks und der Farne einnimmt, da sind es oft mit stachligen Spitzen bewehrte Arten, die manche Striche fast völlig unwegsam machen.

Die immergrünen Wälder übertreffen sowohl in ihren, in zerstreuten Gruppen auftretenden Nadelhölzern, als in den Laubhölzern den Tropenwald an Höhe des Baumwuchses. Man kennt mehr als hundert Holzgewächse, welche über sechs Meter hinausgehen, und darunter mehr als 40 Nutzhölzer. Dennoch wird die Üppigkeit und Fülle der Tropen nicht erreicht. Wir haben hier aber, die Bambusen ausgenommen, die meisten Vegetationsformen tropischer Gebirge. Die Palmen sind freilich nur durch eine Art von geringer Größe, die Areca sapida, vertreten.

Der vornehmste Baum Neuseelands ist die Kaurifichte
(Dammara australis). „Mit Recht", sagt Hochstetter, „nennt
man die Kaurifichte die Königin des Neuseeland=Waldes. Was
die Edeltanne für die Wälder unserer deutschen Mittelgebirge ist,
und was in jenen mächtigen Waldungen Vorderasiens, die einst
das Zimmerholz zu den phönizischen Schiffen und das Bauholz
zum salomonischen Tempel lieferten, die berühmte Ceder des
Libanon war, oder was heutzutage in den Urwäldern Kaliforniens
der Riese unter den Baumriesen, der Mammutbaum (Sequoia
Wellingtonia) ist, das ist für den Urwald der nördlichen wär=
meren Gegenden Neuseelands die Kaurifichte." Leider findet sich
dieser edle Baum nur auf der langgestreckten nordwestlichen Halb=
insel der Nordinsel zwischen 34½° bis 37½° f. Br. und zwischen
173° bis 176° östl. L. von Greenwich. Denn nur wo die beiden
für sein Wachstum notwendigen Bedingungen: feuchte Seeluft
und trockener Thonboden vorhanden sind, scheint der Baum zu
gedeihen. Früher waren die Kauriwälder von sehr beträchtlicher
Ausdehnung, aber sinnlose Verwüstung hat sie sehr gelichtet.
Die Bäume wachsen immer gesellig; läßt der Farmer zum Schmuck
der Landschaft oder des Gehöfts hier und dort einen schönen
Stamm stehen, so siecht der Sohn des schattigen feuchten Ur=
waldes dahin. Eine Gruppe solcher Kaurifichten gewährt aber
einen herrlichen Anblick, Säule reiht sich an Säule, von gleicher
Dicke bis zu den ersten Zweigen und von gleicher Höhe, wie die
Träger der Hallen eines Doms. Von den 3—7 Meter starken
und 25—30 Meter hohen Stämmen gehen mächtige Äste aus
wie bei unseren deutschen Eichen und bilden gewaltige dunkel=
grüne Kronen. Manche dieser Baumriesen erreichen eine Höhe
von 40—50 Meter. Das Holz, welches am meisten dem unserer
Edeltanne gleicht, wird zu den verschiedensten Zwecken verwandt:
Zu Masten und Grubenstützen, zu Schindeln, Eisenbahnschwellen
und Möbeln. Es ist ausnehmend dauerhaft; Stämme, die 50
Jahre in der Erde gewesen waren, hatten durchaus nicht gelitten.
Daher besteht bei weitem der größte Teil des neuseeländischen

Holzexports (1881: 1303380 Mark) in Kauriholz. Doch besitzen die Inseln noch eine Fülle nutzbarer Hölzer. Wie die Kauri= fichte im Norden, so tritt nur noch die Kahikateafichte (Podocarpus dacryoides) an sumpfigen Flußufern und der Tawai (Fagus fusca) auf der Südinsel in großen geselligen Gruppen auf. Sonst er= scheint der neuseeländische Wald ganz und gar gemischt. Die hervorragendsten Individuen sind die großen schönen Waldbäume

Fig. 36.

Die Methode für das Rollen der Baumstämme.

Totara (Podocarpus totara), aus welchem die größten Kanus und die Pallisaden der Pahs gemacht wurden, und der Matai (Podocarpus spicata), die man beide in jedem Walde antrifft. Zu den stattlichsten Repräsentanten des Hochwaldes gehören ferner Miro (Podocarpus ferruginea), der Rimu (Dacrydium cupres= sinum) mit schöner pyramidaler Form und hängenden Zweigen, Monoao (Dacrydium colensoi), das härteste Holz Neuseelands, Rata (Metrosideros lucida), in großen Mengen auf der Süd=

infel anzutreffen, die beiden stattlichen Cedern Kawaka (Libocedrus Doniana) und Pahautea (Libocedrus Bidwillii), Pukatea
(Atherosperma Novae Zealandiae) und eine große Anzahl andrer,
für die verschiedensten Zwecke nutzbarer Bäume.

Weit wertvoller als das Holz der Kaurifichte ist aber ihr
Harz und zwar erst dann, wenn es eine geraume Anzahl von
Jahren im Boden gelegen hat. Man gräbt es in großen Stücken,
die dem Bernstein äußerst ähnlich sehen, aus der Erde, namentlich beschäftigen sich damit die Maori, welche während der Som-
mermonate in größeren und kleineren Partieen nach der Nordinfel kommen. Mit einem langen Speer stechen sie in den Boden
und fühlen sogleich, ob sie Kauriharz getroffen haben oder nicht.
Der Export dieses Artikels hat in den letzten Jahren infolge des
steigenden Preises rapid zugenommen und betrug 1881 nicht
weniger als 253 778 Pfd. Sterling.

Weiter liefern die Wälder Neuseelands in den Rinden ihrer
Bäume vortreffliche Färb- und Gerbemittel. Schwarz gewinnt
man vom Hinau (Elaeocarpus dentatus), braun und rot vom
Towai (Weinmannia racemosa), rot vom Atawhero (Rhabdo-
thamnus solandri). Gerbstoff von 13 bis 23 Prozent enthalten die Rinden des schon genannten Towai, des Whawako
(Eugenia maire), des Tutu (Coraria ruscifolia), des Hinau und
des Toa toa (Phyllocladus trichomanoides), der sich durch seine
petersilienartigen Blätter auszeichnet.

Weiter gewährt die Pflanzenwelt dem Menschen einen hohen
Nutzen durch eine Anzahl von Faserstoffen. Erwähnenswert sind
Houhere (Hoheria populuca) und drei Arten von Cordyline
(australis, indivisa und stricta), auch eine Clematisart, allein
alle diese sind doch nur von untergeordneter Bedeutung gegen
das Phormium tenax. Diese Pflanze, welche man verschieden
als neuseeländischen Flachs oder Hanf bezeichnet hat, findet sich
außer auf Neuseeland nur noch auf der Chatham-Gruppe und
der Norfolkinsel. Man kennt drei Varietäten: Tuhara oder
Sumpfflachs, Whararifi oder Bergflachs, beide mit grober, gelb-

licher Faser, und die kultivierte Varietät Tihore, deren feine, seidenglänzende Faser von reinweißer Farbe von alters her von den Maori zu Mänteln, Matten u. a. benutzt worden ist.

Das Phormium wächst überall: in Sümpfen, auf den Ebenen, an den Abhängen der Berge bis zu 1800 Meter Höhe, auf trockenem wie auf feuchtem Boden. Auf feuchtem, angeschwemmtem Boden gedeiht die Pflanze am besten; dort werden die Blätter 3—4 Meter lang und die Blütenschäfte 5—6 Meter hoch. Die Blätter dienen den Maori zu den verschiedensten Zwecken. „Frisch am Busche oder abgeschnitten dient es dem modernen, lese- und schreibfähigen Maori anstatt Papier; mit einer scharfen Muschel kratzt er seine Gedanken ein. Einfach geschlitzt in breitere oder schmälere Streifen und je nach Bedarf länger oder kürzer zusammengebunden ersetzt es durch die außerordentliche Stärke seiner Bastfaser Bindfaden, Stricke, Riemzeug und alle Arten von Bändern, Seilen und Tauen; es ist als Universalmittel zum Binden und Schnüren auf Neuseeland von unschätzbarem Werte und für die Eingeborenen beim Hütten- und Kahnbau unentbehrlich. Die Frauen flechten aus den grünen Blattstreifen niedliche Körbe, die beim Mittagsmahl als Teller und Schüssel dienen; die Männer machen Leinen, Netze und Segel daraus." Zu allen diesen Zwecken gebrauchte man das Blatt schon in rohem Zustande, aber die Maori verstanden auch die Bearbeitung desselben. Das gewöhnliche Kleid Weruweru wurde aus dem halbpräparierten Blatt verfertigt, das Staatskleid Kaitaku aber aus der fein und rein präparierten Faser. Die Zubereitung des Flachses wurde früher von Weibern und Sklaven besorgt; heut will sich niemand mehr dieser Arbeit unterziehen. Im Jahre 1831 betrug der Export 1062 Tonnen, sank aber nachher, wohl infolge der Kriege, auf 60—70 Tonnen jährlich. Von den Maori war kaum noch Flachs zu bekommen. Die Nachfrage nach solchem Material wuchs aber stetig, und als während des nordamerikanischen Bürgerkrieges der Preis von Manillahanf auf 1520 Mark per Tonne stieg, setzte die neuseeländische Regierung eine Prämie von 80 000 Mark für eine Maschine aus, welche die Flachsfaser in großen Quantitäten rein für den Export herrichten würde. Solche Maschinen wurden bald aufgestellt und die Produktion und Ausfuhr nahm damit schnell zu. Die letztere betrug 1880: 132 340 Mark. Das Phormium besitzt eine Zähigkeit, welche sich mit jeder Faser messen kann und nur von der Seide übertroffen wird. Lindley giebt die Stärke von Seide auf 34, von neuseeländischem Flachs auf 23, von europäischem auf 16 und von europäischem Hanf auf 11 an.

Die Fauna der neuseeländischen Inseln ist selbst im Vergleich mit der polynesischen eine außerordentlich arme. Von Landsäugetieren fanden die Entdecker nur die Fledermaus in zwei Arten, eine kleine Ratte und einen Hund, den Kararehe, der in den bewohnteren Teilen schon ausgerottet ist, wie die einheimische Ratte durch ihre eingeführte norwegische Verwandte gänzlich verdrängt zu sein scheint. Cook brachte den Maori das Schwein und die Kolonisten haben alle europäischen Haustiere, sowie Hafen und auch Kaninchen eingeführt. Die letztgenannten sind hier, wie auf dem Australkontinent, zu einer großen und gefährlichen Landplage geworden, die man mit allen Mitteln zu beseitigen sucht, so daß 1881 für 1 695 480 Mark Kaninchenfelle exportiert werden konnten. Rinder und Schweine sind in vielen Gegenden verwildert anzutreffen, und namentlich die Schweine haben sich, da sie an den Wurzeln des Farnkrauts eine zusagende Nahrung finden, ausnehmend vermehrt. So berichtet Julius von Haast, daß drei Jäger, welche die Vertilgung der den Lämmern gefährlichen Schweine kontraktmäßig übernommen hatten, auf einem Gebiet von 100 000 Hektaren in 20 Monaten 25 000 Stück töteten und sich anheischig machten, auf demselben Grund noch weitere 15 000 zu erjagen.

Die Avifauna ist weit reicher. Wir kennen 133 Arten, welche Neuseeland eigentümlich sind, davon sind 73 Landvögel. Es giebt indes nur wenige, welche sich durch die Schönheit ihrer

Farben auszeichnen. Nur die äußerst seltenen, zur Familie der Papageien gehörigen Nestor notabilis und Nestor Esslingii mit ihrem bunten Gefieder (grünlicher Metallschimmer und unter den Flügeln rot, gelb und blau) machen eine Ausnahme. Sie zeichnen sich aus durch einen merkwürdig verlängerten, sichelförmig gebogenen, weit über den Unterkiefer hervorragenden Oberschnabel und durch ihre rauhe und schnarrende Stimme, welche zuweilen lebhaft an Hundgebell erinnert. Der Hauptrepräsentant dieses Geschlechts ist der sehr häufige Kaka (Nestor hyperpolius) mit mattbraunem und graugrünem Gefieder. Ebenfalls auf Neuseeland beschränkt ist der Kakapo oder Nachtpapagei (Strigops habroptilus), der merkwürdigste aller Papageien. Er lebt in Löchern unter Baumwurzeln oder Felsenhöhlen, kommt selten am Tage zum Vorschein und bedient sich der Flügel fast gar nicht. Man jagte ihn daher mit Hunden und hat ihn so weit ausgerottet, daß er nur noch in den entlegensten Alpenthälern vorkommt. Von Singvögeln besitzt Neuseeland nur einige wenige. Der beste Sänger Oceaniens, nach Rochelas' übertriebenem Lobe der beste Sänger der Welt, ist der in tiefem metallischen Grün schimmernde Poë (Prosthemadera circinata), ein unserer Krähe ähnlicher, leicht gezähmter, unterhaltender Vogel; der Hauptsänger ist aber der Kokorimoko (Anthornis melanura). Eine stattliche Bewohnerin der Hochwälder ist die große Taube Kuku (Carpophaga Novae Zealandiae). Die Weka (Ocydromus australis), in großer Zahl auf der Südinsel heimisch, ist ein sehr diebischer Vogel; lüstern nach allem Glänzenden, trägt sie Löffel, Gabeln u. a. fort und saugt in den Hühnerställen die Eier aus.

Die merkwürdigste Erscheinung unter den neuseeländischen Vögeln ist aber der Kiwi oder Schnepfenstrauß (Apteryx australis und Mantelli). Er ist kaum größer als ein Huhn, ohne Flügel, ohne Schwanz, mit vierzehigem Fuß und langem, schnepfenartigem Schnabel, am Körper bedeckt mit langen haarartigen, braunen Federn. Der erste Balg eines neuseeländischen Kiwi kam 1812 nach England und erregte das größte Erstaunen; später hat man den Vogel auch lebend herübergebracht. In Neuseeland selber ist er jetzt äußerst selten, wenigstens nur mit den größten Schwierigkeiten aufzufinden, und es wird wahrscheinlich bei den vielen Nachstellungen, welche der Vogel erfährt, nicht mehr viele Jahre dauern, bis er das Schicksal seines Vorgängers, des riesigen Moa, teilt, dessen Knochen man in zahlreichen Höhlen der Nord= und Südinsel aufgefunden hat. Das erste Fragment eines Moaknochens kam 1839 nach London; seitdem sind viele Funde gemacht worden. Man kennt jetzt 14 verschiedene Arten, von welchen die von der Südinsel: Dinornis robustus, elephantopus, crassus, Palapteryx ingens u. a. einen gedrungenen massigeren Knochenbau, die von der Nordinsel: Dinornis giganteus, gracilis u. a. schlankere, gestrecktere Formen haben. Die größte Höhe dieser Vögel ist nach einzelnen Knochen und Skeletten verschieden auf 3 bis 4 Meter geschätzt worden; ein an der Ostküste von Nelson gefundenes Ei hatte 23 Centimeter im Durchmesser, 69 Centimeter im Umfang und war 30 Centimeter lang. Die meisten der Moa=Arten haben drei Zehen, wie der australische Emu; die Art Palapteryx hat aber vier Zehen. Wahrscheinlich existierten diese merkwürdigen Riesenvögel noch vor wenigen Generationen; jedenfalls lebten sie noch geraume Zeit nach der Einwanderung des Maori und zwar in großer Anzahl.

Von Amphibien giebt es nur einen Frosch und einige Echsen, die letzteren sämtlich ungefährlich. Schlangen und Schildkröten fehlen ganz. Auffallend ist auch die verhältnismäßige Armut an Insekten. Fische sind in den Landseeen und Flüssen nicht häufig, man hat nur zahlreiche Aale, indessen ist man mit der Afklimatisierung von Forellen, Lachs, Karpfen u. a. ebenso glücklich gewesen, wie bei der Einführung europäischer Singvögel und jagdbarer Hühnerarten. Die Küsten und Buchten sind aber außerordentlich reich an Fischen, die indes an Farbenpracht gegen die Bewohner der indischen Meere weit zurückstehen. Früher hielten sich in dem benachbarten Meere viele Wale, Delphine und

Robben auf; die erſten beiden ſind bald ganz verſcheucht und die letzteren finden nur noch an der wilden, zerriſſenen und unbewohnten Südküſte der Südinſel hinreichende Sicherheit.

Die Maori.

Neuſeelands Bewohner ſind verhältnismäßig jungen Datums. Ihre Überlieferungen glänzen, um mit Peſchel zu reden, noch im friſchen Schmucke, denn ſie wollen noch Zahl und Namen der Schiffe feſtgehalten haben und die Küſtenſtellen kennen, wo ihre Vorfahren landeten. Als ihr Stammland bezeichnen ſie Hawaiki, vielleicht die Samoagruppe. Von dort entfloh Ngahue, vertrie= ben im Kampf gegen ſeine Landsleute, und landete nach langer Irrfahrt auf Tuhua, das jetzt auch Mayor heißt, in der Plenty= bai. Aber auch auf dieſer fernen, kleinen Inſel glaubt er ſich vor der Verfolgung ſeiner Feinde nicht ſicher, und ſo geht er hinüber nach der Nordinſel ſelber, nach Rotearoa. Und weiter zieht er zur Südinſel die Weſtküſte entlang, bis er zum Ara= hura, jetzt Brunner, kommt, findet dort den koſtbaren Grünſtein, Punamu, und kehrt dann, die Oſtküſte von Te Ika a Maui hier und dort berührend, nach Hawaiki zurück. Noch immer befehden ſich in der Heimat die feindlichen Parteien, und ſo entſchließt ſich die ſchwächere, durch Ngahues Schilderungen bewogen, zur Aus= wanderung nach dem neuen Lande.

Die Stammbäume der Maori führen gewöhnlich 18—20 Generationen ſeit ihrer Ankunft in Aotere oder Neuſeeland aus Hawaiki auf, ſo daß die Einwanderung alſo vor kaum 400 Jahren ſtattgefunden haben muß. Die Zahl dieſer erſten Ein= wanderer ſoll 800 betragen haben, Nachſchübe aber noch ſpäter, ja ſogar noch vor einem Jahrhundert hierher gekommen ſein.

Die Einzelnheiten jener Einwanderung ſind mit großer Treue von Generation zu Generation überliefert worden. Die Namen der zwölf Kanus, welche die Wanderhelden trugen, werden noch heute genannt. Auch zeigt man noch Überreſte der Fahrzeuge an verſchiedenen Stellen der Küſte. Bei Maketu in der Plenty=

bai kann man den Steinanker des Kanus Arawa sehen, das hier auf dem Trockenen lag und durch einen Brand zerstört wurde. Am Kawhia Harbor, an der Westküste der Nordinsel, ragt ein langes und spitzes Felsstück aus dem Dünensand empor, das ist der Rest des Kanus Tainui, auf welchem die Vorfahren der Küstenbewohner ins Land kamen. Weiter südlich davon kann man in der Klippe Punga o Matori an der Mündung des Mokauflusses den Steinanker sehen, den ehedem das Kanu Tokomaru führte.

Mit dem Menschen sollen auch mehrere Erzeugnisse der Tier- und Pflanzenwelt aus der nördlichen Tropenheimat in das kältere südliche Land gekommen sein: die Kumara oder süße Kartoffel (Convolvulus batata), der Taro (Arum esculentum), die Kalabaschpflanze Hue (Lagenaria vulgaris), der Karakabaum (Corynocarpus laevigata), die Ratte Kiore, der Pukeko (Porphyrio) und der grüne Papagei Kakariki (Platycercus), die in der That alle in der sie umgebenden Welt recht sehr wie Fremdlinge erscheinen.

Die Maori d. h. die Einheimischen, die Eingeborenen Neuseelands gehören zur polynesischen Rasse. Es ist, darin stimmen alle Beobachter überein, ein starker und wohlgebauter Menschenschlag; ihren Stammverwandten, den Tonganern und Tahitiern sind sie an Kraft überlegen, wenngleich sie nicht die gerundeten Formen jener besitzen. Sie sind muskulöser, ihr Gesichtsausdruck ist kühner, energischer. Dem Durchschnitteuropäer stehen sie an Körperkraft nicht nach, bemerkenswert ist aber eine größere Länge des Vorderarmes, eine größere Kürze der Beine, namentlich vom Knie ab, als wir das bei Europäern antreffen. Dabei ist ein großer Unterschied zwischen den Vornehmen, dem Adel, und den niederen Klassen deutlich erkennbar. Während jene meist 6 Fuß, ja bis zu 7 Fuß hoch sind, woraus sich Tasmans Schilderung ihres riesigen Körperbaues erklärt, sind diese viel kleiner und von schlechterem Wuchs. Sie sind auch viel dunkler als die besseren Klassen, deren Farbe meist olivenbraun ist in allen möglichen

Schattierungen. Die Frauen sind durchweg weniger hübsch, doch sieht man zuweilen schöne, wohlgebildete Gestalten. Leider verkümmert die Rasse unter dem Einfluß einer beklagenswerten Aftercivilisation mehr und mehr.

Den harten und großen Zügen verleiht die Tattuierung einen starken Ausdruck von Wildheit. Diese höchst kunstvoll ausgeführten Arabesken brachte man mit Hilfe eines Meißels hervor; um sie desto dauerhafter zu machen, wurden sie mehrere Male überarbeitet. In die geschlagenen Wunden rieb man das verkohlte Holz oder Harz der Kaurifichte. Die Tattuierung bedeckte bei den Männern gewöhnlich das ganze Gesicht, so daß es über und über blau erschien. Bei den Weibern beschränkten sich solche Ornamente auf Kinn und Lippen, auch genossen nur Frauen höherer Abkunft dieser Auszeichnung, denn eine solche war es in hohem Grade, durfte doch die Operation an einem unvollständig tattuierten Manne nicht fortgesetzt werden, falls derselbe in Gefangenschaft geriet und zum Sklaven gemacht wurde. Jetzt begnügen sich viele mit einigen halbkreisförmigen, der Nase parallelen Linien auf beiden Wangen, viele Gesichter tragen diesen Schmuck auch gar nicht mehr.

Ebenso selten ist die ursprüngliche Nationaltracht geworden. Diese bestand bei den Männern aus dem Maro und einem Mattenmantel aus Phormium tenax, darunter trug man auch wohl einen Rock, der bis auf die Kniee hinabreichte. Das Haar wurde hinten zu einem Schopf zusammengebunden, mit Federn oder Blumen geschmückt, in die Ohrlöcher allerlei Zierat aus Muscheln, Holz und Knochen gesteckt und der Hals mit Bändern geschmückt, unter welchen kleine Menschenbilder aus Nephrit, die Heitiki, einen besonders hohen Wert hatten und als Familienkleinode von Generation zu Generation fortlebten.

Heute sieht man nur wenig von solcher Tracht. Die vornehmen Maori — es giebt auch solche von großem Wohlstande unter ihnen — kleiden sich vielfach vollkommen europäisch. Braune Kavaliere und Damen mit wallendem Schleier zu Pferd gehören zu den häufigen Erscheinungen in den Straßen der größeren Städte. Die ärmere Klasse der Maori — und zu ihr gehört doch weitaus die überwiegende Mehrheit — hat durch den Wechsel nichts gewonnen. In den Städten erscheinen sie in zerlumpten europäischen Kleidern, weiter ins Land hinein, in dem eigent= lichen Maoridistrikt, besteht die Kleidung von Männern und

Fig. 37.

Vornehmer Maori.

Weibern gewöhnlich nur in einem Hemd und einem grell und bunt gefärbten Schal.

Buchner hatte auf seiner Reise von den Thames Goldfeldern nach Auckland zwei vornehme, alte Maoridamen als Gefährtinnen. Ihre stark tattuierten Lippen und ebensolches Kinn bewiesen ihre hohe Abkunft. Haifischzähne mit roten Siegellacktropfen in den Ohren, Grünsteinfraßen mit Perlmutteraugen als Amulette am

Halfe, falsche europäische Armbänder und Ringe um das Hand=
gelenk und die Finger, alte Mäntel aus Phormium, mit roten
Troddeln und schwarzen Fransen bespickt, um die Schultern,
darunter grellrote wollene Unterröcke und schmutzige Hemden,
ungekämmtes, wallendes, kohlschwarzes Haar, ohne Kopfbedeckung

Fig. 38.

Vornehme Maorifrau.

und barfuß, die Waden mit einem Muster aus kleinen Längs=
strichen tattuiert — so repräsentierten sie den Typus vornehmer
Häuptlingsfrauen vom Lande. Auf dem Sofa nach Pakehaart
zu sitzen, behagte ihnen nicht lange; sie rutschten hinunter auf
den Boden. Hier nahmen sie auch ihr Mittagessen ein, wobei
sie sich der Messer und Gabeln recht gut zu bedienen wußten, und

als sie fertig waren, zogen sie schmutzige Thonpfeifen aus dem Busen und rauchten.

Die Architektur der Maori war immer eine sehr einfache und sie ist es auch bis heute geblieben. Mögen auch einzelne Reiche ihre Häuser nach europäischem Muster angelegt und mit europäischem Komfort versehen haben, die weitaus größte Zahl lebt noch, wie früher, in niedrigen, mit Rohr= und Grasmatten bedeckten Hütten, deren Wände aus Flechtwerk bestehen. Selbst

Fig. 39.

Holzschnitzereien an der Thür eines Hauses.

der alte König Tawhiao wohnt noch heut nicht besser. Die Reichen zierten freilich alle Pfosten mit kunstvollen Schnitzereien, grotesken Figuren und Arabesken, bei den Ärmeren fielen und fallen alle solche Verschönerungen fort. In der Mitte des aus der nackten Erde bestehenden Fußbodens ist ein Feuerplatz ange= bracht, von welchem der Rauch seinen Weg durch die niedrige Thür, vielleicht auch durch ein daneben angebrachtes Fenster zu finden hat. Ein solches Feuer dient indes nur zur Erwärmung, denn das Kochen besorgt man in einem vor dem Wohnhause errichteten Schuppen, dem Kauta, wo bei schlechtem Wetter auch die Mahlzeiten eingenommen werden. Und hier halten sich auch für gewöhnlich die Besitzer jener kostbaren Häuser auf, denen diese Wohnungen für den alltäglichen Gebrauch zu gut erscheinen, wenn sie nicht vorziehen, sich ein zweites Wohnhaus, gleich jenen der niederen Klasse aufzubauen.

Fig. 40.

Vorratshäuschen.

Recht zierlich aber sind die kleinen Vorratshäuschen, Pataka, auf meterhohen Pfosten, mit geschnitzten Figuren am Giebel und Schnitzereien an den Rändern des Daches, an „große Taubenschläge im Schweizerstil" erinnernd. Hier bewahrt man Lebensmittel, Waffen, Geräte auf. Jetzt schützen anachronistischerweise europäischer Vorhängeschlösser den Inhalt vor unberechtigten Gelüsten.

Die einzelnen Hütten werden von niedrigen Zäunen aus

Flechtwerk eingefaßt; Schweine und Hunde tummeln sich ohne Zwang in diesem Raume umher. Die Gehöfte sind ohne Ordnung über den Platz verstreut, auch dem Gemeindehaus, dem Whara, ist keine besondere Stelle angewiesen. Es ist gewöhnlich ein langgestreckter Holzbau mit niedrigem, die Erde fast berührendem Dach, alles innen und außen mit schönen Holzschnitzereien verziert. An einem der Ornamente hängt jetzt statt der alten hölzernen Trommel eine Glocke.

In demselben Baustil sind heute auch die Kirchen errichtet,

Fig. 41.

Maunga Wao, die Ritterburg der Maori.

nur wird das Dach bisweilen so spitzig in die Höhe gezogen, daß es den Eindruck eines gotischen macht. Streifen von starken Brettern und Schilfgeflecht bilden abwechselnd die Seitenwände sowohl wie das Dach. Das Geflecht ist weißgetüncht, die Holzteile tragen auf rotem Grunde groteske Ornamente in weißer Farbe. Bei diesen kirchlichen Gebäuden wie bei den Gemeindehäusern haben jetzt Glasfenster die Stelle der Matten ersetzt.

Alle Gebäude eines Dorfes wurden von zwei Pallisadenreihen eingefaßt, die äußere Reihe 2—3, die innere 6—10 Meter hoch, jede von einem in Holz geschnitzten verzerrten Gesicht, ver-

mutlich dem eines Gottes, gekrönt. Zwischen beiden Reihen lief
ein 8 Meter tiefer Graben. Diese Pahs, welche zuweilen
80—100 Häuser zählten, waren in der Regel an Plätzen errich=
tet, deren natürliche Vorzüge durch einige Nachhilfe leicht erhöht
werden konnten.

Auf dem Isthmus erhebt sich steil der Bergkegel Maunga
Wao, jetzt Mount Eden, eine alte Ritterburg der Maori. Oben
auf dem Gipfel wohnte der Häuptling mit seiner Familie und
den Edlen des Stammes, am Fuße des Hügels dehnten sich

Fig. 42.

Maunga Woa (Mount Eden) mit seiner heutigen Umgebung.

weithin die Wohnplätze der Leibeigenen, welche die Kumarafelder
zu bestellen hatten.

Mit diesen Pahs ist es jetzt vorbei. Seitdem sie sich gegen
europäische Kriegskunst als ungenügend erwiesen, hat man keine
mehr errichtet. Und doch gaben sie den englischen Truppen trotz
ihrer Armstrongkanonen genug zu schaffen. Die neuseeländischen
Gräben befinden sich, wie schon bemerkt, nicht außerhalb der
Verteidigungslinie wie die Gräben unserer Festungen, sondern
innerhalb derselben; sie sollten nicht das Vordringen des Fein=
des hindern, vielmehr den Belagerten eine gesicherte Stellung

geben, von der sie auf die Angreifer feuern konnten. Es ist er=
staunlich, welchen Widerstand die Maori in diesen Pahs gegen
die Engländer zu leisten imstande waren. Gegen den Gate Pah
bei Taurenga wurden außer einem 110 Pfund=Armstronggeschütz
noch 14 andere Kanonen ins Feld geschickt; 1700 Engländer
feuerten damit und mit ihren Enfield=Gewehren auf die 300 dort
verschanzten Maori unausgesetzt vom Morgen bis 4 Uhr Nach=
mittag. Man hätte meinen sollen, der ganze Pah mit sämt=
lichen Verteidigern wäre zu Atomen geblasen worden. Als aber
die Belagerer endlich zum Sturme schritten und in den Pah
hineindrangen, wurden sie mit einem Verlust von 93 Mann,
worunter 11 Offiziere, wieder hinausgetrieben und geschlagen.
An diese Schlacht von Rangariri denken die Maori noch immer
mit wohlberechtigtem Stolze.

In ihrer Bewaffnung standen sie in diesen Kämpfen freilich
den Europäern völlig gleich. Die mit bunten Federn geschmückten
Speere aus Holz und Knochen, die steinernen oder hölzernen
Streitäxte sind längst durch eiserne Beile und Flinten ersetzt
worden. Der Speer, den jetzt der Häuptling trägt, gilt nur
als Symbol seiner Autorität. Früher bildete derselbe die einzige
Angriffswaffe, während man Schutzwaffen gar nicht kannte.
Am höchsten geschätzt waren die Mere, Streitäxte aus Nephrit,
welche als kostbare Familienkleinode von Generation zu Gene=
ration vererbt wurden. Diese Waffen mit den unvollkommenen
Werkzeugen, welche man besaß, zu formen, zu glätten, zu schär=
fen und mit den Verzierungen zu schmücken, an denen es selten
mangelte, kostete die Mühe und Arbeit vieler Jahre. Darum
wurden sie auch wie ein Heiligtum bewahrt. Der wertvollste
Besitz, dessen sich der große und mächtige Te Heuheu seinem
Gaste Hochstetter gegenüber rühmen konnte, war so ein Mere
punamu, eine Streitaxt von 15 Zoll Länge aus dem schönsten
geflammten und durchscheinenden Nephrit (Punamu) geschnitten.
Fünfmal schon war diese Mordwaffe mit seinen Ahnen begraben
gewesen.

Fig. 43.

Thor eines Pah.

Es ist erstaunlich, wie die Maori mit ihren höchst unvoll=
kommenen Werkzeugen: scharfen Steinen und Muscheln, Sägen
aus Haifischzähnen, welche auch als Bohrer dienen mußten, u. a.
solche und ähnliche Leistungen vollbringen konnten. Wie die
Balken an ihren Häusern, so waren auch alle ihre hölzernen
Geräte, so namentlich auch ihre Boote mit Schnitzereien förm=
lich überladen.

Die neuseeländischen Boote waren anders gebaut als die

Fig. 44.

Ein Kriegskanu.

ihrer polynesischen Verwandten, namentlich waren sie viel breiter.
Daher brauchten die großen neuseeländischen Fahrzeuge keine Aus=
leger. Cook beschreibt einen solchen Kahn von 68½ Fuß Länge, 5
Fuß Breite und 3½ Fuß Tiefe, dessen beide Enden spitz zulau=
fend sich hoch über das Wasser erhoben. Überall, namentlich aber
vorn, brachte man reiche, buntgemalte Schnitzereien, meist einen
mit Federn geschmückten Kopf mit verzerrtem Gesicht, und eine
Menge durchbrochener Verzierungen an. Zum Schiffbau lieferten
die Kaurifichte und der Totarabaum vortreffliches Material. Die

großen Kriegskanus hatten zuweilen zwei Segel und bis 50 Ruderer an jeder Seite. Ein Anführer, Kaituki genannt, leitete durch seinen Gesang und seine Gestikulationen die Bewegung des Bootes, nach dem Takte des von ihm vorgetragenen Liedes erhöhte oder mäßigte sich das Tempo.

Die großen Kriegskanus dirigierten oft zwei Kaitukis. Gleichmäßig, wie von einer Hand geführt, gingen dann die Ruder, die Männer mit dem rascheren Zeitmaß wilder, fast konvulsivisch arbeitend.

Solche große Kanus giebt es heute nicht mehr, ihr Nutzen ist dahin. Auch Doppelboote gab es, wie noch sonst in Polynesien, und in alter Zeit Kähne aus Binsengeflecht, wie denn noch in später Zeit die Moreore auf den Chathaminseln Flöße aus Phormium tenax flochten, auf welche sie vorn einen zierlich geschnitzten Schnabel setzten.

Solch ein Volk mußte auch den Fischfang tüchtig betreiben, selbst wenn die Armut des Landes an Nahrungsmitteln nicht darauf hingewiesen hätte. Und in der That verstanden es die Maori vortrefflich, mit großen Netzen auf gemeinsamen Zügen, mit Angelhaken und Fischspeer dem Meer seine Beute abzugewinnen. Und Fische waren auch außer den Erträgnissen des Bodens die hauptsächlichste Nahrung. In der Hauptsache bestand die letztere aus den Wurzeln des Farnkrauts, Pteris esculenta, anderer Farnarten und aus dem Mark der Cyathea medullaris. Aber man baute auch süße Bataten und Taro. Sorgfältig wurden die von Rohrzäunen eingefaßten Felder an den Abhängen der Hügel von Steinen und Unkraut gereinigt und mit dem hölzernen, spatenartigen Ko, auf dessen Querholz man den Fuß setzte, umbrochen und bestellt. Es war dies, wie auch die übrigen Ackergeräte, ein außerordentlich rohes Instrument, und dennoch werden uns die Felder als besser gehalten geschildert als die von vielen Europäern. Die alten Werkzeuge und Geräte sind längst durch den Pflug, die Egge u. a. ersetzt und zu den früheren Kulturen sind Weizen, Mais, Tabak und vor allem Kartoffeln

hinzugetreten. Die letzteren sind jetzt leider fast die ausschließ=
liche Speise der ärmeren Maoris. Dazu kommt der feine,
graugelbe Schlamm, den zahllose Vulkane auf der Nordinsel
auswerfen, von den Ansiedlern native porridge, einheimischer
Hirsebrei genannt, der ganz geschmack= und geruchlos ist und
von den Maoris in großen Quantitäten gegessen wird. Kar=
toffeln, Schweine und Gemüse brachte Cook den Neuseeländern.
Mit tiefer Ehrfurcht, sagt Hochstetter, nennt jeder Eingeborene
noch heute den Namen des Mannes, der sie durch diese neuen
Nahrungsmittel das Menschenfleisch entbehren lehrte.

Mangel an animalischer Nahrung kann aber der Grund für
die früher furchtbar herrschende Anthropophagie nicht gewesen sein.
War doch Überfluß an Fischen und Geflügel und züchteten die
Maori doch, wie Georg Forster berichtet, sehr viele Hunde. Als
Cook auf seiner ersten Reise mit Solander und Banks ans Land
ging, sah er, wie die Eingeborenen außer einem Hunde auch
Menschenfleisch verzehrten, das in Körben neben ihnen lag. Auf
die Frage, warum sie denn nicht den im Wasser schwimmenden
Leichnam einer Frau äßen, antworteten sie, die Frau sei eines
natürlichen Todes gestorben und ihre Verwandte, sie aber ver=
zehrten nur die Leichen ihrer in der Schlacht erlegten Feinde.
Das ursprüngliche Motiv scheint also Rachsucht gewesen zu sein;
später wurde der Genuß aber beliebt und zur Gewohnheit. Auch
hatten sicher religiöse Ansichten damit zu thun, denn die Leiche
und die Öfen, in welchen sie gebraten wurde, waren streng tapu
und der Inhalt eines Ofens war immer für die Götter be=
stimmt. Nicht allein die im Kriege Erschlagenen wurden ver=
zehrt, auch Sklaven schlachtete man zu diesem Zwecke.

Ob der Kannibalismus unmittelbar nach der Ankunft der
Maori begann, ob sie diese Sitte von Hawaiki mit herüberbrachten,
wissen wir nicht. „Aber es ist gewiß", sagt Dr. Thomson in
seinen Untersuchungen über das Wesen der Anthropophagie, „daß
1642 einer von Tasmans Matrosen gefressen wurde, daß 1774
eine Bootmannschaft Cooks dasselbe Schicksal traf, daß Marion

du Fresne und viele andere Seefahrer zu demselben schrecklichen
Ende kamen, und daß die Pioniere der Civilisation und alle
Missionäre, einer nach dem andern, die allgemeine Verbreitung
der Anthropophagie in Neuseeland bis 1843 bezeugen. Es ist
unmöglich anzugeben, wie viele Neuseeländer wirklich verspeist

Fig. 45.

Ein Kannibale aus früherer Zeit.

worden sind; daß ihre Zahl aber keine kleine gewesen ist, können
uns zwei Ereignisse lehren, welche durch europäische Zeugen
beglaubigt sind. Im Jahre 1822 fraßen Hongis Krieger nach
der Einnahme von Totara an der Themse 300 Personen und
1836 wurden während des Rotura=Krieges 60 Menschen in
zwei Tagen gekocht und verzehrt." Es wäre leicht, noch mehr

Beispiele anzuführen, das obige dürfte genügen. Aber ein Kriegs-
lied aus demselben Werke mag hier Platz finden. Es lautet:

O! mein Söhnchen, weinst du, schreist du nach Nahrung?
Hier hast du sie, das Fleisch Hekamanus und Weratas! Obschon ich übersättigt bin von dem weichen Gehirn des Putu
Riririki und des Raukauri, so groß ist mein Haß, daß ich mich
noch weiter füllen will mit dem des Pau von Ngaraunga, des
Pipi und mit dem köstlichsten Leckerbissen, dem Fleisch des verhaßten Te ao.

Ein Unrecht sahen die Neuseeländer in dem Verzehren
ihrer Nebenmenschen durchaus nicht. Als die Missionäre ihnen
darüber Vorstellungen machten, erwiderten sie: „Die großen
Fische fressen die kleinen, Hunde fressen Menschen, Menschen
Hunde, Hunde einander, Vögel einander, ein Gott den andern.“

Diese Zeit ist vorüber; der heutigen Maorigeneration klingt
jede Erinnerung daran fast wie ein Märchen. Ein alter Häuptling, der mit einem jungen Maori auf der Reise war, als sie
an einem Kriegspah vorbei kamen, gedachte vergangener Tage
in folgender Weise. „Siehe“, sagte er zu seinem jungen
Freunde, „hier haben wir deinen Vater gefangen und getötet,
dort haben wir ihn gekocht und gegessen.“ Der junge Mann
hörte zu, als ob es ihn weiter gar nichts anginge; beide schliefen
gemütlich in demselben Zelte, aßen aus demselben Topfe und
waren gute Freunde.

Der letzte Fall von Kannibalismus, d. h. von dem Verzehren des Leichnams eines Erschlagenen, wird 1843 berichtet,
allein die Hauhau-Religion belebte diese schauderhafte Sitte noch
einmal wenigstens zum Teil, denn die Maori, welche sich zu
dieser Sekte bekannten, tranken das Blut ihrer Feinde und ver-
schlangen ihre Augen. Hier ist also deutlich der Wahn erkennbar, durch solche Handlung die Kraft und Fähigkeit des Feindes in den eigenen Körper zu übertragen. Glücklicherweise ist
auch diese Periode vorübergegangen, um wohl nie wiederzukehren.

Wir knüpfen daran eine Betrachtung des, wie bei so vielen

Völkerstämmen, so auch hier herrschenden Schädelkultus. Keine schönere Beute kannte der alte Maorikrieger als den Kopf, welchen er dem im Kriege besiegten Gegner abschnitt; er nahm ihn mit nach Hause und steckte ihn auf den Pfählen seiner Wohnung auf als Ehrenzeichen, als Kriegstrophäe, als Talisman. Damit war für den Feind keinerlei Unehre verknüpft. Den Kopf suchte man aber durch allerlei Mittel zu konservieren. Auch die Köpfe von Freunden wurden in dieser Weise präpariert, doch kann man solche sofort erkennen, denn ihr Mund ist geschlossen, während jene im weit geöffneten Munde die Zähne zeigen.

Und Feindesschädel waren es auch sicher nur, mit welchen lange Zeit nach Sydney ein schwunghafter Handel betrieben wurde. Aber bald erschlug ein Eingeborener den andern, nur um den Kopf zu bekommen, ihn zu konservieren und nach Sydney für europäische Sammlungen zu verkaufen. Besonders wurden Kopfjagden angestellt, als man nach solchen Schädeln verlangte, welche das Moko, die Tattuierung, recht deutlich zeigten. Aber man nahm auch die Köpfe der nichttattuierten Sklaven und tattuierte dieselben nach dem Tode. Um jene Zeit wurden selbst Töpfe mit eingesalzenem Menschenfleisch nach Sydney gebracht, bis der dortige Gouverneur diese gräßlichen Einschleppungen verbot.

Den Maoris, in deren Charakter Habsucht ein Hauptzug ist, wurde es nicht allzu schwer, sich auch von den Schädeln der eigenen Verwandten zu trennen. Man hatte ihrer ja genug, denn nur mit den Sklaven machte man, wenn sie starben, keine Umstände, man warf sie ins Wasser, in Höhlen; die Freien aber, besonders die Vornehmen, erhielten eine zuweilen sehr feierliche Bestattung. Man legte die Leichen auf Gerüste, begrub sie in der Erde oder stellte sie in offenen Särgen aus. Nach einigen Monaten wurden die Knochen gereinigt, mit Öl gesalbt und in einem prachtvoll geschnitzten Sarge auf den Wahi tapu, einen streng geheiligten Platz geschafft. Auf einem Felsvorsprunge des

Vulkans Tongariro steht noch heut ein solcher Sarkophag mit den Gebeinen des großen Tukino Te Heuheu, welcher bei einem Bergrutsch mit seiner ganzen Familie den Tod fand. Statt zu fliehen, ging der mächtige Häuptling der Gefahr kühn entgegen. Mit Zauberformeln glaubte er die Katastrophe hemmen zu können und die Naturkräfte zu bannen. Der Kraterschlund des Vulkans war ihm zum Grabe bestimmt worden. Aber als man sich dem obersten Eruptionskegel näherte, ertönte ein dumpfes unterirdisches Rollen und die entsetzten Träger flohen. Darum war bis in die jüngste Zeit der Berg aufs strengste tapu.

Auf dem Grabe der Häuptlinge errichtete man ein Denkmal, einen niedrigen hölzernen Pfahl, mit Tüchern umhangen, nur der oberste Teil, welcher das Gesicht vorstellte, blieb frei. An der getreu nachgeahmten Tattuierung erkannte der Maori, wem das Denkmal errichtet war.

Die religiösen Anschauungen der Neuseeländer waren schon bei der ersten Kenntnisnahme derselben durch Europäer verworren und unklar. Zwar sind uns vielfache Berichte über dieselben durch tüchtige Forscher zugegangen, aber erst Bastian hat uns einen tieferen Einblick in die Weltanschauung dieses Volkes gewährt. Durch ein glückliches Geschick wurden ihm die Sammlungen mitgeteilt, mit welchen sich einige hervorragende und begeisterte Männer seit Jahren beschäftigt hatten. Darauf beruht die folgende Darstellung.

Die Schöpfung beginnt in Neuseeland, wie sonst in Polynesien, mit dem Po als Urnacht. Die Himmel ruhten auf der Erde und alles war Finsternis. Nie waren die beiden getrennt gewesen. Dieser Zustand wurde unerträglich, denn die Menschen waren zahlreich geworden. Damit Licht werde, beschlossen die Söhne Rangis (des Himmels) und Papas (der Erde) die Eltern von einander zu reißen; nur Tawhiri=Matea, der Windgott, hatte Mitleid mit ihnen. Zum Andenken an diese Dinge sagt man: „Die Nacht! die Nacht! der Tag! der Tag! das Suchen, das Ringen nach dem Licht! nach dem Licht!"

Einer der Brüder nach dem andern erhob sich, den Him=
mel von der Erde zu trennen: Rongo-Matana, der Gott der
Ernten, Haumia-Tikitiki, der Gott der wilden Früchte, Tanga=
roa, der Gott des Meeres, Tumatauenga, der Kriegsgott, aber
keiner vermochte es. Zuletzt erhob sich Tane-Mahuta, der Wald=
gott, und riß, indem er sein Haupt beugte und mit den Füßen
nach oben stieß, Himmel und Erde aus einander. Was kümmerte
Tane ihr Wehklagen? Nun wurden die Menschen sichtbar, welche
bisher in den Höhlungen an ihrer Eltern Brüsten verborgen ge=
wesen waren.

Aber der Sturmgott Tawhiri-Matea gedachte nun seine
Brüder zu bekriegen, weil sie seine Eltern getrennt hatten. Er
erhob sich und folgte seinem Vater, dem Himmel. Bei ihm wohnte
er in den offenen Räumen des Himmelsgewölbes, zog seine
Kinder groß und entsandte sie nach allen Richtungen. Und nun
beginnt der Kampf.

Ein Windstoß genügt, den Waldgott zu fällen. Tief unten
am Boden liegt er, mit all seinen Zweigen, Fraß für Moder
und Wurm. Dann wendet er sich gegen die Gewässer. Tanga=
roa verläßt die wellenzernagte Klippe und flieht in die Tiefen
des Oceans. Aber seine Kinder trennen sich. „Schwimmender
Fisch" sucht den Ocean auf und „Schrecken", das große Reptil,
bleibt auf dem Lande. Seit jener Zeit ist unaufhörlicher Krieg
zwischen den Waffern und dem Lande gewesen.

Nun wandte sich der Sturm gegen Rongo-Matana und
Haumia; aber die Erde riß sie hinweg und verbarg sie in ihrem
Busen und der Sturm suchte sie vergebens, denn die Erde be=
deckte schützend ihre Kinder. Darauf geht es gegen Tu; aber
Tu achtet des Sturmes nicht, er allein ist stark im Kampfe.
Aufrecht steht er auf den offenen Ebenen seiner Mutter Erde,
bis die Wut der Himmel und die Winde nachlassen. Weil ihm
aber seine Brüder nicht beistanden, beschließt er sie zu bekriegen.

Er macht Schlingen und Fallstricke und hängt sie in die
Bäume. Ha! Tanes Kinder sind gefangen. Er schneidet den

Flachs, er knotet das Netz, er zieht es durchs Wasser. Ha! Die
Söhne Tangaroas sterben auf dem Strande. Nun sucht er
Rongo und Haumia. Die Erde hat sie verborgen, aber ihr
Haar, das sich über dem Boden zeigt, verrät sie. Er spaltet den
Hartholzbaum mit steinernem Keil, er verfertigt das spitze Ko
und gräbt die Erde. Rongo und Haumia werden aufgedeckt und
liegen trocknend in der Sonne.

So verschlang Tu seine Brüder und verzehrte sie; während
des Kampfes aber trug es sich zu, daß der größere Teil der
Erde von den Wassern überschwemmt wurde; nur der kleinere
blieb trocken.

Aber das Licht fuhr fort, sich zu vermehren, und wie das
Licht zunahm, so vermehrte sich auch das Volk. Geschlecht
reihte sich an Geschlecht bis hinab zu den Zeiten Maui=Potikis,
der durch seine Vergehen gegen Hine Nui te Po dem Menschen=
geschlecht den Tod brachte, denn ohne dieses würden sie ewig ge=
lebt haben.

Nun bleibt in diesen letzteren Tagen der Himmel weit von
seinem Weibe, der Erde, entfernt; aber die Liebe des Weibes
wird in Seufzern zu dem Gatten emporgetragen. Dies sind die
Nebel, die von den Gipfeln der Berge aufwärts schweben; und die
Thränen des Himmels fallen auf sein Weib nieder. Siehe, die
Tautropfen!

Diese Sage von der Schöpfung ist allegorisch und ihre
Bedeutung war nur den Priestern verständlich, dem gemeinen
Volke ist sie niemals mitgeteilt worden. Weit populärer war
der über ganz Polynesien verbreitete Mauimythus. Auf Maui
häuft sich auch hier eine Menge von Thaten, wie auf Herakles,
mit dem wir ihn am ehesten vergleichen können. Den ganzen
Mythenkreis, der sich um seine Person gebildet hat, zu durch=
wandern, alle die verschiednen Schicksale, welche er durchzumachen
hat, hier auch nur zu berühren, ist unmöglich. Einige aber
dürfen wir uns näher ansehen. Die Sage von der Fesselung
und dem gewaltsamen Angriff auf die Sonne, welche zu schnell

über den Himmel schritt und dabei mit ihrem flammenden Feuer die Menschen plagte, finden wir mit wenigen Abweichungen bei den Samoanern, wiederum ein Hinweis auf die Herkunft der Maori. Eine andere ist die Mythe von der Entstehung der Nord=insel, welche noch in dem Namen derselben nachklingt.

Der Fisch des Maui, Te Ika a Maui, heißt sie noch heute bei den Eingeborenen, die bei der Erzählung von Mauis That hinweisen auf die Fischgestalt ihres Wohnplatzes, dessen einzelne Punkte sie als Gliedmaßen des Fisches bezeichnen. Im Süden ist der Kopf; dort sind die Port Nicholson einschließenden Land=zungen die Kiefern, Port Nicholson selber ist das eine Auge, der Wairapasee das andere. Kap Egmont stellt die Rückenflosse, das Ostkap die Bauchflosse vor und die nordwestlich streichende Landzunge ist der Schwanz. Und in der That ist der Vergleich nicht so übel, er beweist auch für die richtige Vorstellung, welche die Maori schon lange vor Ankunft der Europäer von ihrem Lande hatten. Die Sage aber, welche sich an den Fisch des Maui knüpft, ist nach einer von Bastian mitgeteilten Version folgende.

Nachdem Maui seine große That gegen die Sonne vollbracht hatte, blieb er träge daheim, während seine Brüder fleißig zum Fischfang gingen. Darüber murrten seine Weiber und Kinder. „Ha!" ruft Maui, „denkt ihr, ich könnte nicht Fische fangen? Bald wird die Sonne sie bescheinen, wie sie am Strande aufge=häuft liegen." Nun verfertigt er einen Angelhaken aus dem Kinnbacken seiner Ahnherrin Muri=ranga=whenua, der „Fernsten=Grenzen=der=Erde", der unbesieglichen Waffe', welche sie ihm auf sein Bitten geliehen hatte. Dann dreht Maui eine Schnur. „Jetzt", sagt er zu seinen Brüdern, „laßt uns auf das Meer hinausfahren und fischen." Aber seine Brüder, denen er schon manchen bösen Streich gespielt hatte, wollten ihn nicht mitnehmen und fuhren allein hinaus. Aber als sie zurückgekehrt waren, versteckte sich Maui im Kanu und, ohne zu wissen, daß er bei ihnen war, fuhren die Brüder am nächsten Morgen abermals auf die See. Da sich Maui nun erhob, wollten sie ihn wieder ans Land bringen. Er aber sagte: „Erlaubet mir hier zu bleiben, damit ich das Wasser aus dem Kanu schöpfe." So gestatteten sie ihm zu bleiben. Nun fuhren sie auf Mauis Zureden immer weiter hinaus, vorbei an ihrer gewohnten Fangstelle, über den fernsten Ankerplatz hinaus, den Kanus jemals erreicht hatten, denn Maui sprach zu ihnen: „Es lohnt sich nicht, hier zu fischen! Laßt uns hinaus fahren in die Strömungen des großen Oceans außer Sicht vom Lande, so wird unser Kanu in einem Augenblick gefüllt sein, denn die Fische werden dem Haken scharenweise folgen." Und so geschah es in der That. Nur zweimal warfen sie ihren Haken aus, da war das Kanu schon gefüllt. So schickten sich Mauis Brüder an, zurückzukehren. Aber Maui sprach: „Wartet ein wenig, bis ich meinen Haken auswerfe." Darauf zieht er unter seinem Mantel seinen Haken hervor, der von eingelegten Perlen glänzt, geschnitzt ist und verziert mit Büscheln von Haar und Federn: den Kinnbacken seiner Ahnherrin Muriranga-whenua.

Der Köder aber fehlt und seine Brüder wollen ihm keinen geben. Da ballt er seine Faust und schlägt sich auf die Nase, daß das Blut fließt. Das reibt er auf den Haken und wirft ihn ins Meer. Hinab sinkt der Haken — hinab, hinab. Jetzt ist er dicht am Grunde und jetzt hat er den Giebel von dem Hause Tongonuis, des Ahnherrn Mauis, erreicht, der unter den Wassern wohnt. Weiter sinkt der Haken, er geht an der Dachrinne vorbei, an dem Schnitzwerk der Vorderseite. Jetzt hat er den Boden erfaßt und Maui zieht an der Leine. Ha! das Haus jenes Alten, Tongonui, ist an dem Haken des Maui-tikitiki-o-Taranga! Und mit ihm herauf kommt eine Welt. Der trübe Ocean wallt auf, die Gipfel der Berge sind nahe und manch ein wirbelnder Strudel tost.

Aber nun fühlt Maui den ganzen Widerstand, seine göttliche Kraft hat ihres gleichen gefunden, nicht näher kommt der Haken. Grimmig zieht er und singt dabei jauchzend:

Warum,
Warum o Tongonui?
Klammerst du dich an des Oceans Tiefen?
Noch widerstehend
Der Kraft Ranga=whenuas
Tauchend in das bewegte Meer,
Tauchend!
Hebend! Ooi!
Die Kraft Ranga=whenuas
Trägt den Sieg davon!

Ha! der Fisch Mauis erhebt sich aus dem Wasser — ein Land=fisch — ein großes Land — Papa=tu=a=nuku, die Walfischerde!

Maui geht nun fort, den Göttern ein Opfer zu bringen, und schärft, ehe er geht, seinen Brüdern ein, ja nicht vor seiner Wiederkehr den Fisch zu zerteilen und zu kosten. Aber die Brü=der achten seiner Worte nicht, sie zerschneiden den Fisch und essen davon. Darüber ergrimmt der Meergott Tangaroa und läßt den Fisch sich sträuben in grimmigen Zuckungen. Und hier=durch wurde das Land so häßlich gestaltet — Berge, Thäler, Ebenen, Schluchten, Abgründe, alle gemischt.

Das ist die Sage von Maui, dem Lieblingshelden mao=rischer Mythologie. Aber solche Kraft, wie er, konnte auch der Mensch haben, wenn er alle Karakia, alle Zaubersprüche kannte. Dann besaß er die Obergewalt über alle Naturereignisse und der homerische Ausspruch „Alle Sterblichen bedürfen der Götter" galt für ihn nicht mehr. Davon war der Maori tief durch=drungen und neuseeländische Kolonisten hatten Gelegenheit, sich davon zu überzeugen, wenn bei gefährlicher Seefahrt in gebrechlichem Kanu sich unter Sturmesgebraus und Wogen=schwall die Gestalt des alten Tohunga erhob, um so laut, als es seine Stimme erlaubte, dem Meere und dem Wind ein Schweigen zuzurufen. Dem Maori waren seine Inkantationen nicht flehende Gebete, auch nicht Beschwörungen, sondern Befehle an die Natur, denn er, das Abbild Tuis, besitzt die Autorität, zu gebieten. Freilich wollte sich die Natur nicht immer fügen; Te

Heuheu rief vergebens dem stürzenden Berge sein Halt entgegen und mußte seinen Wahn mit dem Tode büßen.

Daher konnte von einer Priesterschaft nur in bedingter Weise die Rede sein; es scheint sogar, als hätte jeder Vornehme als Priester fungieren dürfen. Die Macht, das Mana, eines Maoripriesters war begrenzt und erstreckte sich nur auf Angelegenheiten, in denen die Einmischung der Götter erkannt werden konnte. Im Kriege wurde seinen Befehlen Folge geleistet, nach Beendigung desselben hörte das auf. Wenn Hongi auf dem Marsch seine Scharen halten lassen wollte, so teilte er dies dem alten Te Kamara mit, der seine Expedition begleitete. Dieser gab dann sein Gewand einem Mann, um dasselbe an einer bestimmten Stelle niederzulegen, und diesem Zeichen wurde stets Gehorsam erwiesen. Dagegen kehrte sich der Häuptling Korotiwah in einer Schlacht durchaus nicht an den Priester Te Rakino, denn dieser hatte am Vorabend seinen Stamm beleidigt; er zog im heftigsten Kampfe mit den Seinen zurück und erschien erst spät wieder im Treffen. Der Priester übte auch andere Befugnisse aus, er bestimmte, wann die Frucht in die Erde gebracht werden mußte u. a.

Nach Bastian's aus den Mittheilungen eines alten Priesters geschöpfter Darstellung ist der Himmel in zehn Terrassen aufgebaut. Auf der höchsten derselben thront in dem Naherangi oder Tuwarea genannten Tempel unter den dort vereinigten Göttern Rehua als der höchste, ein nebeliger Feuergott, der mit seiner ersten Frau Atatuhi den Mond, die Sterne, die Dämmerung und den Tag, mit seiner zweiten Frau Wero wero dagegen die Sonne zeugt. Die nächste, die neunte Terrasse ist von den Geistergöttern, Wairua, bewohnt, welche bevorzugte Seelen unter sich aufnehmen. Die achte Terrasse bildet den Aufenthalt der Geisterseelen und in der siebenten werden die Seelen, unter Erwachen des Geisteslebens, zum Niedergang in Menschenleiber vorbereitet. Diese vier höchsten Abteilungen des Himmels stehen unter der Herrschaft von Rehua; über die drei nächsten gebietet Tawhaki. In der sechsten Terrasse weilen die Untergötter, in der fünften Halbgötter, Gehilfen der vorigen, und in der vierten belebt sich an dem Lebensquell Hauora die Seele des Embryo für irdische Geburt. Die drei untersten Terrassen stehen unter Maru. Hier befinden sich in der dritten die großen Seen, welche die Waffer über dem Firmamente halten, und wenn die aufgewühlten Tiefen über den Rand spritzen, erscheint der niederfallende Schaum als Regen oder Hagel auf der Erde. Die zweite Terrasse bildet den Himmel des Regens oder Sonnenscheins und dann folgt die Luftatmosphäre, das Reich Tawhiri-Mateas, des Windgottes.

Gleich der oberen Welt, dem Himmel, ist auch die untere, die Erde, in zehn über einander liegende Abteilungen geschieden. Zunächst ist die mit Gras und Bäumen bedeckte Erdoberfläche unter die Herrschaft des Gottes Tane-mahuta gestellt. Dann kommt die Region der Götter Rongo Motane und Haumia Tiketike, wo die eßbaren Knollen wachsen. Darauf folgt Reinga, der Eingang zum Hades der Maori. Am Reinga, am wildzerrissenen Gestade des Nordkap, steht ein uralter Pohutukauabaum (Metrosideros tomentosa) und schickt durch eine Höhlung am Klippenrande seine niederhängenden Schlinggewinde tief in das Schattenreich hinab. Das ist die Leiter für die Toten, für alle dieselbe. Zur Nachtzeit, besonders nach großen Schlachten, hören die Bewohner des Nordkaps im Sturm- und Wogengetose das Rauschen vorüberstreichender Seelen, „gleich denen Galliens, wenn sie sich auf dem Einschiffungsplatz zur Überfahrt nach Britannien drängten."

Die Seelen der Häuptlinge steigen erst zum Himmel und lassen dort ihr linkes Auge als Stern zurück; dann gehen auch sie nach dem Rainga, wo im nächtlichen Dunkel die greife Urahnin Hine nui te po weilt. Weiter geht es hinunter in das Au Toia unter der Herrschaft Whiros. Mehr und mehr sinken nun dem Seelengeist die Kräfte, fo daß er, Uranga o tera erreichend, schwer der rachsüchtigen Göttin Rohe entgeht, die alle Seelen zu töten sucht. Entkamen sie mit stets abnehmender Kraft in die nächsten Hiku Toia und Pou Touri, so erlagen fie wohl dem Gotte Meru und nur wenige noch taumelten durch die Region Toke in den Schlund der letzten, zehnten Schicht Meto, wo alles in Verwesung endete.

Das war also die Vorstellung der Maori von den Zuständen nach dem Tode. Wahrlich keine tröstliche und keine solche, welche den Lebenden ermutigen konnte, dem Tode froh entgegen zu gehen. Und doch thaten dies die Maorikrieger. Für sie war es genug, wenn ihre Thaten in dem Munde ihrer Nachkommen fortlebten. So hoch stand ihnen der Ruhm, daß die größeren Heldenthaten eines Sohnes den abgeschiedenen Vater nicht, wie den Achilleus im Hades, mit Freude erfüllten, daß sie vielmehr seinen Neid erregten und ihm im Grabe keine Ruhe ließen.

Ein tapferer Häuptling, der Sprosse eines hochberühmten Heldenkönigs, kehrt von einem siegreichen Kriegszuge ruhmgekrönt zurück. Wie er mit seiner tapferen Schar am sturmgepeitschten Strande des dunkelstarrenden Nordkaps vorüberzieht, braust es in den Wogen, sie zerteilen sich und heraus tritt, mit Speer und Keule bewaffnet, eine riesige Spukgestalt. Und wie das Gespenst auf ihn zuschreitet, erkennt der junge Fürst den Geist seines Vaters. „Sohn", ruft er ihm zu, „bereite dich zum Kampfe. Bis in die Unterwelt ist der Ruhm deiner Thaten gedrungen, du verdunkelst den meinigen. Neid fühle ich im Herzen; wir müssen uns messen, wer der Größere sei." Der Kampf beginnt, der Sohn wird überwunden und beruhigt kehrt der Geist des alten Kriegers in die Unterwelt zurück.

Aber es ist nicht zu verwundern, daß eine solche Zukunft nicht befriedigte. Wenn auch nicht allen, so wurde doch bevorzugten Personen ein besseres Schicksal eröffnet. Tapfere Krieger zogen in die Sonne ein und die Sonnenflecken sind ihre Schatten. Und wie Rupe, der, seine Schwester Hinauri suchend, bis zu dem zehnten Himmel, wo Rehua herrscht, vorgedrungen war, so glaubten die Stämme von Taranaki durch die verschiedenen Himmelshallen bis zur achten aufsteigen zu können, wo die Geisterseelen weilen.

Die alte Religion war mit der Zeit so morsch in ihren Stützen geworden, daß sie schon im Zusammenbrechen war, als die ersten Europäer sich auf dem Maorilande ansiedelten. Zwar waren die Neuseeländer nicht schnell geneigt, das Christentum anzunehmen, als es ihnen geboten wurde, wie es einige ihrer polynesischen Verwandten thaten. Aber daß ihnen die alte Religion nicht genügte, das beweist die Entstehung jener eigentümlichen Mischung, welche sie aus den verschiedensten Bekenntnissen herstellten, eine Verquickung alten Aberglaubens mit christlichen und jüdischen Dogmen. Ihren jetzigen Zustand hat Bastian treffend charakterisiert.

„Die Religion des Maori liegt in seiner Selbstachtung und in der dadurch bedingten Verehrung seiner Atua, seiner göttlichen Vorfahren, unter einem als naturgemäß empfundenen Zusammenhang. Fühlt er sich inmitten fremder Verhältnisse gestellt, vor deren stärkerer Macht er sich zu beugen hat, so geht ihm mit dem stolzen Selbstgefühl auch sein Gott verloren und rasch bricht er hoffnungslos zusammen."

Mit den staatlichen Verhältnissen verhält es sich ähnlich wie mit den religiösen. Sie befanden sich bei der Ankunft der Europäer und wohl schon lange vorher gleichfalls in der Auflösung begriffen, und sie haben ebenso wie jene durch europäische Einflüsse eine Neugestaltung erfahren. Denn einen von allen oder auch nur von einer größeren Zahl anerkannten Maorikönig hat es früher niemals gegeben. Bei keinem polynesischen Volke sind die Unterschiede zwischen den Ständen mehr verwischt als hier. Man kannte nur zwei Klassen: Freie und Sklaven, die letzteren verschonte Kriegsgefangene, welche zwar alle schweren Arbeiten für ihre Herren verrichteten und auch das Menschenfleisch liefern mußten, wenn solches verlangt wurde, außerdem aber sich doch einer leiblichen Existenz erfreuten. Unter den Freien, den Rangatira, hatten die Ariki durch ihre Geburt die angesehenste Stellung, die sich auf den ältesten Sohn vererbte. Diese Ariki besaßen die Macht, alles tapu zu machen und auch

vom tapu zu befreien. Aber sie hatten sonst sehr wenig Ge=
walt; sie konnten, mit Ausnahme des Sklaven, Gehorsam nicht
von einem einzigen Mitgliede ihres Stammes fordern. Auch
vermochten sie durchaus keine Garantie für die Handlungen einer
Abteilung, eines Iwi, oder auch nur einer Unterabteilung, eines
Hapu, übernehmen. Als Heke zum ersten Male die Flaggenstange
bei Kororareha umgehauen hatte, wurde von Sydney eine
Truppenabteilung abgesandt und die Arikis der Ngapuhi Hapus
schlossen mit dem Gouverneur einen Vertrag, nach welchem Heke
fortan keinerlei Störungen des Friedens mehr verursachen sollte.
Heke war nur ein niederer Häuptling, er fühlte sich durch jenen
Vertrag aber so wenig gebunden, daß er allen zum Trotz die
Flaggenstange zum zweiten Male umstürzte und die Stadt Koro=
rareka einäscherte.

Der Ariki mag ferner die Kraft des Tapu besitzen, die ihm
vermöge seiner Abstammung innewohnt, aber es ist nicht nötig,
daß er die Führerschaft des Stammes hat. Der Ariki der Ngati=
kaihoro mußte dieselbe an seinen Neffen abtreten, weil er einen
Diebstahl begangen hatte, und auch das Tapu, welches auf
einem Felde lag, sah er sich genötigt, auf das Drängen des
Volkes zu entfernen. Als Hape, der oberste Häuptling der
Ngatiraukawa, auf dem Sterbebette lag, fragte er seine Söhne,
ob sie imstande sein würden, das Volk zu weiteren Siegen zu
führen und die Ehre des Stammes zu wahren. Als sie keine
Antwort gaben, trat Te Raugaraha, der zum Volke gehörte, her=
vor und sprach: „Ich bin imstande in deine Fußtapfen zu treten
und sogar das zu thun, was du nicht konntest.“ So wurde er
Führer des ganzen Stammes und blieb es bis an sein Ende.
Als Anführer einer Kriegerschar wurde er selbst nicht von dem
berühmten Hongi übertroffen, aber die Macht der Ariki, etwas
tapu zu machen, besaß er deswegen doch nicht. Den Ariki zeichnete
auch eine besonders prächtige Kleidung aus, sowie das Tragen
gewisser Federn im Haar und der Tiki um den Hals; in der Hand
trug er einen schön geschnitzten Stock aus hartem Holz.

Unter die Ariki konnte ein durch Geburt diesem Stande nicht angehöriger Mann zwar nicht aufgenommen werden, da ja ihre Gaben und Kräfte göttlicher Natur waren, wohl aber unter die Rangatira. Namentlich wurde diese Ehre Europäern zu teil, welche sich mit Maorifrauen verheiratet und die Tattuierung angenommen hatten; es geschah dies aber auch ohne solche Bedingungen. Der neuseeländische Beamte William Baker in der Abteilung für die Eingeborenen wurde sogar von dem berühmten Te Kaniatakirau zum Häuptling unter dem Namen Te Huia ernannt, wie uns Hochstetter erzählt, dem selber diese Auszeichnung, ja der Besitz eines Stück Landes angeboten wurde, welches zwischen den Ngaiterangis und den Ngatihokos zum Zankapfel geworden war.

Daß die Stellung der Frauen eine niedrigere war als die der Männer, darüber werden wir uns nicht wundern, es darf vielmehr unser Erstaunen erregen, daß das weibliche Geschlecht hier nicht in der strengen Scheidung von dem männlichen lebte, wie in Hawaii oder gar in Tahiti. Die Frauen der Maori nahmen mit allen Familienmitgliedern an den Mahlzeiten teil; sie fanden bei den Kindern denselben Gehorsam wie die Väter und sie waren auch bei den öffentlichen Versammlungen und Kriegsberatungen zugegen. Sie begleiteten ihre Männer in den Kampf und feuerten sie zur Tapferkeit an.

Die Neuseeländer lebten in Polygamie. Doch besaßen nur die Vornehmen mehrere Weiber und nur eine, die, welche zuerst die Mutter eines Sohnes wurde, nahm die eigentliche Stelle einer Gattin ein. Die Frau gab auch dem Manne die Stammesangehörigkeit und den Rang; sie stieg nicht zu ihm hinab, er wurde durch sie erhöht. Ceremonien bei Schließung der Ehe fanden nur in seltenen Ausnahmefällen statt; ein Priester rief wohl über das neuvermählte Paar den Segen herab. Die Bewerbung war aber zuweilen eine sehr rohe. Dieffenbach berichtet, daß wenn ein Mädchen von zwei Liebhabern umfreit sei, diese die Geliebte je an einem Arme faßten; wer sie dem andern entriß, führte die

14*

Braut heim. Ohne Verrenkungen soll es dabei nicht immer ab=
gegangen sein. Die Braut wurde um ihre Einwilligung selten
gefragt; ihre Hand vergaben die Eltern, auch der älteste Bruder,
dessen Zustimmung für besonders wichtig galt. Aber Fälle, wo
Verbindungen aus reiner Neigung und trotz aller Hindernisse
geschlossen wurden, liegen gleichfalls vor. Die Legende von der
schönen Hinamoa, ein Seitenstück zu der Hero= und Leandersage,
nur daß der schwächere Teil hier das Schwimmen übernimmt,
ist dafür eine gute Illustration.

Hinamoa, die einzige Tochter des Häuptlings Umukaria
in Owhata an den Ufern des Rotoruasees, liebte den schönen,
aber armen Tutunakai, welcher auf der kleinen Insel Mokoias in
der Mitte des Sees lebte. Aber ihre Verwandten widersetzten
sich ihrer Verbindung. Da beschloß sie zu fliehen. Als alles
schlief, eilte sie leichten Fußes hinunter zum See, aber kein Kanu
war zu sehen. Vorsorglich hatte man sie alle hoch auf den
Strand gezogen und sie waren zu schwer für Hinamoas Kräfte.
Von drüben her klangen zu ihr die Töne von Tutunakais Flöte,
klagend, lockend; sie konnte nicht widerstehen, sie stürzte sich in
das Wasser und schwamm hinüber. Und mit glücklicherem Erfolge
als der hellenische Liebende.

Welche tiefe und zarte Empfindung spricht sich nicht in dem
folgenden, uns von Hochstetter mitgeteilten Gedichte einer jungen
Frau des Ngatikahunuaui=Stammes aus, das beiläufig jetzt
auch in figürlichem Sinne gebraucht wird, wenn man einer hoch=
stehenden Person Dankbarkeit für besondere Aufmerksamkeit aus=
drücken will. So wurde es auch ein „Freundschaftsgesang" an den
berühmten Reisenden.

> Dunkel rollen düstre Wolken
> Um den Gipfel Pukehina,
> Über'n Pfad, wo mein Geliebter
> Ewig meinem Blick entschwunden.
> Kehr', ach kehr' noch einmal wieder!
> Daß der Liebe Strom kann fließen
> Aus den thränenmüden Augen,

Ein Tribut der wahren Liebe.
Deine trauten Arme drückten
Mich Unwürd'ge an die Brust einst,
Klammernd wand seitdem mein pochend
Herz um Dich die stärksten Ranken.

Die Neuseeländerin, die so warmer Liebe fähig war, konnte auch, wenn der Gegenstand derselben unerreichbar war, auf das Leben verzichten. Davis teilt in seinen Maori Mementos den schönen Gesang einer Eingeborenen mit, welche sich aus verzweifelnder Liebe von einer Klippe herabstürzte. Und tief rührend sind die Klaggesänge um geliebte Tote.

Ihr blauen Wellen, die ihr kommt und gehet,
Nicht länger mögt ihr fluten, mögt ihr ebben,
Denn euren Liebling hat man fortgetragen.
Das laute Volk versammelt sich zu Festen,
Der Kahn durchschneidet raschen Laufs die Wellen,
Der weiße Schaum des Wassers spritzt hoch auf.
Die Vögel fliegen hin und wieder,
Am Himmel dunkle Wolken bildend
Und dann auf schroffen Klippen niedersitzend.
Nur du allein, Geliebte, kommst nicht wieder,
Und nicht 'ne Locke deines Haares blieb uns,
Um sie mit bittren Thränen zu benetzen.

Dies das Ende eines Klaggesangs, welchen die alte Häuptlingsfrau Patuwhakairi am Hokianga verfaßte, als die schöne, junge und liebenswürdige Ngaro starb, die sie mit dem Abendstern vergleicht, der niedersinkt, „um aufzugehen in einem helleren Himmel, wo tausend warten, um ihn zu begrüßen."

Damit sind wir schon in eine Betrachtung der geistigen Eigenschaften der Maori eingetreten. Eine nicht geringe Zartheit des Gefühls wird ihnen nach den angeführten Proben wohl niemand absprechen. Ihre Kosmogonie gehört zu dem Schönsten und durch wahrhaft poetische Anschauung Hervorragendsten, was wir unter den Mythen heidnischer Völker kennen. Und wie man Dichtertalent zu den edelsten Eigenschaften rechnete, so war die

Ausbildung der Redekunst eine der Hauptaufgaben einer sorg=
fältigen Erziehung eines Maorihäuptlings. Je geschickter alte
Sagen und Gesänge, Sprichwörter und Aussprüche großer Häupt=
linge in eine Rede verflochten wurden, desto größer war der
Eindruck, welchen dieselbe bei den Zuhörern machte, desto lauter
der Beifall, der dem Redner am Schluße zu teil wurde. Diese
Gabe haben sie in den letzten Jahren nicht mehr so wie früher
zu pflegen gesucht, obschon vielleicht gerade die Geneigtheit der
zum Christentum Bekehrten, als Priester zu wirken, ihren Grund
in solcher Fähigkeit hat. Die jüngere Generation zeigt eine größere
Vorliebe für das Schreiben von Briefen, welche sie puka puka
(von dem englischen book) nennen, und zwar in solchem Maße,
daß schon vor 20 Jahren eine Maori=Briefpost errichtet werden
mußte, um die lebhafte Korrespondenz zwischen den Eingeborenen
zu befördern.

Alles, was wir von der Maori=Litteratur besitzen, ist durch
mündliche Überlieferung aufbewahrt worden, bis Shortland,
Dieffenbach u. a., namentlich aber Sir George Grey, Samm=
lungen der Sagen und Lieder dieses Volkes machten. Außer
den Götter= und Heroenmythen, solchen, wie wir sie an anderer
Stelle mitgeteilt haben, besaßen sie eine ganze Reihe von Geister=
geschichten: von Patupaearehes, den riesigen, nur für Zauberer
sichtbaren Urbewohnern, welche auf hohen Bergen hausen, von
Taniwhas, den Unholden des Wassers, die besonders als Hai=
fische erscheinen, den krokodilartigen Ngararas, welche, gleich
unserem Lindwurm, in Schluchten und Höhlen wohnen, aus denen
sie hervorkommen, um den Wanderer zu verschlingen. An alle
hervorragenden Naturerscheinungen, an eigenartig gestaltete Berge,
namentlich an Vulkane, an Quellen und Flüsse knüpfen sich
vielerlei Sagen, aus denen der Name, welchen man ihnen gab,
seine Erklärung herleitet.

Wir erinnern uns da an den Namen, welchen die Nord=
insel führt. Gerade diese Nordinsel ist durch ihre den Natur=
menschen notwendig mit abergläubischer Furcht vor unterirdischen,

dämonischen Gewalten erfüllenden Erscheinungen vor allem der Schauplatz mannigfacher Sagen geworden.

Zwischen dem Vulkan Tongariro und White Island oder Whakari in der Plentybai zieht sich eine große Anzahl heißer Quellengebiete hin. Der Zusammenhang dieser Quellen mit dem Vulkan war den Maori klar genug, wie wir das aus einer oft erzählten Sage sehen.

Unter den ersten Einwanderern von Hawaiki befand sich auch der Häuptling Ngatiroirangi. Von Maketu, wo er landet, macht er sich mit seinem Sklaven Ngauruhoe auf ins Innere, stampft Quellen aus der Erde, besäet die Ebenen am Tauposee mit Ko= waibäumen, die aus seinem von Büschen zerfetzten Tuch aus Kiekie=Blättern emporsprießen, und besteigt den Tongariro. Den Gipfel bedecken Schnee und Eis, die Wanderer laufen Gefahr, zu erfrieren. Da ruft Ngatiroirangi seinen Schwestern auf Whakari zu, ihm von dem heiligen unlöschbaren Feuer zu bringen, das sie von Hawaiki mitgebracht haben. Diese schicken die beiden Geister Pupu und Te Haeata unter der Erde nach dem Gipfel des Berges zu rechter Zeit, um den Häuptling zu retten, aber zu spät für den Sklaven. Nach dem letzteren benennt sich noch heute die Höhlung, durch welche das Feuer aufstieg. Und hier brennt das heilige Feuer unaufhörlich fort, wie auch an zahlreichen Punkten, an denen es aufsprühte, als die beiden Geister es unter der Oberfläche forttrugen.

Wie unser Landvolk in den Spinnstuben, so liebten auch die Maori die Regentage und langen Winterabende durch allerlei Erzählungen abzukürzen. Wunder und böser Zauber spielen auch bei ihnen eine große Rolle. Hochstetters Märchen von Kohuki und seinen beiden Frauen, der schlechten Tuhoroponga und der guten und schönen Korire, läßt uns freilich den versöhnenden Schluß vermissen, denn die Unschuld muß ungerächt der Falsch= heit und Schlauheit unterliegen. Der getäuschte Kohuki erfährt es gar nicht, daß sein geliebtes Weib von der bösen Zauberin um= gebracht worden ist, und lebt ganz glücklich mit dieser bis an sein

Ende. Unser Gewährsmann meint, daß dies vollkommen den An=
schauungen eines Volkes entspreche, welches in seiner Sprache nicht
einmal ein Wort für Dank habe. Aber so stumpf in der Unter=
scheidung von Recht und Unrecht waren die Maori doch nicht,
und wenn in jener Sage die Bosheit über die Tugend siegt,
so erzählt uns Davis von der Vergeltung, die auf das Haupt
des Mannes fiel, der seinen Bruder zu töten suchte, weil er sein
Weib begehrte.

Heneitekakara war ein sehr schönes Weib; ihr Gemahl war
Waihuka. Dessen älterer Bruder Tuteamoamo wurde neidisch und
gedachte ihn zu töten. So lud er ihn denn ein, mit auf die See
zum Fischfang zu gehen, und als nun der schwere Ankerstein
nach gethanem Fange nicht in die Höhe kommen wollte, über=
redete der ältere Bruder den jüngeren zu tauchen. Als dieser im
Wasser und nicht mehr sichtbar war, schnitt Tuteamoamo das
Ankertau und segelte von dannen. Das Rufen und Bitten seines
Bruders rührte ihn nicht, höhnisch warf er ihm seine Habe zu:
„Das soll dein Kahn sein.“ Waihuka schwamm auf der See,
er betete zu den Göttern und rief zu den Vögeln: Toroa, Ka=
roro und Kawau, ihn ans Land zu bringen. Keiner hörte auf
ihn. Dann bat er die Fische, aber auch sie kümmerten sich nicht
um ihn; endlich nahm ihn der Walfisch, sein Vorfahre, auf
den Rücken und brachte ihn ans Ufer.

Als der ältere Bruder ans Land kam, fragte Heneitekakara,
wo ihr Mann sei. „In einem anderen Kahn“, erwiderte Tutea=
moamo. Aber die Frau wurde unruhig und traurig; sie dachte,
er sei tot. Abends kam der ältere Bruder an ihre Thür
und rief: „Heneitekakara, schieb den Riegel zurück.“ Sie aber
antwortete:

> O laß mich weinen!
> Laß mich aussprechen meine Klagen
> Um deinen jüngeren Bruder, um Waihuka;
> Sieh, das Jahr ist lang, o Tuteamoamo —
> Und dies lange Jahr ist dein.

Dabei grub sie ein Loch im Hause, um unter der Wand hinweg zu entfliehen. Noch einmal rief der ältere Bruder: „Schieb den Riegel zurück!" und noch einmal gab sie ihm dieselbe Antwort. Dann entkam sie glücklich an den Strand. Dort dachte sie die Leiche ihres Mannes zu finden. Sie fragte die Vögel, sie fragte die Fische des Meeres, keiner hatte ihren Mann gesehen, bis sie zum Walfisch kam, der zeigte ihr, wo Waihuka saß. Da weinten die beiden; dann sagte der Mann: „Laß uns zu unserem Hause gehen!"

Dort waren sie still, daß der falsche Bruder sie nicht hören konnte. Waihuka aber kämmte sein Haar und schmückte es mit Federn. Dann nahm er nach einander seine beste Lanze, seine Keule, sein Messer und fragte sein Weib: „Sehe ich damit gut aus?" Aber Heneitekakara sagte: „Nimm die Lanze und wenn du sie so schwingst, wie jetzt, wird dein Bruder unterliegen."

Zur Abendzeit, als es kühl wurde, kam Tuteamoamo an die Thür und sagte: „Heneitekakara, riegle auf, riegle auf!" „Komm herein, Tuteamoamo", sagte Heneitekakara. Tuteamoamo trat herein, aber sein Bruder sprang vor und durchbohrte ihn. So, das ist das Ende.

Wie die Samoaner, so besaßen auch die Neuseeländer Fabeln, Gespräche zwischen Tieren, in welchen das für jeden passende hervorgehoben wird, so in der Fabel von der Heuschrecke und der Ameise, der Ratte und der Eidechse, in der jedem ein Platz angewiesen wird, den er auszufüllen suchen muß, ohne sich auf thörichte Abwege führen zu lassen. Außerordentlich reich waren die Maori an Sprichwörtern, darunter viele sehr treffende. Der Hund leckt die Hand, die ihn schlägt, der Mann aber züchtigt sie. Friedlicher klingt: Tapferkeit im Krieg hat unsicheren Erfolg, aber Fleiß im Landbau hat sicheren Lohn. Die Steine kochen das Essen nicht, aber des Mannes Hände. Die Nahrung, die dir andere geben, stillt den Hunger, die Nahrung, die dir deine eigene Hand verschafft, macht stark und frisch. Die Morgensonne kann die Wolken bewältigen, die Abendsonne kann es nicht.

Die Ecken des Hauses kann man leicht aussuchen, die Ecken des Herzens sind unzugänglich. Beim Pflanzen sind Freunde rar; ist die Ernte herein, so kommen sie scharenweis. Dann auch solche, die auf die Beziehungen der Maoris zu den Weißen und auf die Zukunft deuten: Der Maori verkauft sein Land und liegt in der Sonne, der weiße Mann kauft es und bearbeitet es für Brod. Der Stamm wird aussterben wie die Moa.

Weiter hatten die Maori einen außerordentlichen Reichtum an Liedern und Gesängen. Da gab es die religiösen Karakia: Zaubersprüche, Gebete, Incantationen. Danach nennt man jetzt die christlichen Kirchenlieder so. Dann sang man bei der Arbeit, beim Rudern, beim Tragen die Toto=waka und Tuki=waka, ge=wöhnlich ein Chor mit einem Vorsänger. Die Haka, Liebeslieder, und Ngeri, Kriegslieder, begleitete man mit mimischen Bewe=gungen oder Tanz.

Das Beste aber, was die Maori auf dem Gebiete der Poesie hervorgebracht haben, finden wir in den Waiata aroha, Liebes= oder Freundschaftsliedern, und den Trauergesängen, den Waia tangi, von welchen wir ja schon einige schöne Beispiele gegeben haben. Von ihnen möge noch eins folgen, welches der Häuptling Wata Ranihi Tawia am Waitakere bei Auckland beim Abschied in das Album Hochstetters schrieb.

> Hoch um die Tararua=Gipfel Nebel ziehen,
> Mein Freund, der Doktor, weilet fern im Norden,
> Des Herzens Schlag ist nicht mehr sanft und ruhig,
> Nur heftig, regellos hebt sich die Brust,
> Und einsam klag' ich; denn kein Fluß uns scheidet,
> Des Meeres Strom ist's, der uns ewig trennt.
> Ich hier auf Paritua's Felsenklippe,
> Du ferne, ferne unter andrem Himmel.

Das ist die eine und die schöne Seite des Bildes, welches wir von den Maoris entwerfen können. Aber es giebt noch eine andere und eine düstere. Derselbe Maori, der so zart seine Empfindungen aussprechen konnte, zeigte zu oft zugleich eine

Wildheit und Roheit, die uns mit Abscheu erfüllt. Seine Rach=
sucht trieb ihn zu Greueln aller Art. Hinterlistig und verschlagen
hielt er den Verrat fast für eine Tugend, und dennoch zeigte
er in den Kriegen oftmals wieder eine gewisse Ritterlichkeit.
Die Neuseeländer sind leidenschaftlich und leicht erregt, dennoch
wissen namentlich die Häuptlinge sich wohl zu beherrschen, denn
sie halten es für schimpflich, den Anschein von Ruhe zu verlieren.

Hochstetter stattete dem regierungsfreundlichen Häuptling
Takerei einen Besuch ab. Der Empfang war sehr ceremoniell.
„Nie hatte ich", sagt der Reisende, „einen schöner und edler ge=
formten Maori-Schädel gesehen als Takereis stolzes Haupt, aber
auch nie kältere und strengere Züge als auf seinem über und
über tattuierten Antlitz. Kein Zug des Lachens oder auch nur
der Freundlichkeit kam über das Gesicht des Mannes während
unserer mehrstündigen Anwesenheit. Er saß da, zusammengekauert,
eine schmutzige wollene Decke umgeschlagen, die Pfeife schmauchend,
und warf unheimliche, wilde Blicke um sich. Dabei gab er den
ab= und zugehenden Eingeborenen kurze, rasche Befehle. Es lag
etwas außerordentlich Imponierendes in der stolzen, ernsten Miene
des Mannes, der mir wie aus Stahl geschmiedet vorkam, aber
auch etwas außerordentlich Wildes."

Als Begrüßung reicht der Maori heute nicht nur dem Pa=
keha, auch seinem eigenen Landsmanne die Hand. Die alte Sitte
des Nasendrückens, das Hongi, ist zwar noch nicht ausgestorben,
allein bei der jüngeren Generation verliert sie sich mehr und
mehr. Es ist ein merkwürdiger Anblick, Männer und Frauen
bei Begegnungen nach langer Trennung mit trauriger Miene,
vielleicht sogar unter heftigem Weinen auf einander zugehen zu
sehen, um diese Ceremonie zu vollziehen. Hat man eine Weile
geklagt und geweint (um die in der Zwischenzeit Gestorbenen),
so ist man heiter genug. Das europäische Küssen und Schütteln
der Hände hat aber schon vielfach seinen Einzug gehalten.

Merkwürdig ist es, wie wenig die Maori, darin ganz abweichend
von ihren Verwandten auf Tonga, Samoa, Hawaii, die Schwierig=

keiten des englischen Idioms überwältigt haben. Ein Maori
sagte, er glaube, die englische Sprache gehe in sein Ohr, aber
er könne sie nicht wieder herausbringen. Die Eingeborenen sind
außerordentlich schwer zu verstehen, wenn sie englisch sprechen.
Das liegt zum großen Teil an der Maorisprache selber. Das
Maori-Alphabet hat nur 14 Buchstaben und völlig verschmolzene
Diphthonge giebt es gar nicht. Da sie kein s haben, so wird aus
Sixpence Hickipennie. Aus New Zealand machen sie Nuitireni,
aus Victoria Queen of England Wikitoria te Kuini o Ingarangi.
So ist es denn gekommen, daß die englischen Kolonisten,
die doch sonst jedem Volke ihre Sprache aufdringen, sich hier
haben bequemen müssen, das Idiom der Eingeborenen zu er=
lernen. Auch die beiden Maori, welche im Oberhause, sowie die
vier, welche im Unterhause sitzen, sprechen, wenn sie ihre Mei=
nung abgeben, ihre eigene angestammte Sprache. Man kann dies
als Unbildsamkeit hinstellen, man kann es vielleicht aber richtiger
als einen dem hohen Selbstgefühl der Maori entspringenden
Konservatismus auslegen.

Sind aber die Maori im Besitze hoher geistiger Eigen=
schaften, so berührt uns die Wahrnehmung um so schmerzlicher,
daß auch sie dem Untergange geweiht sind. Die ganze einge=
borene Bevölkerung wurde 1856 auf 56 049 Seelen berechnet
und der letzte Census vom 3. April 1881 ergab 44 099 Seelen,
24 370 männlichen und 19 729 weiblichen Geschlechts, also eine
sehr bedeutende Abnahme bei einer bedenklichen Ungleichheit der
Geschlechter. Man könnte danach der Rasse das Prognostikon
stellen, daß sie bis zum Anfang des nächsten Jahrhunderts
erloschen sein wird. Macaulays Neuseeländer, der von der London=
Brücke auf die Trümmer der Riesenstadt niederschaut, wird
eine poetische Fiktion bleiben. Die Maori selber sagen, daß
sie untergehen werden wie ihre Riesenvögel, die Moa. Sie
weichen den Europäern. „So wie der Klee das Farnkraut
tötete und der europäische Hund den Maori-Hund, wie die
Maori-Ratte von der Pakeha-Ratte vernichtet wurde, ebenso

wird nach und nach auch unſer Volk von den Europäern verdrängt und vernichtet.“ Das iſt ihr düſterer Glaube.

5. Die Koloniſten und ihre Beziehungen zu den Maori.

Die erſten Berichte, welche von den neu entdeckten Inſeln im Südlichen Ocean nach Europa gelangten, waren nichts weniger als einladend. Seit Tasman in der Maſſacre-Bai durch einen Überfall vier ſeiner Leute verlor, ſetzt ſich die Geſchichte Neuſeelands kaum aus etwas anderm zuſammen als aus einer Reihe blutiger Konflikte zwiſchen den wilden Eingeborenen und den gewaltthätigen und rückſichtsloſen Repräſentanten europäiſcher Civiliſation. Cook allein, der eigentliche Entdecker des Archipels, macht eine rühmenswerte Ausnahme, ſein Name lebt darum noch heut in dankbarer Erinnerung bei dem Volke, das er mit reichen Gaben beſchenkte.

Das ſchreckliche Ende, welches ſo viele Schiffe und Mannſchaften an den ungaſtlichen Küſten betroffen hatte, verſchaffte den Bewohnern den Ruf des blutgierigſten Kannibalenvolkes, und nur mit Abſcheu nannte man in Europa den Namen eines Landes, das wir jetzt als Cooks ſchönſte Entdeckung betrachten. Gewaltthaten waren es geweſen, welche die Maori zu größtem Haſſe gegen die Fremden, die Pakeha, entflammten, eine Gewaltthat war es aber auch, welche die günſtigſten Beziehungen zu den Engländern anbahnte. Um die Koloniſten der Norfolkinſel mit der Bearbeitung des Phormium bekannt zu machen, ließ der Gouverneur King 1793 einige Maori entführen, behandelte ſie dann aufs freundlichſte und ſchickte ſie, ſeines Lobes voll, bald in ihre Heimat zurück. So entſpann ſich ein Verkehr. Denn den an Gefahren gewöhnten Walfiſchfänger und Robbenſchläger, der im Anfang dieſes Jahrhunderts noch auf reiche Beute in jenen Meeren hoffen durfte, konnte die Furcht nicht zurückſchrecken, wenn ihm wohlgeſchützte Buchten Holz für ſeine Operationen und erfriſchende Lebensmittel nach langer Fahrt im Überfluß boten. Und da für jene Schiffe das Hauptquartier immer Sydney war, ſo entſtand mit der schwindenden Furcht, Speise für ein Kannibalenfest zu liefern, bald eine Niederlassung an der Bai of Islands zu Kororareka. Es waren gerade nicht die besten Elemente, welche sich dort zusammenfanden: entlaufene Matrosen und entsprungene Sträflinge aus Neusüdwales, Abenteurer aller Art, die hier mit Maoriweibern ein wenig erfreuliches Pakeha=Maori=Leben führten. Rum war ein Hauptkonsumtionsartikel und die Bevölkerung be= stand nach dem Ausspruch eines alten Kolonisten aus solchen, die Rum verkauften, und solchen, die Rum tranken. Und zu dem Handel mit Lebensmitteln, Flachs und Schweinen trat sehr bald ein Handel mit Menschenschädeln, der die Eingeborenen in noch tiefere Barbarei notwendig stürzen mußte. Bald folgten auf das Settlement an der Bai of Islands andere an der Ostküste, an der Cookstraße und an der Foveaurstraße und die sich schnell mehren= den Ansiedler lehrten die Eingeborenen manche nützliche Fertigkeiten, sie brachten ihnen leider auch viele Laster.

Dies war die erste Klasse von Kolonisten die zweite war ungleich besserer Art; es waren die Missionäre. An derselben Inselbai, wo die erste Niederlassung weißer Männer überhaupt gegründet war, landeten 1814 die ersten Glaubensboten und be= gannen ihr für viele Jahre erfolgloses und undankbares Werk.

Namentlich waren es die furchtbaren, die Nordinsel ver= heerenden Kriege, welche alle Civilisationsbestrebungen hinderten. Und leider wurden diese Kriege durch den Mann hervorgerufen, in welchem die Missionäre ein mächtiges Werkzeug ihrer Pläne zu sehen gehofft hatten. Hongi war Häuptling des Ngapuhi= stammes, ihm gehorchten auch alle Stämme in der Umge= gend der Inselbai, aber dieser Machtkreis war für ihn zu eng. In Begleitung des Missionärs Kendall kam er 1820 nach London und sogleich wurde der schöne und stolze Kannibale der Löwe des Tages. Seine Gewandtheit, sich in den höchsten Kreisen zu bewegen, erregte allgemeine Bewunderung. Doch hatte seine Ach= tung vor den Missionären durch diesen Besuch nicht zugenommen; sein Ideal war Napoleon geworden, der ihm in Europa das einzige nachahmungswürdige Beispiel zu bieten schien. Solche ehrgeizigen Pläne hatte der englische Hof und die englische Regierung in keiner Weise ermuthigt. An Geschenken hatte man es nicht fehlen lassen, aber höhnisch wies Hongi auf die Ritterrüstung, welche ihm König Georg IV. statt der erbetenen Waffen geschenkt hatte, doch ohne Waffen wollte er nicht heimkehren. All feine Habe in Sydney in Geld umsetzend, versah er sich dort mit Flinten und Schießbedarf und rüstete damit ein Heer von Kriegern aus, denn er gedachte die ganze Nordinsel seiner Herrschaft zu unterwerfen. So wütete bis 1828, wo eine feindliche Kugel dem Leben dieses Kannibalenfürsten ein Ende machte, ein fürchterlicher, die Insel zerfleischender Krieg, welcher keine friedlichen Bestrebungen aufkommen ließ.

Dennoch hatte sich selbst in dieser wilden, gefahrbringenden Zeit die Zahl der Europäer und ihrer Niederlassungen vermehrt. Der Handel mit Flachs und Holz nahm von Jahr zu Jahr zu und selbst ein Versuch zur Anlage einer Kolonie wurde 1826 durch eine Auswanderungsgesellschaft, freilich ohne Erfolg, gemacht.

Vielleicht scheiterte dieses Unternehmen auch an dem wohlberechneten Widerstand der Missionäre, welche die Geschicke Neuseelands nicht aus der Hand zu geben gewillt waren. Nach Hangis Tode hatte sich ihr Einfluß über die ganze Nordinsel ausgebreitet und auf ihren Antrieb stellten 13 neuseeländische Häuptlinge an die englische Regierung die Bitte, zum Schutze der Eingeborenen und für die Sache der Humanität und Civilisation 1833 einen Vertreter nach Kororareka zu entsenden. Die englische Regierung willfahrte diesem Ansuchen, das außer der eifrigen Fürsprache der Missionäre in einer Furcht vor französischer Occupation eine ganz besondere Unterstützung fand. Der Oberst Busby wurde als Konsul bei den Missionären accreditiert und nun von diesen unter seiner Beihilfe der Versuch, freilich ein vergeblicher, gemacht, durch Konföderation der Maoristämme einen von ihm und den Missionären regierten Staat zu bilden.

England machte damals also keine Ansprüche auf Neuseeland.

Zwar hatte schon Cook im Namen Georgs III. von seiner Ent=
deckung Besitz ergriffen, aber die englische Nation hatte sich um
diese ferne Besitzung niemals gekümmert und auch die Ab=
machungen von 1814, wonach die neuseeländischen Inseln einen
Teil des britischen Reiches bilden sollten, standen nur auf dem
Papier. Die Regierung that nicht die geringsten Schritte, um ihre
Rechte auf die Inseln geltend zu machen. Als der englische
Kolonialminister, Lord Normanby, endlich daran ging, dies
zu thun, sprach er es aus, die Kolonisation Neuseelands sei
darum so lange hinausgeschoben worden, weil man wisse, daß die
Fortschritte von Weißen unter Wilden stets zur Vernichtung der
eingeborenen Rasse geführt habe.

Und zu diesem Schritte wurde die englische Regierung förm=
lich gezwungen. In London hatte sich schon 1825 durch das
Zusammentreten solcher Männer wie Lord Durham, Francis
Baring und Edward Gibbon Wakefield, unter welchen der letztere
das bewegende Prinzip war, eine Gesellschaft gebildet, die New
Zealand Land Company, um Neuseeland zu kolonisieren. Die
Missionäre traten diesem Plane mit derselben Entschiedenheit
entgegen, die sie zwei Jahre später dem Baron von Thierry
zeigten, einem Engländer mit einem französischen Namen,
welcher sich souveräner Häuptling in Neuseeland und König
von Nukahiva nannte und am Hokianga einen unabhängigen Staat
gründen wollte.

Das Londoner Projekt verlief im Sande, zwar wurde es
1836 noch einmal unter einer anderen Form angeregt, vermochte
aber dennoch nicht, das Wohlwollen und die Unterstützung der
Regierung zu gewinnen. So beschloß man denn, ohne sie zu
handeln, und 1839 segelte das erste Schiff des neu konstituierten
New Zealand Land Company von Deal in der Absicht, von den
Eingeborenen Neuseelands Land zu einer britischen Kolonie zu
erwerben. Nun sah sich die englische Regierung genötigt, etwas
zu thun, wollte sie nicht die Kolonisten preisgeben, und am
15. Juni 1839 wurde Neuseeland für einen Teil der Kolonie

Neuſüdwales und dieſer untergeordnet erklärt. Zum Konſul,
ſpäter zum Gouverneur, wurde Kapitän Hobſon ernannt.

Die britiſchen Anſiedler landeten im Auguſt 1839 an der
Südküſte der Nordinſel in der Bucht, die jetzt den Namen
Wellington=Hafen führt. Kapitän Hobſons Schiff warf im
folgenden Januar in der Bay of Islands Anker, also gerade am
entgegengeſetzten Ende. In demſelben Monat langte das erſte
eigentliche Auswandererſchiff in Neuſeeland an und gründete die
Stadt Wellington. Bis zum Ende des Jahres 1840 wanderten
von Großbritannien und Auſtralien 1458 Perſonen ein. Ein
Teil von dieſen ging aber nach Auckland, das von Kapitän
Hobſon ſtatt der Inſelbai gewählt worden war. Es folgte dann
in dem nächſten Jahre die Gründung der Kolonien New
Plymouth und Nelſon durch die New Zealand Company, von
Otago 1848 durch eine ſchottiſche Geſellſchaft in Verbindung mit
der vorgenannten Kompanie, und von Canterbury 1850, das in
ähnlicher Weiſe durch die anglikaniſche Kirche gegründet wurde.
Zu dieſen 6 Provinzen kamen 1858 Hawke's Bai durch die Tei-
lung der Provinz Wellington, 1860 Marlborough, das von
Nelſon, und Weſtland, das von Otago abgelöſt wurde. Die
Provinzialeinteilung beſtand bis 1876, in welchem Jahre eine
Einteilung in Grafſchaften an die Stelle jener trat. Doch ſpricht
man immer noch von jenen 9 Provinzen, welche mit Ausnahme
von New Plymouth, welches Taranaki heißt, die urſprünglichen
Namen fortführen.

Die faktiſche Beſitzergreifung Neuſeelands war keinen Augenblick zu früh geſchehen, denn ſchon hatte Frankreich ſein Augen-
merk auf die Gruppe geworfen, welche ihm für die Gründung
einer Sträflingskolonie geeignet ſchien und welche auch franzö-
ſiſche Handels= und Schiffahrtsvereine in das Bereich ihrer
Operationen zu ziehen gedachten.

Die Anſiedler bei Wellington beeilten ſich, ihren Plan zur
Landerwerbung ſo ſchnell wie möglich ins Werk zu ſetzen. Noch
vor Ende 1839 war eine Strecke Landes, ſo groß wie Irland,

für Flinten und Schießbedarf, Spiegel, Siegellack, Taschentücher und rote Nachtmützen, Feuersteine und Maultrommeln erstanden worden und man begann sich einzurichten. Kapitän Hobson dagegen berief mit Hilfe der Missionäre eine Versammlung von 46 Häuptlingen nach Waitangi und schloß mit ihnen einen Vertrag ab, wonach die dort versammelten Häuptlinge alle ihre Souveränitätsrechte für immer abtraten, die Königin den Häuptlingen und Stämmen, sowie den Familien und einzelnen Personen das ungestörte Recht auf ihre liegenden Gründe garantiert, bei allen Veräußerungen aber das Vorkaufsrecht unter jedesmal zu verabredenden Bedingungen hat, und wonach endlich die Eingeborenen Neuseelands in den königlichen Schutz genommen und ihnen alle Rechte und Privilegien englischer Unterthanen gewährt werden. Dieser Vertrag wurde von jenen 46 Häuptlingen an Ort und Stelle und später von 512 Maoris in verschiedenen Gegenden beider Inseln unterzeichnet.

Man sagt, daß alle Künste der Überredung und Bestechung ins Feld geführt werden mußten, ehe man dieses Ziel erreichte. Und es gab zur Zeit, wie auch später, genug solcher, welche den Abschluß eines bindenden Vertrages, der die Eigentumsrechte der Eingeborenen anerkannte, mit scharfem Tadel überhäuften. Man wollte die Maori in derselben Weise behandelt wissen, wie die Bewohner des australischen Kontinentes, denen kein Recht an Grund und Boden jemals eingeräumt worden ist. Der Vertrag von Waitangi erkannte aber ein solches Recht für die Maori an. Und aus der Verletzung dieses Rechts sind alle Kriege zwischen ihnen und den Ansiedlern hervorgegangen.

Die Regierung suchte gleich zu Anfang die Maori vor Übervorteilung zu schützen. Die New Zealand Land Company hatte für eine kleine Schiffsladung von allerhand Waren 20 Millionen Acres oder 8 Millionen Hektaren Landes gekauft. Eine offizielle Untersuchung reduzierte dieses Quantum auf 282 000 Acres. Davon lagen 60 000 Acres in der Umgegend der jungen Ansiedelung New Plymouth. Aber die Verkäufer, so be=

hauptete ein anderer Stamm, hatten kein Recht an diesem Lande und durch eine abermalige Untersuchung schrumpften die 60000 Acres zu 3500 zusammen. Die Maoris hatten Zahlung für das Ganze erhalten und sie zahlten das empfangene Geld auch nicht wieder heraus; die Ansiedler hatten nachgeben müssen und die Maori gingen in ihren Forderungen sehr bald weiter.

Aber die Landveräußerungen waren nicht die einzige Beschwerde der Eingeborenen. Ehe eine Regierung bestand, gab es keine Zölle, alle Häfen waren frei. Walfischfänger pflegten häufig einzukehren und ein reger, unbehinderter Handel hatte sich entwickelt. Die neue Sachlage änderte dies Verhältnis vollkommen. Die Walfischfänger blieben fort; Pulver und Blei waren kaum mehr zu haben und Tabak und wollene Decken wurden teuer.

An der Inselbai zu Kororeka war eine Zollstätte errichtet und daneben eine Flaggenstange. Dieses Symbol britischer Autorität, welches den Maori so viel genommen hatte, begann ihnen verhaßt zu werden und am 8. Juli 1844 wurde dasselbe von dem Häuptling Heke niedergehauen und verbrannt. Die Flaggenstange wurde zwar bald wieder errichtet, zugleich aber Kororeka zum Freihafen erklärt. Dessenungeachtet und vielleicht gerade wegen dieser Nachgiebigkeit wurde das Niederschlagen und Verbrennen wiederholt. Zum dritten Male richtete man den Mast auf und schützte ihn nun durch eine militärische Bedeckung. Das hinderte Heke aber nicht, seine Angriffe zu wiederholen und die Folge war, daß die Truppen sich auf einige Schiffe, welche gerade im Hafen lagen, zurückzogen und den Ort verließen. Dies war im Jahre 1845 und damit beginnen die Maori = Kriege, welche mit seltenen Unterbrechungen bis in die neueste Zeit hinein gedauert haben.

Heke wurde in seinem Paß zu Okaikau angegriffen und die Kolonisten erlitten einen schweren Verlust. Mit verstärkten Kräften zog man zum zweiten Male gegen den widerspenstigen Häuptling, um eine zweite Niederlage zu erleiden, doch sahen sich die Maori bewogen, in der Nacht den Paß zu räumen. An die Stelle des Gouverneurs Fitzroy

15*

trat nun der energische Sir George Grey, welcher den Aufstand schnell niederwarf, sodaß 1846 Friede geschlossen werden konnte. Grey mußte aber die Eingeborenen in ihren Rechten überall zu schützen. So setzte er es durch, daß die englische Hochkirche sich mit 66 000 Acres an der Inselbai begnügte, während sie bisher 216 000 Acres beanspruchen zu können glaubte, er schaffte für die Maori die bei denselben für äußerst entehrend geltende Gefängnißstrafe ab, und er bestimmte, daß ein Ansiedler nur von der Regierung, nicht aber von den Eingeborenen Land kaufen könne.

Damit war Ruhe hergestellt, aber nicht auf lange Zeit. Die Maori, und zwar nicht allein der intelligentere Teil, sahen sehr wohl ein, daß das Gedeihen und Wachsen der Fremden nur auf ihre Kosten geschehe. Dies zu verhüten, beschlossen die bisher getrennten Stämme, sich zu einer Nation unter einem König zu vereinigen. „Lasset uns geordnet leben", rief einer ihrer Redner, „daß wir wachsen, wie die Europäer wachsen! Warum sollen wir aus dem Lande verschwinden? Neuseeland gehört uns. Ich liebe das Land."

Der gewählte König war Potatau te Wherowhero, der Häuptling der Ngatimahutas, eines mächtigen Volksstammes am Waikato, ein in seiner Manneskraft mächtiger Kriegsheld, jetzt alt, blind und lahm. Er ließ sich den Friedenskönig nennen und nahm als Symbol der Prinzipien des neuen Königtums ein rotes Kreuz mit drei Sternen: Glaube, Liebe und Gesetz in die neue Nationalflagge auf. Das weiße, mit rot eingefaßte Feld trug außerdem das Wort Nuitireni, d. i. Neuseeland. Zur Hauptstadt ward Ngaruwahia am Zusammenfluß des Waikato und des Waipa ausersehen. Die Seele der ganzen Bewegung aber war William Thompson oder Wiremu Tamihana nach maorischer Sprachweise, ein äußerst gewandter, thatkräftiger Mann, den man allgemein den Kingmaker, den Königsmacher, nannte.

Zur selben Zeit trat eine Anzahl einflußreicher Häuptlinge am Waikato zu der sogenannten Land League zusammen, die es sich zur Aufgabe stellte, fernere Verkäufe von Land an die

Engländer zu verhindern. Der Friedenskönig Potatau ftarb und sein Sohn Matutaora, d. i. Methusalem, welcher sich später, als er die Hau Hau-Religion annahm, Tawhiao nannte, folgte ihm, aber nicht als Friedenskönig. Der Krieg entbrannte sehr bald aufs neue.

Ein Maori hatte ein kleines Stück Land bei Plymouth an einen Ansiedler verkauft. Der Häuptling Wiremu Kingi, d. i. William King erklärte diesen Verkauf für null und nichtig und erbaute auf dem Grundstück einen Pah. Zwar wurde er hier wie bei Waireka geschlagen, aber bei einem Sturm auf den Pah Waitara erlitten die englischen Soldaten eine empfindliche Niederlage; die Maoris schlugen nach 4½ stündigem Kampf ihren Bajonettangriff erfolgreich zurück. Darauf folgte 1861 ein Waffenstillstand. Keine der beiden Parteien glaubte aber an dauernde Ruhe, die Kolonisten übten sich in den Waffen, die Ansiedler von New Plymouth schafften Weib und Kind nach der Südinsel und die Maoris sorgten für Kriegsmaterial; in den Jahren 1857 bis 1860 kauften fie, wie die Zolltabellen beweisen, für mindestens 50 000 Pfd. Sterling Waffen und Munition. Dagegen hatten die Engländer 15 000 Soldaten zusammengebracht, wovon 5000 Freiwillige waren.

An Stelle des Gouverneurs Crown hatte die englische Regierung inzwischen abermals den früheren Gouverneur Neuseelands, Sir George Grey, nach Auckland berufen, weil fie, wie die betreffende Depesche des Herzogs von Newcastle besagte, „keinen Diener der Krone kenne, dem fie die Erfahrung und das Talent zutrauen könne, das Unheil, von welchem sowohl die Kolonisten, wie die Maoris bedroht sind, womöglich abzuwenden."

Aber Krieg war unvermeidlich geworden. Zwar gab es hervorragende Kolonisten: unter der Geistlichkeit, im Richterstande, welche für die Maori plaidierten, aber die Bewegung hatte fich allmählich zur Entscheidung der Frage zugespitzt, welche der beiden Nationalitäten überhaupt im Lande bleiben solle. Auch Greys Bemühungen, die Unzufriedenheit der Maori dadurch zu beschwichtigen, daß er ihnen eine Verfassung gab, konnten den Ausbruch von Feindseligkeiten nicht hindern.

Sie begannen wiederum in Taranaki. Hier fingen die Maori an, auch solches Land zu besetzen, das wirklich und recht= mäßig von Europäern erkauft worden war. Um dem Gesetz Nachdruck zu geben, wurde eine kleine Abteilung Soldaten auf den Schauplatz der Streitigkeiten abgeschickt. Die Maori legten einen Hinterhalt und vernichteten dieselbe bis auf den letzten Mann. Das war am 4. Mai 1863 und von da ab hat der Kampf bald hier, bald dort mit kleinen Unterbrechungen bis in die Mitte des Jahres 1872 hinein gedauert.

Den 15000 Mann der Engländer stellten die Maori nur 2000 entgegen, aber diese Truppen kämpften nicht in so großen oder auch nur annähernd so großen Zahlen an irgend einer Stelle gegen einander, vielmehr hier und dort in kleinen Abtei= lungen. Es war ein Guerillakrieg, in welchem die Eingeborenen dem englischen Militär weit überlegen waren und nur die besser auf solche Kampfesweise eingerichteten Kolonisten zu fürchten hatten. Bei der Verteidigung ihrer Pahs entwickelten die Maori einen Heldenmut, wie er größer nicht gedacht werden kann. Wie sie den Gate Pah gegen ganze Batterien schwerer Geschütze und gegen eine sechsmal so starke englische Macht siegreich behaupteten, haben wir schon früher geschildert. Ähnliche Fälle werden von anderen Gegenden berichtet. Aber schließlich mußten die tapferen Maori der überlegenen Macht ihrer Gegner weichen; der Waikato-Stamm wurde nahezu vernichtet, die Überlebenden nach Taranaki gedrängt und mit der Einnahme des Orakau Pahs im oberen Thal des Waikato am 2. April 1864 das ganze Ge= biet für immer von der englischen Regierung in Besitz genommen.

In Taranaki blieben die Maori aber noch immer im Besitz von Ländereien, welche rechtmäßig den Ansiedlern gehörten. Hier entbrannte der Kampf aufs neue 1864 und zwar bald mit dem bestimmten Programm, eine feste und sichere Verbindung über Wanganui nach Wellington herzustellen. In den Kämpfen, welche bis zu Anfang 1865 dauerten, leisteten befreundete Maori sehr wirksamen Beistand, wie dies auch früher schon geschehen war. So wurde auf der Insel Montona im unteren Lauf des Wanganui eine Art Duell ausgefochten, für welches von beiden Seiten, den feindlichen wie den freundlichen Maori, eine Anzahl Kämpfer bestimmt ward. Der Sieg blieb, allerdings mit schweren Verlusten, auf Seiten der befreundeten Maori. Diese Zersplitterung, so gewöhnlich bei uncivilisierten Völkern im Kampfe gegen höherstehende Eindringlinge, verhalf den Engländern ganz besonders zu ihren endlichen Erfolgen.

Ein solcher freundlicher Maori war auch der Häuptling Te Kooti oder Scott, wenn wir die englische Aussprache acceptieren. Man entdeckte jedoch, daß er mit den Hau Haus, den feindlichen Maori, konspirierte. Wir haben oben über diese aus dem Krieg erwachsene Religion gesprochen. Te Kooti wurde zum Gefangenen gemacht und mit 300 anderen Neuseeländern 1866 nach den Chatham-Inseln verbannt. Zwei Jahre darauf landete er mit fast allen seiner gefangenen Genossen in der Poverty-Bai. Er hatte sich eines Schuners bemächtigt, welcher die Inselgruppe besuchte, und den Kapitän in seinen Dienst gezwungen. Von da ging er nach Taranaki und dort hat er vier Jahre lang allen Versuchen englischer Truppen — 2000 haben gegen ihn im Felde gestanden — sich seiner Person zu bemächtigen, erfolgreich widerstanden. Wie Thompson in früheren Jahren, so war nun Te Kooti der Held der Maori. Um ihn gefangen zu nehmen, verausgabte die Kolonialregierung nahe an eine halbe Million Pfund Sterling, und er ist noch jetzt frei.

Und die Landfrage ist bis auf den heutigen Tag keineswegs geregelt. Denn die Maori betrachten die Konfiskationen ihrer Ländereien immer als eine ungerechtfertigte und zu beseitigende Maßregel. Erst in jüngster Zeit sind wiederum Unruhen ausgebrochen, indem die Maori das Ansiedlern in Waikato und Taranaki zugehörige Gebiet ergriffen und umpflügten. Der leitende Geist war der Häuptling Te Whiti, welcher eine drohende

Bewegung der eingeborenen Bevölkerung veranlaßte. Indessen sind die ausgebrochenen Unruhen ohne Blutvergießen nach zahlreichen Verhaftungen wieder beschwichtigt worden. Die Regierung erbitterte die Maori dann abermals, als sie die Anlage einer Straße durch den von Maoris allein bewohnten Bezirk Parikoha anordnete. Diesem Beschlusse wurde ein entschiedener Widerstand entgegengesetzt. Der Häuptling Sydney Taiwhanga aber unternahm Mitte 1882 eine Reise in Begleitung von zwei anderen: Hare Hongi Hika und Hakena Parore nach London, um der Königin und ihren Ministern seine Beschwerden wegen der Verletzung des Vertrags von Waitangi persönlich vorzutragen.

Die neuseeländische Regierung ist entschieden abgeneigt, Gewalt gegen die Maori zu gebrauchen. Der Maori-König ist in seinem Gebiet faktisch Alleinherrscher und dies Gebiet ein Asyl für alle Übelthäter, denen er seinen Schutz angedeihen lassen will. Die Kolonialregierung weiß, wie viel Blut und Geld frühere Kriege gekostet haben, und sie hütet sich, einen solchen zu provozieren. Sie weiß, daß das Ende nicht mehr allzu fern ist. Und auch die Maori sehen das ein. Als die neuseeländische Regierung einmal unschlüssig war, ob sie Krieg gegen Matutaera, d. i. König Tawhiao erklären solle, gab ein freundlich gesinnter Maorihäuptling dem Gouverneur folgenden Rat: „O Gouverneur, Matutaera ist jetzt wie ein Baum, der allein dasteht in einer Lichtung unserer Wälder. Läßt man ihn unbeachtet, so welkt er bald und stirbt ab. Mein Rat für dich, o Gouverneur, ist der, Matutaera in Ruhe zu lassen."

Dieser Rat ist denn auch befolgt worden und ihm gemäß handelt man auch heute. Man geht noch weiter. Jährlich werden nicht unbedeutende Summen für die Unterstützung hilfsbedürftiger Maori durch Mehl, Zucker, Decken u. a. verausgabt; die Regierung findet es billiger, diese sugar and flour Politik zu befolgen, als sich in kostspielige und prekäre Kämpfe einzulassen. Mußten doch 1860—61 die 240 Hektar streitigen Landes in Taranaki mit 20—30 Millionen Mark Kriegskosten erkauft werden!

Das Land, welches jetzt noch ausschließlich von Maori be=
wohnt wird, die „King Country", ein kompaktes Gebiet auf der
Nordinsel, umfaßt 4050 Quadratkilometer und liegt nord=
westlich vom Tauposee. Gegen Westen ist die Grenze das Meer
zwischen dem Aoteahafen und dem Mokaufluß. Von dem letz=
teren geht sie beinahe parallel dem Breitengrad nach dem Tauposee,
an dessen nordwestlicher Ausbuchtung entlang bis fast zum Wai=
kato, hierauf parallel dem linken Ufer des Waikato bis zu seinem
Mittellauf, von wo sie eine Strecke weit von diesem Flusse ge=
bildet wird, um etwa in gleicher Breite von Aotea wieder nach Westen
abzubiegen. Das Hauptdorf des hier herrschenden Königs heißt
Te Kuite. Aber auch diese immer noch großen und fruchtbaren
Striche werden den weißen Eindringlingen zufallen.

Denn wie jene dahinschwinden, so nehmen diese zu. Die
Kolonie ist jetzt 43 Jahre alt und hatte nach dem Census vom
3. April 1881 eine Bevölkerung von 534 008 Seelen, davon
489 909 Kolonisten (269 643 männliche, 220 275 weibliche) und
44 099 Maori (24 370 männliche, 19 729 weibliche). Unter den
Kolonisten wurden 4941 Chinesen gezählt, darunter nur acht
weiblichen Geschlechts. Die Zahl der Deutschen, die sich sowohl
auf der Nordinsel, als auf der Südinsel niedergelassen haben,
wird offiziell auf 4819 angegeben. Der Census von 1878 führt
aber unter damals 414 412 Einwohnern 5643 Lutheraner auf,
die fast sämtlich Deutsche sind, so daß wir mit Hinzurechnung der
anderen Konfessionen Angehörigen die Deutschen wohl auf 7000
bis 8000 veranschlagen können.

Hauptprodukte sind jetzt Gold, wovon bis 31. März für
über 318 Mill. Mark ausgeführt wurde, namentlich von Otago,
Hokitika und dem Thamesflusse, ferner Kohle, Weizen, Hafer
und Gerste (Getreideexport 1880: 18 176 200 Mark), Wolle
(63 386 000 Mark), Fleischkonserven und Wild. Die Kolonie hatte
1878 (letzte Zählung): 137 768 Pferde, 578 430 Rinder, 13 069 338
Schafe und 207 337 Schweine. Die Industrie ist gering, obschon
zahlreiche und hohe Prämien zur Belebung derselben ausgesetzt

wurden. Daher besteht die Einfuhr (1881: 149 140 900 Mark, davon deutsch 115 580 Mark) vornehmlich in Industrieprodukten. Der Ausfuhrwert betrug damals 121 217 320 Mark.

Die Einnahmen (1882: 69 763 400 Mark) decken in der Regel die Ausgaben nicht, da Neuseeland große Summen für Eisenbahnen (2043 Km.), Telegraphen (6013 Km.), Einwanderung u. a. verausgabte. Die Anleihen haben daher eine Höhe von nahe 554 Mill. Mark erreicht d. i. 1070 Mark pro Kopf. Dennoch ist der Kredit der Kolonie ein guter.

6. Städte.

Infolge der fast gleichzeitig von verschiedenen Punkten aus unternommenen Ansiedelung Neuseelands hat die Kolonie eine größere Anzahl von Orten von städtischem Charakter, aber gerade durch diese Zerteilung auch keine Stadt von besonders großem Umfang. Die Hauptstadt, welche sonst in Australien einen so bedeutenden, ja unverhältnismäßig hohen Prozentsatz der Bevölkerung bildet, nimmt hier nicht einmal den ersten Rang ein. Allerdings ist Wellington erst seit 1876 an die Stelle von Auckland getreten. Es zählt jetzt mit vier Vorstädten 21 005 Einw., worunter eine Anzahl Maori, die zumeist in der Vorstadt Te Aro wohnen, ist Sitz des Gouverneurs, der Regierung, des Parlaments, hat eine große Anzahl von Kirchen, 2 Theater, 6 Banken, ein Museum und einen freilich in den ersten Anfängen stehenden botanischen Garten, Gas- und Wasserleitung. Wegen der immer noch vorkommenden Erdbeben sind fast alle Gebäude Wellingtons, wie der anderen Städte der Nordinsel, aus Holz gebaut. Das neue Regierungsgebäude ist ein stattlicher Palast in der gediegensten Renaissance und die Hauptkirche täuscht dem Fremdling von ferne eine stolze gotische Kathedrale aus weißem Marmor vor. In den Gärten herrscht der unschöne australische Eukalyptus. Eine Eisenbahn führt nach Napier. In dem sehr geräumigen Hafen, einem Teil des Port Nicholson, liegt die kleine brandungumtoste Quarantäne-Insel Somes Island.

Dampferlinien verbinden die Stadt, welche eine eigene Flotte von 37 Segelschiffen von 5815 Tonnen und 18 Dampfer von 2035 Tonnen besitzt, mit Sydney und Melbourne, sowie mit den Häfen der Kolonie. Die ehemalige Hauptstadt Auckland, an der Südseite des Waitemata=Hafens, einem westlichen Ausläufer des Hauraki=Golfs, ist weit volkreicher, da sie mit ihren 9 Vorstädten 37 777 Einwohner zählt. Die Stadt hat zahlreiche Kirchen, 9 Banken, ein College und mehrere andere höhere Schulen, eine öffentliche Bibliothek mit 4000 Bänden, Museum, Gas= und Wasserleitung, mehrere industrielle Etablissements: Schiffswerften, Kesselschmieden, Sägemühlen u. a., ein großes Dock und besitzt eine Flotte von 221 Segelschiffen von 13 844 Tonnen und 45 Dampfern von 2354 Tonnen. Regelmäßige Dampferverbindung besteht durch die Pacific Mail Co. mit Sydney, Honolulu und San Francisco, durch kolonielle Linien mit Viti und den eigenen Häfen. Südlich von der Stadt erhebt sich unverkennbar ein alter Vulkan, Mount Eden. Von seinem, jetzt mit europäischem Gras bewachsenen Kraterrande breitet sich ein herrliches Panorama aus. Nordwärts der Haurakigolf mit seinen vielen Inseln und Halbinseln, über die der Rangitoto gebieterisch hervorragt, südwärts die Felsenkulissen des Manukau=hafens. In der Mitte der Isthmus mit seinen zahlreichen großen und kleinen isolierten und gruppierten vulkanischen Kegeln und düsteren Lavafeldern, zwischen denen zerstreute Saatäcker sich emporzudrängen beginnen. Über die nur 9 Kilometer breite Landenge führt die Eisenbahn nach Onehunga, an dem großen aber seichten und nur in schmalen Kanälen schiffbaren Manukau=hafen. Andere wichtigere Orte auf der Nordinsel sind Grahamstown am Firth of Thames, eine Goldstadt mit 4864 Einw., inmitten der Thames=Goldfelder, die aber, dem Namen nicht entsprechend, in sehr steilen, durch schmale Querschluchten abgeteilten Bergmassen bestehen. Von 1867 bis 1879 ist hier Gold im Werte von über 65 Millionen Mark gewonnen worden. Napier ist die Hauptstadt der früheren Provinz Hawkes=Bai,

hat 5756 Einw., darunter eine Anzahl Maori. Es ist auf einem
Sandsteinfelsen erbaut, der isoliert mitten aus niedrigen, marschigen
Ufern in die Bai hineinragt und nur durch einen schmalen, teil=
weise künstlich hergestellten Deich mit dem Hauptland zusammen=
hängt. Der Hafen ist nur für kleinere Fahrzeuge zugänglich.
Wanganui in der Provinz Wellington mit 4643 Einw., liegt
unweit der Mündung des gleichnamigen Flusses in die Cook=
straße und ist durch Eisenbahn mit Wellington und Napier ver=
bunden. In der Nähe eine höhere Schule für Maoris. New=
Plymouth in der Provinz Taranaki, malerisch gelegen an der
See und am Fuße des im Süden majestätisch emporragenden
Mount Egmont mit 3326 Einw., war während der Maorikriege
als Garnisonsstadt für mehrere Regimenter von Wichtigkeit; der
Mangel eines guten Hafens hat die Stadt aber trotz der frucht=
baren Umgebung, des „Gartens von Neuseeland", nicht empor=
blühen lassen. Freilich beginnt schon 50 Kilometer landeinwärts
das Gebiet der Maori. Eine Eisenbahn führt nach der Cook=
straße. Nennenswert ist noch Russel oder Kororareka im
höchsten Norden, der erste Sitz der Regierung und Schauplatz
vielfacher Kämpfe. In der Nähe bedeutende Kohlenwerke und
Export von Kohlen und Kauri; Station für Dampfer und Wal=
fischfänger.

Die bedeutendste Stadt der Südinsel wie Neuseelands über=
haupt ist Dunedin an der Südostküste. Es ist eine sehr hübsche
Stadt, deren vornehmste Gebäude: die Universität, das Museum
mit der Bibliothek, das Stadthaus, Hospital, zwei Theater, sechs
Banken, zahlreiche Kirchen aus schönem weißen Stein erbaut
sind. Der Botanische Garten ist nebst anderen öffentlichen Plätzen
ein beliebter Erholungsort und die Rennbahn der Stadt be=
rühmt. Dunedin verdankt sein außerordentlich schnelles Empor=
blühen der Entdeckung der reichen Goldfelder, welche zuerst 100
Kilometer landeinwärts aufgefunden wurden. Nach dem Census
von 1881 zählt es 24 377, mit 8 Vorstädten 42 802 Einw.
Mit letzteren ist die Stadt durch Trambahnen verbunden. Nach

Christchurch im Norden und Invercargill im Süden gehen Eisenbahnen. Der Hafen der Stadt ist Port Chalmers, 15 Kilometer nordöstlich am Otago=Hafen gelegen, mit großem Schiffsdock, Werften u. a.; 4955 Einw. Zum Hafen gehören 80 Segelschiffe von 7692 Tonnen und 26 Dampfer von 5862 Tonnen. Das nördlicher gelegene Timaru mit 3923 Einw. an der Bahn nach Christchurch ist Ausfuhrhafen für das herdenreiche Hinterland. Noch weiter nach Norden ist die zweite Stadt der Südinsel, Christchurch, zwar weit weniger bedeutend als Dunedin, aber immerhin eine ansehnliche, wohlhabende Stadt mit (1881) 15 224, einschließlich der 5 Vorstädte 30 719 Einw. Die Stadt wurde von der anglikanischen Kirche gegründet, daher tragen die meisten Straßen die Namen von englischen Bischöfen. Nennenswerte Gebäude sind außer zahlreichen Kirchen das Museum, ein College, 6 Banken, zwei Theater, ein Hospital und Irrenhaus. Durch den großen beliebten Vergnügungsplatz Hagley=Park fließt der Avon. Der Hafen für Christchurch ist das 15 Kilometer entfernte Lyttelton, wohin eine Eisenbahn führt. Durch Anlage von Hafendämmen, Werften, eines Dock und Leuchtturmes ist derselbe bedeutend verbessert worden und weist jetzt einen ansehnlichen Verkehr auf (1880: 686 531 Tonnen) und besitzt 80 Fahrzeuge von 20 246 Tonnen. Port Lyttelton liegt sehr hübsch in der Tiefe des Port Cooper und rings umwallt von hohen Bergen, durch welche die Eisenbahn geführt werden mußte; 4127 Einw. Andere Orte von Bedeutung sind Invercargill an der Südküste mit 4592 Einw., der Hafen für die hinter ihm liegenden großen Weidedistrikte; Hokitika an der Westküste mit 4884 Einw., ist wie das nördlichere Greymouth der Hafen für einen sehr reichen Golddistrikt; Nelson in der Tiefe der Tasman=Bai mit 6763, einschließlich der Vorstädte 9323 Einw.; eine Eisenbahn führt nach Foxhill, wo ergiebige Kohlenlager erschlossen sind. Leider ist der Hafen allzu klein und die Reede den Ost= und Südostwinden zu sehr ausgesetzt.

Mikronesien.

Die mikronesischen Inseln und ihre Bewohner.

Der Name ist bezeichnend für die Zusammensetzung dieses Gebietes. Es ist eine Menge kleiner, meist auf Korallenriffen lagernder Inseln, welche diese Gruppe bildet: ein Klein-Insel-Land. Unter der großen Zahl von Inseln und Inselchen befinden sich indes nur wenige von bedeutenderer Ausdehnung und die ganze Abteilung mißt nicht mehr als 3530 Quadratkilometer oder 64,1 Quadratmeilen, ein Areal, das nicht einmal an den Umfang einer der größeren Inseln unter den benachbarten Hebriden oder Salomonen heranreicht. Es sind im ganzen vier Gruppen: die Gilbertinseln, die Marshallinseln, die Karolinen und die Marianen, zu denen einige kleinere Komplexe wie die Bonininseln und ein halbes Dutzend Sporaden hinzutreten.

Fast alle mikronesischen Inseln sind niedrige Korallenbildungen und die meisten von ihnen umschließen Lagunen. Auf den Riffen liegen verstreut kleine Landfragmente mit spärlicher Tier- und Pflanzenwelt. Selten sind die Korallenfelsen gehoben worden, wie bei dem einsam gelegenen Paanopa oder Banaba, das man auch Oceaninsel nennt, und der kleinen Karolineninsel Fais, deren steile, fast senkrechte Wände von Madreporenkalk sich bis 30 Meter Höhe erheben, um im Inneren eine fruchtbare Einsenkung einzuschließen, die Stelle der ehemaligen Lagune.

Vulkanischen Ursprungs sind wenige. Von den Karolinen: Yap, Ruk, Ponape und Kusaie, dann mehrere der Palauinseln, sowie die nördlichsten der Marianen. Auf den südlichsten Inseln der letztgenannten Gruppe, wie auf den Palau finden wir den Korallenkalk von vulkanischem Gestein durchbrochen und ersehen daraus die Geschichte ihrer Entstehung.

Dem geologischen Aufbau entspricht die Vegetation. Die hohen Inseln bedeckt üppiger Pflanzenwuchs. In dem zersetzten vulkanischen Boden findet er reiche Nahrung. Ein Gürtel von Rhizophoren umzieht die Meeresufer; neben mehreren Palmenarten erscheinen Farne, auf Ponape auch düstere Koniferen zwischen glänzend belaubten Ficusarten. Mächtige Lianen verweben die kräftigen Stämme zum undurchdringlichen Dickicht, das nur hier und dort von den kleinen Lichtungen der Eingeborenen oder fieberhauchenden Sümpfen unterbrochen wird.

Auf den niedrigen Koralleninseln ist die Vegetation weit spärlicher, ärmlicher. Namentlich auf den Gilbertinseln und den nördlichen Marshallinseln hat sie ein dürres, verkümmertes Aussehen. Die südlicheren Inseln der letzteren Gruppe, welche mehr von den feuchten, aus Westen wehenden Winden getroffen werden, sind weit begünstigter. Überhaupt bessert sich nach Westen zu der Anblick wie die Zusammensetzung der Pflanzenwelt; mehr und mehr mischen sich indische Elemente hinein, wie wir denn schon auf Ponape der Sagopalme begegnen.

Die Hauptrepräsentanten sind indes fast überall die Kokospalme und der Pandanus. Freilich verkümmert auf den nördlichen, sehr trockenen Inseln der erstere, so überaus nützliche Baum; erreicht der Pandanus doch zuweilen eine beträchtliche Höhe; Brotfruchtbaum und Bananen aber gedeihen nur auf den bevorzugtesten Inseln dieses Gebietes.

Weit ärmer noch ist die Tierwelt. Auf den meisten Inseln hat man den Pteropus und die Ratte vorgefunden und diese Geschöpfe sind mit Ausnahme eines den Gilbertinseln und Ponape eigentümlichen Hundes die einzigen Landsäugetiere, welche die ersten Seefahrer entdeckten. Landvögel sind ebenfalls nicht zahlreich; auf den Karolinen, und dort auch nur auf Ponape, giebt es auffallenderweise nur eine Art von Papagei, auf den Marianen fehlten die Papageien anfangs ganz. Das Haushuhn hat man aber überall angetroffen. Auch sonst ist die Fauna arm; nur an Seetieren ist ein größerer Reichtum. Einige Wale, Fische der verschie=

Fig. 46.

Allee von Kokospalmen.

densten Art, Muscheln und Holothurien sind in Fülle vorhanden und bilden zum Teil eine Quelle ansehnlichen Gewinns.

Die Bewohner dieser Gruppen sind Mischlinge von Polynesiern und Papuanen. An die letzteren schließen sich die west=

lichsten Bewohner Mikronesiens, die Palauinsulaner, am engsten. Hier findet man öfters das schwarze Haar kraus und zu Büscheln vereint, sowie die papuanischen, gebogenen, fast jüdischen Nasen, denen man vereinzelt freilich auch auf der Marshall= und Gilbert= gruppe begegnen kann. Auf den Palau sehen wir ausschließlich Kurzschädel, aber dieser Typus verliert sich ostwärts mehr und mehr, bis wir auf Ponape reine Schmalschädel antreffen. Je weiter nach Osten, desto mehr polynesisch wird das Aussehen der Be= wohner, je mehr nach Westen, desto papuanischer, und je näher die Wohnsitze dem asiatischen Festlande liegen, desto mehr zeigt sich auch in der zunehmenden Häufigkeit schiefer Augenstellung der Einfluß des malaiischen Elementes.

Aber wenn sich auch die Mikronesier in ihrem Äußeren den Melanesiern nähern, so gehören sie doch nach Sprache, Sitten und bürgerlichen Einrichtungen unzweifelhaft zu den Polynesiern. Meinicke findet die Unterschiede zwischen beiden Stämmen kaum größer als die zwischen Deutschen und Skandinaviern. So gilt die Schilderung, welche wir von den Polynesiern an anderer Stelle entworfen haben, im großen und ganzen auch für die Bewohner der mikronesischen Archipele.

Die Marianen.

Die Entdeckung dieser Gruppe verdanken wir dem Portu= giesen Magelhaens, welcher im Auftrage Karls V seine denk= würdige Weltreise machte. Magelhaens, der 6. März 1521 Say= pan, Tinian und Agrigan sah, nannte die Inseln Islas de las velas latinas wegen der Form der von den Bewohnern gebrauchten Segel und Ladrones wegen der vielfachen, von denselben ver= übten Diebereien. Den Missionären, die sich 1668 auf Guam niederließen, verdanken wir weitere Nachrichten. Von ihren Stationen auf Guam und Saypan machten sie Fahrten nach Anatagan, Sarigan, Alamagan, Pagan und Agrigan. Assonsong, verstümmelt aus Asuncion, und Mangs wurden von ihnen aufgefunden. In neuerer Zeit verweilte Anson auf seiner Weltumsegelung 1742 längere Zeit auf Tinian; weitere Nachrichten brachten Byron 1765, Wallis 1767 und Crozet 1772, in diesem Jahrhundert Freycinet (1829) und Sanchez y Zayas.

Die Marianen, so benannt zu Ehren der Witwe Philipps IV, erstrecken sich von Nord nach Süd vom 21⁰ bis 13⁰ n. Br., dehnen sich von West nach Ost aber nur über einen Grad (145⁰ — 146⁰) aus. Es sind im ganzen 15 Inseln, von denen 5 zu einer nördlichen, 10 zu einer südlichen Gruppe vereint sind. In der nördlichen sind nur zwei: Agrigan und Pagan und zwar von 18 Menschen bewohnt, in der südlichen vier: Guam (514 qkm mit 7000 Einw.), Rota (114 qkm mit 400 Einw.), Tinian (130 qkm mit 400 Einw.) und Saypan (185 qkm mit 433 Einw.). Das Gesamtareal der Gruppe beträgt 750 qkm (13,6 Q.-M.), die Bevölkerung gegen 8200 Seelen.

Sämtliche Inseln sind vulkanisch. Thätige Vulkane giebt es heute nur noch auf Pagan, Alamagan und Uraccas, an der Südseite der ersteren auch heiße Quellen. Aber überall treten uns die Spuren früherer Ausbrüche in erloschenen Kratern, Lava und Schlacken entgegen. Auf Guam und Saypan hat vulkanisches Gestein den Madreporenkalk durchbrochen, welcher die Hauptmasse der südlichen Inseln sowie des öden, vegetationslosen Farallon de Medinilla ganz im Norden ausmacht. Erdbeben sind im gesamten Gebiet häufig genug. Die südlichen Inseln sind mehr oder weniger von Küstenriffen umgeben, die nördlichen sind frei davon, alle aber arm an brauchbaren Häfen. Die besten Ankerplätze bieten die Bai von S. Luis de Apra oder Caldera an der Westküste von Guam und der Hafen von Tanapag auf Saypan. Die Hauptstadt des Archipels, Agana an der Westseite von Guam hat leider einen nur für kleine Schiffe zugänglichen Hafen, den ein von schmalem Kanale durchbrochenes Riff bildet.

Bei fruchtbarem Boden, ziemlich gleichmäßig verteilten, reichlichen Niederschlägen und einer hohen Mitteltemperatur (in Guam

27⁰ C) muß die Vegetation wohl eine üppige sein. Ihrem Charakter nach schließt sie sich eng der philippinischen an und von den Philippinen ist auch eine oder die andere Nahrungspflanze eingeführt worden. Von Palmen gab es hier ursprünglich nur die Kokos- und die Arekapalme, vom Brotfruchtbaum aber vier wilde Arten, fünf Zuckerrohr-Arten, auch fand man den Reis vor. Wichtige Nährpflanzen sind ferner die Iguame, der Taro, der Sagobaum, Gespinstpflanzen die Hanfbanane und die Baumwollstaude, welche auf Tinian ganze Berglehnen überzieht. Auf den Waldbäumen wuchern allerlei Parasiten und um Stämme und Zweige schlingt sich eine Fülle von Lianen, darunter die zähen Ranken des vom Volksmunde so getauften Diebesstricks.

Aber die Tierwelt, wenigstens die auf dem Lande lebende, ist sehr arm. Zu dem einheimischen fliegenden Hund, der Ratte und dem Schwein haben die Spanier Axis aus Luzon und weiße Rinder eingeführt, die sich beide schnell unglaublich vermehrten. Schon Anson sah große Herden dieser Tiere auf Tinian. Von den zahlreichen Vögeln ist ein Drittel mit den karolinischen identisch. Auffallenderweise giebt es aber gar keine Papageien. Dafür haben wir die prachtvoll gefärbte Mähnentaube (Calloenas nicobarica), den Megapodius Lapérouse, den Saffegniat der Eingeborenen, welche ihn früher als Haustier zogen. Von den wenigen Kriechtieren nennen wir den Typhlops braminus, hier so häufig wie auf den indischen Inseln. Die See ist weit reicher ausgestattet. Die merkwürdigsten Fische sind ein kolossaler Rochen (Raja quinque aculeata), der kleine Magnahak (Amphacanthus argenteus), der zwar nur für einige Tage, aber dann in ungeheuren Zügen an der Küste erscheint, und ein dem Hai gleichkommender Räuber, der fast meterlange Alou. Ferner Schildkröten, große Landkrabben, der ostindische Beutelkrebs (Birgus latro), Mollusken ohne Zahl.

Die jetzigen Bewohner der Marianen sind ein Gemisch von philippinischen Tagalen und Spaniern mit den Resten der ehe-

16*

maligen Urbevölkerung, den Chamorro. Auf Saypan haben Karolinier die Kolonie Garapan gegründet, welche 1865 nur 424 Seelen zählte. Die gesamte Bevölkerung beträgt, wie oben angegeben, 8200 Seelen, soll aber bei der Ankunft der ersten Spanier 200 000, vielleicht sogar 600 000 betragen haben. Unter der verderblichen spanischen Gewaltherrschaft schwanden die Eingeborenen so schnell dahin, daß 1741 nur 1816 gezählt wurden. Durch diese Sterblichkeit erschreckt, führte die spanische Regierung Tagalen ein; eine 1856 auftretende Pockenepidemie hat aber diese Bevölkerung wiederum furchtbar dezimiert.

Eine Schilderung der Chamorro ist heute nichts mehr als die Erinnerung an Tote; sie existieren längst nicht mehr. Durch ihre olivenfarbige Haut, ihr schwarzes, schlichtes Haar und den vollen Bart schlossen sich diese großen, schönen und kräftigen Menschen an die Tagalen an; andere Züge, wie die hohen Nasen, verweisen sie aber zu den Polynesiern. Sie standen zwischen beiden in der Mitte.

An Polynesien erinnern uns die strenge Teilung des Volkes in Hohe und Niedere, die geschlossenen, den Areoi verwandten Gesellschaften, die Stellung der Frauen, das Tabu. Aber die Marianer unterschieden sich von den Polynesiern und auch von den übrigen Mikronesiern dadurch, daß sie sich niemals tattuierten. Auch war der Kindermord hier niemals Sitte, bis die Spanier die arg Bedrückten zur Verzweiflung trieben und die Mütter ihre Neugeborenen dem Wasser übergaben, um ihnen das verhaßte Joch zu ersparen, das auf ihnen selber lastete.

Welche hohe Stufe die Chamorro ehedem einnahmen und wie tief die jetzige Bevölkerung dagegen heute steht, das zeigt ein Hinblick auf die Bauten von sonst und jetzt. Die auf Tinian überall wie auf den Bergen, so auf den Ebenen teils noch in die Höhe ragenden, teils auf den Boden gestreckten, mächtigen, pyramidalen Steinpfeiler reden eine stumme, aber nicht mißzuverstehende Sprache von der Kultur und dem Fleiße des Volkes, welches diese Bauten aufführte. Die Häuser waren zu anſehnlichen Dörfern vereinigt, deren Guam 1668 nicht weniger als 180 zählte; heute befinden ſich außer dem Hauptort Agana dort nur 10 Orte aus ärmlichen und unſauberen Ranchos.

Ein engliſcher Reiſender des ſiebzehnten Jahrhunderts nennt ganz Guam einen einzigen Garten. Und doch beſtanden die Ackergeräte nur in einem Stock aus hartem Holz und einer mit einem Stein bewehrten Hacke. Dieſe primitiven Werkzeuge ſind durch beſſere europäiſche erſetzt worden und der chineſiſche Pflug iſt eingeführt. Zu dem Reis, den einheimiſchen Fruchtbäumen

Fig. 47.

Tempelruinen auf Tinian.

und Knollenpflanzen haben die Spanier neue Kulturen hinzuge=fügt: Mais, Sago, Tabak, Indigo und Baumwolle. Aber die Männer haben keine Neigung mehr zum Ackerbau, auch mit der eingeführten Viehzucht beſchäftigen ſie ſich nicht; ſie ſind zu einem Jägervolk herabgeſunken. Verwilderte Hirſche, Rinder und Schweine liefern ihnen reichliche Beute.

Die alten Chamorro waren tüchtige Schiffer; ihre fliegenden

Proas erregten mit Recht die Bewunderung der Seefahrer, welche die Gruppe seit Magelhaens besuchten. Das ist vorbei. Die Lust an der See ist verschwunden, man baut nur noch plumpe Garaiden, kleine Einbäume mit Auslegern, und tauscht sich die größeren Boote, wenn man ihrer ja noch bedarf, von den herüber= kommenden Karoliniern ein. Und auch die ehemals große Nei= gung zum Fischfang finden wir nicht mehr.

Verloren ist die ehemalige Kunstfertigkeit, welche sich in der Herstelluug von irdenem Geschirr, von Schmucksachen aus Schildpatt, darunter jenen merkwürdigen, von Chamisso er= wähnten, von Zeugen (nicht Tapa) aus Paritiumrinde u. a. be= kundete. Schlechte europäische Fabrikate ersetzen dieselben; nur grobe Baumwollzeuge fertigt und färbt man heute noch in eini= gem Maße.

Vor der Unterwerfung der Chamorro durch die Spanier bestanden hier ebenso schroffe, unvermittelte Gegensätze zwischen Hohen und Niederen, wie in den meisten übrigen Archipelen des Stillen Oceans; die spanische Herrschaft hat diese verwischt, aber sie hat nicht etwa den Tieferstehenden gehoben, sie hat den Höheren degradiert. Der alte Ahnenkultus war allmählich zu einem reinen Schädelkultus ausgeartet. Nicht nur in den Häusern bewahrte man die Schädel der Verstorbenen auf, man nahm sie auch als siegverleihend mit in die Schlachten. Gegen spanische Waffen konnten sie freilich nicht helfen. Der alte Glaube hat einem anderen Platz machen müssen, den man einen christlichen kaum nennen darf, so sehr beschränkt er sich auf äußere Observanzen, und an die Stelle der alten Priester sind katholische Tagalen getreten, welche den vier Kirchspielen vorstehen, in welche die Inseln geteilt sind. Nur die Karolinier auf Saypan sind noch ebenso gute Heiden wie ehedem, wenngleich sie auf Befehl der Regierung getauft wurden.

Mit der Religion ist auch die Sprache eine andere ge= worden. In ihrer Ursprünglichkeit war sie dem Tagalischen der Philippinen am nächsten verwandt. Heute spricht man auf den

Marianen einen stark mit tagalischen und spanischen Wörtern ver=
mischten Dialekt, eine Folge der Einwanderung aus den Philip=
pinen und des Unterrichts, welchen die spanischen Missionäre ein=
führten. Leider sind die Schulen, worunter selbst eine höhere
Lehranstalt, das Collegio de San Juan de Latran, tief verfallen
und das Volk jetzt in traurigster geistiger Verkommenheit.

Und doch waren die ehemaligen Bewohner dieser Gruppe
in hohem Grade bildungsfähig, ja sie hatten, wie wir aus
manchem gesehen haben, schon eine beachtenswerte Kulturstufe
erreicht. Das lehren uns ihre Sagen und Gesänge, das ersehen
wir auch aus den uns überlieferten Proben ihrer Beredsamkeit.
Müssen wir auch von dem, was uns die Franzosen Freycinet
und le Gobin geben, einen nicht unbedeutenden Teil, wenigstens
hinsichtlich der Form, auf Rechnung unserer Gewährsmänner schrei=
ben, so bleibt doch immer genug, um uns nicht geringe Achtung
vor den Chamorro als Rednern einzuflößen. Wir haben eine
Anzahl solcher Ansprachen der Häuptlinge Djodo, Hurao, Aguarin
u. a., in denen sie ihre Landsleute zum Kampf gegen die spa=
nischen Tyrannen zu entflammen versuchen. „Wir sind frei ge=
boren", ruft Aguarin, „laßt uns die Freiheit bewahren, welche
die Natur uns schenkte und unsere Ahnen uns hinterließen! Was
würden die Ahnen sagen, wenn sie uns als Sklaven von einer Hand=
voll Europäer sähen, welche nur unsere Furcht schrecklich macht?
Ihr fürchtet vielleicht wegen ihrer Feuerwaffen sie anzugreifen?
Aber ist nicht ein ruhmvoller Tod einem schimpflichen Leben vor=
zuziehen?" Die Marianer haben die Wahl getroffen und sind wie
so manches Volk, das ein besseres Schicksal verdient hätte, vor
ihren überlegenen Feinden zu Grunde gegangen. Die Hoffnung
des tapferen Djodo hat sich nicht erfüllt, als er am Schluß einer
zündenden Rede seinen Landsleuten begeistert zurief: „Wir wollen
frei leben nach unserem Willen und unseren Sitten! Folgt mir
und wir sind berühmt ohne Ende, weil wir unserem Vaterland in
Freiheit zu leben verschafften!"

Die Karolinen.

In Berührung mit dieser Gruppe traten zuerst die Spanier von den Marianen aus. Gesehen waren einige Inseln freilich schon früher, aber da der Weg, welchen die Seefahrer des sechzehnten Jahrhunderts nahmen, stets über die Marianen führte, so verfolgte man die bald vergessenen Entdeckungen nicht weiter. Bald aber begannen die Jesuiten auf dem westlichsten Teile der Gruppe freilich vergebliche Bekehrungsversuche zu machen, und seit 1788 entspann sich auch ein Verkehr mit den Marianen, an welchem die Karolinier noch heute festhalten. Aber dadurch wurde doch die geographische Kenntnis des Archipels wenig gefördert. Wohl untersuchte Duperrey 1824 die Inseln etwas sorgfältiger, eine gründliche Aufnahme machte aber erst 1828 Lütke, dem wir nebst seinem Begleiter Kittlitz das meiste verdanken, was überhaupt über die Gruppe bekannt ist.

Die Karolinen, zu welchen man bisweilen auch die Palau=Gruppe rechnet, bestehen aus 43 meist flachen Laguneninseln, welche sich zu 3 Gruppen, einer großen centralen und zwei kleinen, einer östlichen und einer westlichen, zusammenscharen. Sie erstrecken sich über einen außerordentlich großen Raum, nahe an 8 Breiten= und 28 Längengrade, und messen dennoch nur 1450 qkm oder 26,3 Q.=M., denn die meisten sind klein; nur wenige hohe haben einen bedeutenderen Umfang. Diese letzteren sind, mit Ausnahme des steil aus den Fluten emporsteigenden Korallenfelsens Fais, sämtlich vulkanischen Ursprungs, aber ohne Anzeichen irgendwelcher Thätigkeit, ja selbst ohne Krater und keine von bedeutender Höhe. Überall aber ist die Fruchtbarkeit groß. Selbst die Laguneninseln sind reich zu nennen, vergleicht man sie mit den Korallenbildungen des östlichen Stillen Oceans; die hohen Inseln aber zeigen einen ganz besonderen Reichtum. Unter die Flora des polynesischen Gebietes mischen sich hier die Angehörigen der Molukken und Philippinen und bekleiden in ihrer Verteilung und Gruppierung die ewig wechselnden Umrisse von Berg und Thal mit einem ganz besonderen Reiz. Breite Gürtel von Rhizophoren fassen die Ufer ein, dann folgen angebaute Strecken mit ihren Wäldern von Kokospalmen, Pandanen, Brotfruchtbäumen, Arekapalmen; die Berge bedeckt bis zu den höchsten Gipfeln dichter, durch Lianen eng verschlungener Hochwald mit vorherrschenden Ficusarten und üppigen Baumfarnen.

Aber die Tierwelt ist auch hier arm. Von Säugetieren sind nur eine Ratte und eine fruchtfressende Fledermaus (Pteropus Keraudreni) einheimisch. Jetzt hat man aber einige europäische Haustiere eingeführt. Die Vogelwelt ist etwas besser, aber doch immer nur schwach vertreten. Wunderbarerweise giebt es hier nur eine Art Papagei (Chalcopsitta rubiginosa) und auch dieser ist nur auf Ponape zu Haufe. Sonst kennt man noch einige Taubenarten, auf den centralen Inseln einen schönen Singvogel und auf Kusaie die Callocalia esculenta, welche die eßbaren Nester liefert. Das Haushuhn findet sich wild überall. Auch an Reptilien und Insekten ist die Gruppe arm, dafür ist die See desto reicher. Namentlich liefern die Delphine zuweilen eine reiche Beute. Sieht man eine Schar dieser Tiere dem Ufer zuschwimmen, so sticht eine Flotte von Booten in See, schneidet den Tieren den Rückzug in das offene Meer ab und treibt sie, wie die Norweger den Grindwal, auf den flachen Strand. Dann folgen große Feste. Auch der Potwal verkehrt in den umliegenden Meeren und die Suppenschildkröte wie die Karettschildkröte sucht zu Zeiten die sandigen Ufer auf. Unter den vielen, durch Schönheit und eigentümliche Formen auffallenden Fischen zeichnet sich ein kleiner, amphibisch lebender Periophthalmus aus und von den überaus häufigen Crustaceen sind wohl die kleinen Pagurus-Arten die merkwürdigsten, welche die selbstgewählten Muschelschalen auf die Höhen der Sträucher und Bäume schleppen. Holothurien sind in Fülle vorhanden und für die Einwohner von hoher Bedeutung.

Das Klima der Gruppe ist zwar warm, dabei auffallend

gleichmäßig und feucht, aber auf den flachen Inseln durchweg gesund. Um den Monsunwechsel treten zuweilen furchtbare Orkane auf, welche ganze mit Kokospalmen und Brotfruchtbäumen bewaldete Inseln fortgespült haben und nur ein kahles Riff ließen, wo früher ein schattiger Hain stand.

Die bedeutendsten Inseln der Gruppe sind die vier hohen: Kusaie oder Ualan, Ponape oder Puinipet, Ruk oder Hogolu und Yap, auch Eap und Uap genannt. Diese Inseln werden sämtlich von einem Barrierriff umschlossen, auf welchem einzelne Inselchen aufgelagert sind, und innerhalb des Riffes erheben sich aus dem oft sehr tiefen Wasser der Lagune kleine hohe, basaltische Kuppeln zu ansehnlicher Höhe. Diese Riffe bilden mit dem Hauptlande und den kleinen Binneninseln zahlreiche, oft recht brauchbare Häfen. Sie sind ziemlich stark bewohnt, wenigstens auf dem gelichteten Außenrande. Das 347 qkm große Ponape zählt 2000, das 132 qkm messende Ruk 5000, Ualan (112 qkm) hat 400 und Yap (207 qkm) 2750 Einwohner. Freilich würden diese fruchtbaren Gebiete imstande sein, eine weit größere Zahl zu ernähren, dabei scheint es, daß gerade hier, aber auch auf den niedrigen Laguneninseln die Abnahme der Bevölkerung eine beständige ist.

Die Karolinier sind ein rein mikronesischer Stamm, gut und stark gebaut, von dunkelgelber Hautfarbe, angenehmen Gesichtszügen und mit schwarzem Haarwuchs. Wo sie nicht durch Mißhandlungen aufgereizt wurden, haben sie sich stets sanft, freundlich und zutraulich gegen die Europäer bewiesen. Ihre geistige Begabung ist keine geringe, muß aber früher wohl noch höher gestanden haben. Das beweisen die zahlreichen, zum Teil großartigen Steinbauten, welche sich auf verschiedenen Inseln vorfinden: Hafenanlagen, Wellenbrecher, Grabstätten aus großen, aufeinander gelegten Basaltsäulen. Noch immer aber zeichnen sich ihre Häuser, namentlich die Versammlungsorte der sogenannten Klubs, durch besondere Zierlichkeit aus, auch in der Anlage der oft sauber mit Steinen gepflasterten Straßen und der auf Ualan üblichen Umschließung der Dörfer durch starke Mauern gewahren wir eine erheblich höhere Bildungsstufe, als wir sie bei den Nachbarbevölkerungen finden. Eine besondere Geschicklichkeit entwickelten die Karolinier aber im Bau ihrer Boote, die zwar nur aus einem gehöhlten und durch Seitenplanken erhöhten Stamme bestehen, aber mit Hilfe großer Segel an beweglichen Masten und der Ruder eine überraschende Schnelligkeit entwickelten. Dabei waren sie mit Schnitzereien und Muscheln geschmückt und rot und schwarz bemalt. In diesen trotz ihrer Aus=

Fig. 48.

Dorf auf Ualan.

leger doch anscheinend sehr unsicheren Fahrzeugen legten die Karolinier erstaunliche Reisen zurück. Sie haben den Weg nach den Marianen gefunden und sie fahren auch jetzt noch mehrere Male im Jahre dorthin. In ihrer Kleidung sind sie außerordentlich bescheiden, die Männer brauchen sehr oft gar keine oder höchstens den Maro, über welchem die Vornehmeren schöne, mit Muscheln gezierte Gürtel aus Fasern tragen, die Frauen sind überall mit einem Blätterschurz bekleidet. Auf Ponape hat sich durch das

Beispiel der Ansiedler schon europäische Kleidung eingebürgert. Die Stoffe zu den einheimischen Kleidungsstücken werden aus Bananenfaser und Hibiscus gewebt. Dazu bedient man sich in Ponape eines Webstuhles, eine auffällige Erscheinung, da man dergleichen in dem ganzen übrigen fünften Weltteil nur noch auf Palau findet.

Fig. 49.

Häuptling von Ponape.

Ackerbau wird nur in geringem Maße betrieben, dennoch aber bildet Pflanzenkost die Hauptnahrung. Kokos und Brotfrucht, die letztere mit Bananen zum Zweck der Aufbewahrung in saure Gährung versetzt, werden vorwiegend genossen. Süßigkeiten sind sehr beliebt, aber Salz kennt man nicht. Zur Bereitung der Speisen bedient man sich auch hier der bekannten polynesischen Öfen. Von Genußmitteln kennen die Karolinier allgemein den Palmwein, aus dem man auf den westlichen Inseln eine Art Syrup bereitet, den man mit Wasser mischt, auf Yap kaut man Betel und auf Ualan und Ponape bereitet man den Kawatrank, aber nicht, wie in Polynesien, durch Zerkauen der Wurzel, vielmehr durch Zerstoßen derselben auf einem dazu besonders bestimmten Steine im Hause. Auch hier ist das Trinken der Kawa mit religiösen Ceremonieen verbunden.

Was wir von der Religion der Karolinier wissen, ist

dürftig. Augenscheinlich haben wir es hier mit einem Ahnen=
kultus zu thun; wir sehen Priester mit bedeutendem Einfluß

Fig. 50.

Gruppe von Eingeborenen der Insel Yap unter Kokospalmen.

ausgestattet und wir finden hier auch das Tapu mit allen seinen,
Konsequenzen.

Heut ist ein großer Teil der Bevölkerung zum Christentum

bekehrt; im ganzen Archipel bestehen 24 Gemeinden mit nahe an 1000 Mitgliedern. Sie wurden begründet von der amerikanischen Mission zu Honolulu, welche jetzt Stationen auf Ruk, Kusaie, Ponape, Mokil, ferner auf den Mortlockinseln: Etal, Lukunor und Sotoan, endlich auf den beiden Atolls: Lasap und Namoluk besitzt.

Die politischen und sozialen Verhältnisse sind beide iu starkem Verfall begriffen. Es giebt eine außerordentliche Menge kleiner Staaten, welche sich unaufhörlich bekriegen und die durch die Thatkraft eines einzelnen auf kurze Zeit wohl zu größeren Komplexen vereinigt werden. Der König, dem zur Seite ein sogenannter Minister steht, welcher die eigentliche Regierungs=gewalt in Händen zu haben scheint, genießt der höchsten Ver=ehrung; in seiner Gegenwart zu stehen, wäre ein Verbrechen, und will der Niedere ihm einen Beweis von Achtung geben, so be=streicht er sein Gesicht mit dem Fuße des Herrschers. Eine ähn=liche Stellung nehmen die übrigen Vornehmen den Gemeinen gegenüber ein. Über die eigentümlichen Klubs, welche sich hier wie auch auf den Marshallinseln finden, werden wir ausführlicher später zu sprechen haben.

Die Stellung der Frauen ist hier eine bessere als irgendwo sonst in Oceanien, dennoch aber herrscht Polygamie und die Eheschließung erfolgt ohne irgendwelche Feierlichkeiten, nachdem der Bräutigam die nötigen Geschenke an die Schwiegereltern übergeben hat. Nur die aus Samoa eingewanderten Bewohner der kleinen Laguneninsel Nukunor üben den Kindermord, der sonst nirgends Sitte ist oder auch jemals war.

Kein anderes Volk Oceaniens hat eine so große Neigung, Handel zu treiben wie die Karolinier, namentlich wie die von den niedrigen Inseln. Schon ehe Europäer hierher kamen, bestand ein lebhafter Austausch zwischen den einzelnen Inseln der Gruppe. Ulie führte Kanus aus, Yap Kurkuma, Bambus, Schleifsteine, Ruk Matten und Zeuge. Von den hierher kommenden Euro=päern tauschten sie Eisen und eiserne Werkzeuge, Waffen, Spiri=tuosen und Tabak, Flaschen, Zeuge und vieles andere gegen

Lebensmittel und ihre selbstgefertigten Geräte und Waffen ein. Als sie 1788 den Weg nach den Marianen entdeckten, entspann

Fig. 51.

Der Häuptling Narbon mit seinen beiden Frauen.

sich mit dieser Gruppe ein regelmäßiger, bis heute fortgesetzter Handelsverkehr, welcher zu einer Niederlassung von Karoliniern auf Saypan führte. Später begannen europäische Kaufleute hier

Tripang und Kokosöl einzuhandeln, und dies führte zu einer Niederlassung einiger Europäer auf Ponape, das als Erfrischungs=ort für Walfischfänger und Hauptniederlage für Tripang und Schildpatt Bedeutung hat. Dieser Handel ist noch immer Tausch=handel, obschon die Karolinier besonders nach den Erfolgen der Mission allmählich den Wert des Geldes kennen lernen. Sie selbst besaßen schon immer eine Art Geld: große, runde, in der Mitte durchbohrte Stücke eines krystallinischen Kalkspaths, den die Bewohner von Yap in ihren Kanus von den Palau=Inseln holten und die wohl gerade wegen der Mühseligkeit und Gefahr, welche dieser Transport mit sich brachte, ihren Wert hatten. Auch gab es hier wie in Ponape ein thalergroßes Geld aus demselben Stein und Muschelgeld, das man auf Schnüre zog.

Die Palauinseln

werden sehr häufig zu den Karolinen gerechnet, mit denen sie freilich sowohl hinsichtlich ihrer natürlichen Beschaffenheit als auch ihrer Bewohner aufs nächste verwandt sind. Sie werden aber durch eine breite Meeresstraße von jenen so getrennt und ordnen sich nach ihrer Lage so wohl zu einer selbständigen Gruppe zusammen, daß wir es vorziehen, sie gesondert zu betrachten. Die Palauinseln, die Engländer nennen sie Pelew, bestehen aus einer größeren nördlichen Gruppe und sechs anderen, lauter flachen Koralleninseln, von welchen vier bewohnt sind und eine, Mapia, so weit südlich liegt, daß man sie zu Neuguinea rechnen müßte, wäre sie nicht von Karoliniern bewohnt. Freilich haben Papua=piraten den größten Teil derselben vernichtet oder entführt. Das Gesamtareal des Archipels beträgt 443 qkm oder 8,0 O.=M., davon entfallen auf die nördlichste Gruppe, die man auch für sich Palauinseln nennt, 443 qkm oder 8 O.=M. Diesen Teil haben wir, obgleich er schon 1543 entdeckt und nachmals öfters sucht wurde, erst in neuester Zeit durch Semper und Kubary kennen gelernt.

Es ist eine Gruppe von 6—7 ganz kleinen und unbedeutenden Inseln, welche sich um eine große lagern. Diese, Babelthuap oder Baobelthaop genannt, mißt 660 qkm (12 □.-M.) und hat gegen 8000 Einwohner. Ihr südlicher Teil besteht aus hoch gehobenem Korallenkalk; im mittleren und nördlichen Teil ist dieses Gestein aber auf weite Striche von Trachyt und basaltischer Lava durchbrochen und verdrängt. Die Vegetation ist wo das vulkanische Gestein sich in fruchtbaren Thon aufgelöst hat, eine üppige und glänzende.

Die Eingeborenen der Palauinseln sind von dunklerer Farbe als ihre östlicher wohnenden Verwandten; Semper hat daher behauptet, daß sich hier papuanische Einflüsse erkennen lassen. Das schwarze Haar ist bald glänzend und dann malayisch glatt, bald kraus und büschlig sich vereinend; die Profile sind zwar nie rein papuanisch, aber doch kommen die jüdischen Nasen häufig vor und Kurzschädel sind allgemein.

Dem Charakter der Palauinsulaner spendeten die ersten Entdecker das höchste Lob. So namentlich Kapitän Wilson, der hier Schiffbruch litt und Lee Boo, den Sohn des Königs Abba Thulle, nach England brachte, wo derselbe leider an den Pocken starb. Wenn spätere Seefahrer keine so gute Meinung hatten, so lag die Schuld wohl meist an ihnen selber.

Die Sitten und Einrichtungen der Palauinsulaner sind im allgemeinen dieselben wie die der Karolinier; wie die östlichen Nachbarn kauen sie Betel, sie haben die Tattuierung, sie essen und bereiten dieselben Speisen, aber das Geschäft des Kochens ist hier Sache der Männer. Wenn schon die alten Bauten auf Ponape uns in gerechtes Staunen versetzen mußten, so werden wir noch viel mehr überrascht durch die Wälle, Straßen und Treppen von Steinen, durch die Steindämme, welche in das Meer hinausgeführt wurden. Auch jetzt noch sind die Palauinsulaner geschickte und geschmackvolle Baumeister. Besonders zeichnen

fich die Versammlungsorte der sogenannten Klubs durch reiche
Schnitzereien, welche die Traditionen des Volkes darstellen, sowie
durch farbige Verzierungen aus.

Diese Klubs, welche im nördlichen Teile Klöbbergöll, im
südlichen Kaldebekel genannt wurden, waren Vereinigungen von
Männern sowohl wie von Frauen. Beide haben besondere Häuser,
welche nicht Eingeweihte niemals betreten dürfen. Die Männer=
Klöbbergölls stehen unter einer ziemlich straffen Organisation,
welche sie zwingt, das Makesang, d. h. eine Anzahl von öffent=
lichen Arbeiten und Diensten, im Kriege wie im Frieden, sowohl
für den Klöbbergöll als für den Staat zu verrichten.

Auch die Palauinsulaner besitzen eine Art Geld: Stückchen
von Porzellan oder Glas, zu regelmäßigen Figuren geschliffen
und durchbohrt, dem man einen mythischen Ursprung zuschreibt
und das man nicht mehr anzufertigen weiß. Man versucht es
freilich mit dem gewöhnlichen Flaschenglas. Dies Geld gilt nur
bei den Bewohnern selber, mit Europäern wird ein ziemlich leb=
hafter Tauschhandel getrieben, namentlich mit Trepang, den die
Eingeborenen in großen Mengen sammeln und präparieren.

Die Marshall= Inseln.

Die erste Entdeckung dieses Archipels wurde aller Wahr=
scheinlichkeit nach schon 1529 von dem Spanier Saavedra ge=
macht und spätere spanische Seefahrer nannten die nördlichsten
Inseln der Gruppe Pescadores. Allein damit wußte man doch
nur sehr wenig; man kannte nur ein paar Korallenriffe; von ihrem
Zusammenhang mit anderen hatte man keine Idee und gewann eine
solche auch nicht durch die Wiederentdeckungen von Byron 1765,
von Wallis 1767 oder auch durch die von Marshall und Gilbert,
welche 1788 außer den nördlichsten Gilbertinseln fast die ganze
Ratackgruppe auffanden. Erst durch die systematischen Forschungen
von Kotzebue 1816, von Duperrey 1832, von Chromtchenko 1829

und 1833 ist uns eine genaue Kenntnis des Archipels geworden. Die Missionäre haben uns dann wertvolle Berichte geliefert und in neuester Zeit gab der Konsul Hernsheim auf Jaluit einen sehr dankenswerten Beitrag zur Kenntnis dieses immer noch allzuwenig erforschten Gebietes.

Die Marshallinseln ziehen sich in zwei, durch einen breiten Kanal getrennten Reihen von 4° 37' bis 11° 40' s. Br. in der Richtung von S.-O. nach N.-W. Die östliche Reihe, die Ratack= oder Radackkette, enthält, die westliche, die Ralickkette, 17 Korallen= inseln, sämtlich Atolle, welche sich nirgends mehr als 3 Meter über die Hochwasserlinie erheben. Die eingeschlossenen Lagunen sind überall von sehr bedeutender Größe im Verhältnis zum Lande, namentlich ist das letztere in den nördlichsten Inseln von so ge= ringer Ausdehnung, daß Dana auf eine allmähliche Senkung des Bodens schließen zu können glaubte.

Eine äußerst dünne, an den günstigsten Stellen kaum 30 Centimeter starke Erdschicht bedeckt den Korallenfels, daher ist hier trotz des nie mangelnden und vom März bis Oktober im Überfluß fallenden Regens die Vegetation eine sehr dürftige. Sie beschränkt sich auf die Kokospalme, den Pandanus, den Brot= fruchtbaum, etwas wilden Taro; auf den nördlichen Inseln ge= deiht Arrowroot, der Momeapple und die importierte Banane. In importierter Erde zieht man Gurken, Bohnen und anderes Gemüse. Sonst bedeckt Gestrüpp und grobes Schlinggras überall den Boden. Die Tierwelt ist noch dürftiger. Ursprünglich gab es nur wenige Vögel: Tauben, Strandläufer, einige Eidechsen, Krabben und Schmetterlinge; importiert sind Schweine, Hühner, Enten, Hunde, Katzen und Ratten.

Die Marshallinseln haben ein Areal von 400 qkm (7,3 Q.-M.); die größten der Inseln liegen im Ralickarchipel. Am bedeutendsten von allen ist Jaluit, am Südende der Ratack= kette, 90 qkm groß und von 1006 Menschen (335 Männern und 398 Frauen) bewohnt. Auf dem unregelmäßig gebildeten Riff liegen gegen 40 kleine und schöne Inseln zerstreut. Hier haben

17*

die Gebrüder Hernsheim aus Mainz eine Niederlassung errichtet, um das einzige Produkt dieser Gruppe, Kopra, aufzukaufen. Die deutschen Handelsbeziehungen wurden aber in der Folge wichtig genug, um den Kapitän von Werner zum Abschluß eines Vertrages mit den Häuptlingen von Jaluit zu veranlassen, wonach der Hafen von Jaluit an Deutschland als Kohlenstation abgetreten wurde, mit der Bedingung, daß keiner anderen Nation die gleichen oder ähnlichen Rechte zugestanden werden sollten. Zu gleicher Zeit erhielt Jaluit eine schwarz, weiß und rot fünffach gestreifte Flagge.

Südwestlich liegt die kleine, nur 5 qkm umfassende Gruppe Ebon oder Boston, die aber für den reichsten und am stärksten bewohnten Teil von Ralick gilt. Sie zählt 790 Einwohner. Der ganze Archipel hat nach neuesten Angaben 10 700 Einwohner, also eine Bevölkerung, wie sie in Mikronesien dichter nur noch auf den Gilbertinseln vorgefunden wird.

Die Marshallinsulaner sind reine Mikronesier. Sie sind, mit Ausnahme der obersten Häuptlinge, schmächtige, kleine, schwache und früh alternde Menschen von gelber bis schwarzbrauner Farbe, mit grobem schwarzen Haar und spärlichem Bartwuchs. Die Ohrlappen werden aufgeschlitzt und bis auf die Schultern ausgedehnt. Wie in einer Schlinge hängt darin eine Pfeife, Tabak oder wohlriechende Blätter. Beide Geschlechter tattuieren sich; die Männer aber mehr als die Weiber. Um diese Operation an sich vollziehen zu lassen, bedarf man aber der Erlaubnis des Königs. Die Kleidung ist eine sehr einfache; sie besteht aus geflochtenen Gürteln und Matten, wo nicht europäische Tracht durch die Missionäre eingeführt wurde. Früher wurde das Haar ganz allgemein zu einem Knoten auf dem Wirbel des Kopfes geschlungen; die Bekehrten schneiden es jetzt kurz, dazu tragen die Männer Hemd und Strohhut, die Weiber eine Jacke und Überwurf.

Ihre Wohnungen sind außerordentlich ärmlich, ebenso ihre Nahrung, welche sie zumeist in den bekannten polynesischen Öfen

kochen. Aber eine überraschende Geschicklichkeit beweisen sie im
Bau ihrer Boote mit Auslegern und Segeln, in denen sie häufig
Fahrten nach den anderen Inseln der Gruppe machten, wobei sie
sich einer eigenen, aus Stöcken und Steinchen verfertigten Karte
bedienten. Jetzt ziehen sie es aber vor, gegen Bezahlung auf
europäischen Schiffen zu reisen.

Man unterscheidet vier Stände: die Armidwon oder Kajur,
besitzlose Leute, die Leadagedag, die Besitzenden, die Budag,
Brüder und Söhne des Königs; über allen steht der König, der
Jrod, dem bei seinem Tode nicht sein Sohn, sondern sein jüngerer
Bruder folgt. Der neue König muß zugleich sämtliche Frauen
des verstorbenen heiraten. Den Vornehmeren ist es gestattet,
mehrere Frauen zu nehmen; der Kajur darf nur eine haben.
Heiratet er eine Vornehmere als er selbst, so tritt er in ihren
Stand über. Dem Jrod beweisen die Gemeinen die größte Ehr=
furcht, dennoch artete sein auch hier unbeschränkter Einfluß nicht,
wie bei den Polynesiern, in Despotie aus.

Eine andere sehr einflußreiche Klasse sind die Priester,
die Drikanan. Sie sind eigentlich nur Weissager, auch zu
Kranken ruft man sie nur, um den Ausgang des Übels zu
erfahren.

Der Charakter der Marshallinsulaner ist uns von Chamisso
in der anziehendsten Weise geschildert worden. An Freundlichkeit
und Gutartigkeit übertreffen diese Menschen noch die Polynesier
und sie sind frei von der groben Sittenlosigkeit, welche jene be=
fleckt. Freilich darf man nur mit dem Maßstabe ihrer Nachbarn
messen. Wie die Polynesier zeigten auch die Marshallinsulaner
große Neigung zum Wandern; das beweist das Beispiel Kadus,
welcher mit seinem Freunde Chamisso bis zu dem eisigen und
unwirtlichen Strande Sibiriens reiste. Leider hat der in den
letzten Jahren bedeutend gestiegene Verkehr europäischer Schiffe
die sittlichen Zustände keineswegs gebessert. Diebstahl und
Trunkenheit sind in Zunahme und mit dem Verfall manches
Alten und der Annahme vieles Schlechten steht auch die Ab=

nahme der Einwohnerzahl in engem Zusammenhang, obschon sich eine solche freilich nur für einige wenige Gebiete konstatieren läßt. Über die anderen besitzen selbst die Eingeborenen nur die aller= dürftigsten Kenntnisse. Ein kleiner Teil der Marshallinsulaner (316 Mitglieder in 5 Gemeinden) bekennt sich zum Christentum, das von Hawaii hierhergetragen wurde. Diese Gemeinden be= finden sich auf Namerik, Jaluit, Mulgrave, Majuro, Arnho, Maloelab und Aurh.

Die Gilbertinseln.

In derselben Richtung wie die Marshallinseln, wie auch die sich südlich anschließende Ellice=Gruppe, zieht sich der Archipel hin, welchen man nach dem einen ihrer eigentlichen Entdecker Gilbert=Inseln, nach dem Vorgange der Amerikaner auch Kings= mill=Inseln zu nennen pflegt. Es sind im ganzen 18 kleine Inseln, von denen 16 auf einer von NNW. nach SSO. streichenden Linie gelagert sind, zwei: Banaba oder Ocean und Nawodo oder Pleasant Island aber isoliert westwärts zu liegen. Sämtliche In= seln unserer Gruppe sind niedrige Korallenriffe, welche Lagunen einschließen, etwas höher freilich und im Verhältnis zur Lagune umfangreicher als ihre nördlichen Nachbarn, die Marshallinseln, aber doch hebt sich die höchste kaum mehr als sieben Meter über den Wasserspiegel. Eine dünne Schicht von mäßig fruchtbarer Erde bedeckt inselartig die kleinen Riffe, sodaß die bewohnbaren Stellen des gesamten Areals (430 qkm = 7,8 Q.=M.) knapp genug bemessen sind, und dennoch beträgt die Bevölkerung 36 850 Seelen, also mehr als in dem etwas größeren Schaumburg=Lippe. Mit rühmenswerter Sorgfalt haben aber die Einwohner ihre ärmliche Heimat zu verbessern gesucht, und wenn die westliche Strömung kleine Stücken von Bimstein ans Land treibt, so sind die Frauen emsig beschäftigt, das geschätzte Düngemittel zu sammeln, zu zerstoßen und um die Wurzeln der Kokospalmen zu streuen. Denn diese liefern nebst dem Pandanus in großen Wäldern die hauptsächlichste Nahrung; hier und dort gestattet auch das Vorkommen von reichlichem, wenngleich nicht ganz süßem Wasser, die Kultur einer Art Taro (Arum cordifolium). Sonst bieten die Inseln wenig, daher treten zu Zeiten von Miß=wachs zuweilen bedrohliche Zustände ein und diese sind es, welche die Gilbertinsulaner geneigt machten, ihre Heimat zu verlassen und in den Dienst von Pflanzern, sei es in Queensland, Viti, ·Tahiti, sei es in Samoa, zu treten; auf den deutschen Pflan=zungen bilden sie das Gros der Arbeiter.

Die Gilbertinsulaner sind keine reinen Mikronesier; sie sind vielmehr hervorgegangen aus einer Mischung von Mikronesiern und Polynesiern, die wohl annähernd zur selben Zeit auf die Gruppe einwanderten. Darauf deutet die Tradition hin, welche einesteils Amoa, wohl Samoa, andernteils Banaba (Ponape) als Stammland bezeichnet. Die Einwanderer aus Amoa sollen den Brotfruchtbaum mit herübergebracht haben, die von Banaba den Taro. Und da die Brotfrucht dieselbe Spielart wie auf Samoa ist, so gewinnt diese Überlieferung einen um so festeren Boden. Die Angehörigen der beiden Raffen, der helleren und der dunkleren, lebten mehrere Generationen hindurch friedlich nebeneinander, dann entstand ein Zwist, in welchem die Männer von Amoa getötet wurden. Ihre Weiber gingen in den Besitz der siegreichen Partei über. So ist denn die Sprache der Gil=bertinsulaner mit polynesischen Elementen gemischt und auch in Sitten und Gebräuchen zeigen sich manche wichtige Abweichungen.

Die hawaiische Mission machte hier schon 1852 Bekehrungs=versuche. Aber erst viel später hatte sie Erfolge aufzuweisen. Zur ersten Station wurde Apaiang ausersehen; kurz darauf wurde auf dem nahen Tarawa, der größten der Gilbertgruppe, gleichfalls eine Missionsstation errichtet. Dasselbe geschah auf Butariri und Tapituea. Zwar waren die vielfachen Kämpfe, wobei noch 1878 Kannibalenfeste gefeiert wurden, der Ausbrei=tung christlicher Religion sehr hinderlich, aber schließlich trat

Ruhe ein und auch die kleinen Laguneninseln Maiana, Agamama, Maraki und Nonouti konnten mit Missionären besetzt werden. Jetzt bestehen auf den Gilbertinseln 7 Gemeinden mit 511 Mitgliedern. Die meisten Missionäre hier, wie auf den vorbenannten Gruppen, sind Hawaiier.

Neben dieser hawaiischen Mission ist auf den Gilbertinseln auch die Londoner Missionsgesellschaft thätig gewesen. Sie begründete seit 1870 Stationen auf Arorai, Tamana, Onotoa, Paru und Nukunau, sodaß jetzt nur Kuria und Aranuka, sowie die westlich gelegenen Paanopa und Navodo von keiner der beiden Missionsgesellschaften besetzt sind.

Register.

18

Druck von Greßner & Schramm in Leipzig.

Im folgenden geben wir die Grundzüge der Einteilung und die Aufstellung der Themata nach einem vorläufigen Plane, der indes auf wohlmotivierten Wunsch der Autoren, sowie für den Fall, daß das Interesse des Publikums eine weiter gehende Detaillierung erwünscht erscheinen läßt, noch mannigfache Veränderungen, Erweiterungen und Ausfüllungen erfahren kann.

Naturwissenschaften.

Astronomie: Erde u. Mond. — Die Sonne, Planeten, Satelliten. — Kometen, Sternschnuppen, Meteorschwärme, Feuerkugeln 2c. — Astrognosie und die Fixstern-Astronomie.

Geologie, Geognosie u. Bergwesen: Die Erde als Weltkörper, das Relief der Erde, ihr Inneres, ihre Entstehung. — Die Niveauveränderungen der Erde. — Die Gebirge, ihr Bau und ihre Entstehung. — Die Erdbeben u. der Vulkanismus der Erde. — Die an der Veränderung der Erdoberfläche thätigen Kräfte (Quellen, Flüsse, Eisströme 2c.), Ablagerung der Zerstörungsprodukte, Mitwirkung tierischen u. pflanzlichen Lebens. — Die Versteinerungen. „Leitfossilien". — Die verschiedenen sedimentären Formationen. — Geologie von Österreich-Ungarn, Deutschland, England, Frankreich, Amerika. — Die Geologie und ihr Verhältnis zu den übrigen Wissenschaften. — Die Geschichte der Geologie. — Der Ozean u. die Binnenmeere. — Die nutzbaren Mineralien u. ihre Gewinnung (Übersicht des Bergbaues). — Die fossilen Brennstoffe (Torf, Braunkohle, Steinkohle, Anthracit u. Kohlenbergbau).

Physik, Chemie u. Meteorologie: Das Wesen der Körper (Gase, Flüssigkeiten, feste Körper, Krystalle u. die Gesetze der Bewegung, Massenanziehung, Bewegung). — Die Welt der Atome (Bau u. Wesen des Stoffs, Kohäsion, Adhäsion, chemische Anziehung). — Die Luft (Natur u. Eigenschaften der Luft, die Atmosphäre, Luftdruck, Windströmungen, Principien der Ventilation, Luftschiffahrt), die Luft im Dienste der Technik (pneumatische Apparate, Luftpumpen, atmosphärische Eisenbahnen). — Das Wasser (Eigenschaften, Quellen, Bäche, Flüsse, Nebel, Thau, Regen, Schnee, Hagel, Gletscher, künstliches Eis). — Beleuchtungsstoffe. — Das Eisen (Eisenerze, Geschichte der Gewinnung des Eisens, Eisenhüttenwesen, Verarbeitung des Eisens, Stahl). — Die edlen Metalle (Quecksilber, Silber, Gold, Platin u. a., Gewinnung u. Verwendung). — Die unedlen Metalle (Kupfer, Wismut, Kadmium, Blei, Zinn, Zink, Antimon, Arsen, Kobalt, Nickel, Mangan, Aluminium 2c.). — Das Glas (Geschichte, Eigenschaften, Fabrikation, Verwendung, Hartglas, optische Gläser, künstliche Edelsteine). — Thon u. Porzellan (das Ganze der Keramik). — Die Nichtmetalle (Schwefel, Phosphor, Selen, Tellur, Chlor, Jod, Brom, Fluor, Sauerstoff, Wasserstoff, Stickstoff, Kiesel, Kohlenstoff). — Salze u. Säuren (Inbegriff der chemischen Fabrikation, Salinenwesen, Soda, Schwefelsäure 2c.). — Die natürlichen und künstlichen Farbstoffe (Pflanzenfarbstoffe, tierische Farbstoffe, Mineralfarben, Teerfarben und Überblick über das Wesen der Färberei). — Die Produkte der Gährung (Wein, Bier, Branntwein, Essig, dann Fäulnis und Verwesung). — Die Chemie des täglichen Lebens (Chemie der Ernährung, Nahrungsmittel, ihre Wahl u. Zubereitung). — Pflanzen u. Tierstoffe im Dienste des Kulturlebens (Faserstoffe, Gewebe, Zeuge und ihre Verarbeitung, tierische Häute, Leder, Fette u. Öle und ihre Verwertung). — Elektrizität u. Magnetismus im Dienste des Verkehrs (Telegraphie, Telephonie, elektrische Eisenbahnen). — Das elektrische Licht. — Wärme u. Licht (das Theoretische über Licht u. Wärme als Bewegungserscheinungen u. ihre praktische Bedeutung). — Photographie u. Lichtdruck (das Gesamte über die chemischen Wirkungen des Lichtes). — Das Reich der Töne (der Schall u. seine Gesetze, musikalische Instrumente). — Die Witterungskunde.

THE UNIVERSITY LIBRARY
UNIVERSITY OF CALIFORNIA, SANTA CRUZ

50m-12,'70(P1251s8)2373-3A,1

Süd= u. Mittel=Amerika. — Osmanisches Reich. — Perſien, Afghaniſtan u. Turan. — Spanien u. Portugal. — Öſterreich.

Länder= u. Völkerkunde. Europa: Portugal mit den Azoren. — Spanien. — Frankreich (Norden). — Frankreich (Süden). — England u. Schottland. — Irland. — Belgien. — Holland. — Schweiz. — Italien (Norden). — Italien (Süden). — Deutſchland: Der Rhein von Worms an. Elſaß und Lothringen. Baden u. ⁓⁓⁓⁓erg. Baiern. Thüringen u. Heſſen. Weſtfalen. Hannover, Oldenburg⁓⁓⁓⁓⁓⁓ʒe⁓⁓⁓⁓⁓ f B⁓⁓⁓⁓⁓ g und Provinʒ

Sachsen. Schlesien. Ost= u. West=Preußen. Posen. Pommern u. Mecklenburg. Schleswig u. Holstein. — Skandinavien: Norwegen u. Dänemark. Schweden. u. Finnland. — Österreich: Alpenländer. Niederösterreich. Böhmen. Mähren u. Schlesien. Galizien u. Bukowina. Istrien u. Dalmatien. Ungarn u. Kroatien. — Balkan=Halbinsel. — Rußland. — Polen. — Asien: Sibirien. — Russisches u. Inner=Asien. — Persien. — Klein=Asien. — Syrien, Arabien. — Afghanistan, Beludschistan. — Ost=Indien. — Hinter=Indien. — Archipel. — China mit Thibet. — Japan. — Australien: Der Australkontinent u. Tasmanien. — Die ozeanische Inselwelt. — Afrika: Marocco. — Algier u. Tunis. — Tripolis u. Inner=Afrika mit dem Tschadsee. — Abyssinien, Galla, Somali, Madagaskar. — Senegal u. Westküste. — Südafrika. — Amerika: Englisch=Nordamerika u. die Vereinigten Staaten (a. Kanada u. die östlichen Staaten, b. die südlichen Staaten, c. der Westen u. Kalifornien). — Mexiko u. Mittelamerika. — Südamerika (Guiana u. Venezuela. Bolivia u. Peru. Chili. Argentinien. Brasilien). — Polarländer.

Kulturgeschichte: Ägypten. — Assyrien, Medien, Persien. — Indien. — Griechenland. — Rom. — China. — Japan. — Völkerwanderung. — Byzantinisches Reich. — Zeit Karl d. Gr. — Das Papsttum. — Entstehung u. Entwickelung der deutschen Städte. — Deutschland zur Zeit der Reformation. — Amerika (Urzustand, Kolonisation, Verfassung, Industrie, Sitten, Gebräuche). — Geschichte der Universitäten. — Frankreich unter Ludwig XIV. — England unter Elisabet. — Spanien unter arabischer Herrschaft. — Blüte der Wissenschaften unter den Kalifen. — Entwicklung des deutschen u. nordischen Mythus. — Die Juden seit ihrer Zerstreuung. — Geschichte der Religionen. — Das XVIII. Jahrhundert. — Das XIX. Jahrhundert. — Die Welt der Slaven. — Geschichte der Erfindungen. — Der Welthandel. — Geschichte der Gewerbe. — Geschichte der Medizin. — Geschichte der Mathematik. — Geschichte des Socialismus. — Geschichte der Heeresbildung u. Kriegführung. — Geschichte des Zeitungswesens. — Die Geschichte des Verkehrs. — Geschichte der Entdeckungen.

Philologie: Die Familie der Sprachen. — Geschichte der Schrift. — Die deutsche Sprache. — Die deutschen Mundarten. — Die germanischen Sprachen. — Die romanischen Sprachen. — Die slavischen Sprachen.

Jurisprudenz: Geschichte des Rechts. — Die wichtigsten strafrechtlichen Fragen unserer Zeit. — Geschichte der Verfassungen. — Der moderne Staat.

Nationalökonomie: Grundbegriffe. — Geschichte.

Philosophie: Geschichte. (Griechische Philosophie. Die Systematiker bis Kant. Neuere Philosophie.) — Geschichte des Materialismus. — Grundzüge der Psychologie. — Grundzüge der Logik. — Entwicklung der Moral. — Geschichte der Pädagogik. (Für die weitere Folge sind Monographien über die hervorragendsten Philosophen in Aussicht genommen.)

Kunstgeschichte: Die Kunst u. die Künste. (Übersichtlich in der Entwicklung ihrer ästhetischen u. technischen Seite beleuchtet.) — Geschichte der Architektur. — Geschichte der Skulptur. — (Der Orient u. die Antike. Wiedergeburt. Michel Angelo. Neuzeit. Ausgrabungen.) — Geschichte der Malerei. (Einleitung. Altertum. Vorklassische Zeit. Klassische Zeit. Italien. Deutschland. Niederlande. Die Gegenwart.) — Geschichte der vervielfältigenden Künste. — Geschichte des Kunstgewerbes. — Geschichte der Musik. — Geschichte der lyrischen und epischen Poesie. (Altertum. Mittelalter u. neuere Zeit. Gegenwart.) — Geschichte des Dramas. — Geschichte des Romans. — Geschichte des Theaters und der Schauspielkunst. auf diesem Gebiete sind Monographien über ungen des gesamten Künstlerlebens und der nxen.)

Lightning Source UK Ltd.
Milton Keynes UK
UKHW010613120219
337137UK00007B/1373/P